KB023413

김태연의 이지 잉글리시 최고의 대화문 150

EBS 영어학습 시리즈

김태연의 이지 잉글리시, 최고의 대화문 150 – 감정 편

1판 1쇄 인쇄 2022년 9월 27일
1판 1쇄 발행 2022년 10월 6일

지은이 김태연
펴낸이 김유열
지식콘텐츠센터장 이주희 | **지식출판부장** 박혜숙 | **지식출판부** 장효순 최재진
마케팅 최은영 이정호 | **북매니저** 이민애, 윤정아, 정지현

편집대행 티와이콘텐츠 | **책임편집** 여효숙 | **디자인** 고희선 | **인쇄** ㈜우진코니티

펴낸곳 한국교육방송공사(EBS)
출판신고 2001년 1월 8일 제2017-000193호
주소 경기도 고양시 일산동구 한류월드로 281
대표전화 1588-1580
홈페이지 www.ebs.co.kr

ISBN 978-89-547-6832-0 (14740)
978-89-547-5387-6 (세트)

EBS 영어 학습 시리즈

김태연의 이지 잉글리시 최고의 대화문 150 감정 편

김태연 지음

EBS BOOKS

초급 영어회화 초밀리언셀러

EBS FM 어학 방송 대표 초급 영어회화 프로그램

12년간 출간된 〈이지 잉글리시〉 120권의 핵심 중의 핵심!

수백 만 명의 애청자들이 인정하고 손꼽은 최고의 대화문 150개가 한 권에!
시리즈 4권에 최고의 대화문이 600개, 영어회화 패턴이 600개,
그리고 핵심 표현이 1,800개!
EBS FM 초급 영어회화 진행자 김태연의 12년 진행과 집필의 결정판!

왜 〈이지 잉글리시〉 단행본을 꼭 소장해야 할까?

EBS FM의 간판 프로그램인 초급 영어회화 〈이지 잉글리시〉의 교재는 2011년부터 현재까지 **150만 부 이상 판매된 최고의 영어회화 베스트셀러**입니다. 저자 김태연이 〈이지 잉글리시〉 진행 및 집필을 맡은 2011년부터 〈이지 잉글리시〉 교재의 판매 부수가 엄청나게 증가했습니다. 이전 판매 부수의 거의 두 배 이상 판매되었죠. 그 이유 중의 하나는, 영어회화 대화문을 듣고 설명을 들으며 내용을 이해하던 기존의 틀에서 벗어나, 일단 '이런 상황에서 우리말로 이렇게 대화하고 싶을 때 영어로는 어떻게 하면 될까?'를 먼저 생각해볼 수 있도록 구성을 확 바꾼 건데요. **'많은 영어 학습자들이, 그렇게 많은 영어 방송을 들었는데 왜 내 머릿속과 입에는 하나도 안 남는 걸까?'**를 의아해하는 걸 보고 오랜 고민 끝에 찾아낸 구성입니다.

먼저 우리말 대화를 보고 영어로 내가 얼마나 말할 수 있는지 해본 다음에 영어 대화문을 보고 듣는 거죠. 이 획기적인 구성에 대한 반응은 엄청났습니다. 왜일까요? **영어? 내가 궁금해한 것만 남는다**는 거죠. 먼저, **'이럴 때 이런 말은 영어로 뭐라고 하지?'라고 고민을 해보고 생각을 해본 다음에 그것에 대한 영어 표현과 문장을 알게 되었**

을 때 효과가 엄청나게 크다는 겁니다. 수많은 영어 콘텐츠가 생겼다 사라지고 또 나타나고 하는 동안 꾸준히 〈이지 잉글리시〉가 최고의 청취율과 높은 판매 부수를 지켜내는 데는 또 다른 이유가 있습니다. 바로, **대화문의 내용이 다양하다**는 것과 **영어회화가 필요한 수많은 상황에서 꼭 필요한 필수적이고 생생한 영어 표현이 가득하다**는 겁니다.

〈이지 잉글리시〉 교재의 대화문은 어떻게 만들어질까?

저자 김태연은 〈이지 잉글리시〉 교재의 대화문과 영어 문장들을 집필하기 위해 영화, 미드, 시트콤 등을 수없이 보고 메모하고 대화문을 만들어냅니다. 그리고 매년 이 나라 저 나라로 여행을 가서 영어를 쓰는 많은 **여행자들과 다양한 상황에서 나누는 대화와 에피소드들을 모으고 정리하여 〈이지 잉글리시〉의 대화문에 활용합니다.**

그간 저자 김태연이 여행을 다니며 집필한 나라는 60개국이 넘습니다. 컴퓨터 앞에 앉아 머릿속에 떠오르는 영어를 가지고 집필한 게 아니라 스위스, 체코, 헝가리, 보스니아, 크로아티아, 슬로바니아, 오스트리아, 네덜란드, 영국, 아일랜드, 독일, 프랑스, 스페인, 포르투갈, 리히텐슈타인, 핀란드, 덴마크, 스웨덴, 터키, 그리스, 이집트, 뉴질랜드, 호주, 미국, 싱가포르, 홍콩, 말레이시아, 발리, 베트남, 라오스, 캄보디아, 일본, 중국 등으로 가서 **발로 뛰고 수많은 상황과 일상 생활 속에서 꼭 필요한 내용들을 대화문에 담아 완성하죠.**

〈이지 잉글리시〉 단행본 시리즈는, 지난 12년간 청취자들에게 가장 도움이 되고 꼭 필요하다고 뽑힌 주제와 상황별 대화문을 공들여 다시 집필한 최고의 대화문과 표현들로 이루어져 있습니다.

영어회화를 잘 할 수 있는 모든 조건을 충족시켜주는 영어회화 시리즈

영어회화를 잘 할 수 있는 조건 세 가지! 첫째, 최고로 좋은 영어회화 책이 있어야 한다는 것! 둘째, 책에서 배운 표현과 대화문을 연습할 상대가 있어야 한다는 것! 그리고 셋째, 공부하다가 모르는 것, 내가 틀리게 알고 있는 것들을 고쳐주고 알려주는 플랫폼이 있어야 한다는 것! 그것에 대한 답을 모두 다 드리겠습니다.

첫째, 좋은 영어회화 책은 이제 〈김태연의 이지 잉글리시 최고의 대화문 150〉 시리즈 네 권을 여러분의 것으로 만드시고요. 둘째, 책에서 알게 된 영어 대화문을 연습할 방법으로는 몇 명이 되었든 스터디그룹을 만드시라는 겁니다. 그룹이 아니어도 연습할 대상이 한 사람만 있어도 됩니다. 현재 〈김태연의 이지 잉글리시 최고의 대화문 150〉 시리즈로 대화연습을 하시는 팀, 그룹이 엄청 많다는 것을 알고 있는데요, 그분들을 티와이얼즈(TYers)라고 부르고 **티와이얼즈들을 위한 영상과 강의**를 계속 만들어 나가겠습니다. 그리고 셋째, **태연쌤의 영어 플랫폼, 유튜브 태연쌤TV와 팟캐스트 태연쌤 라디오**에서 영어에 대해 모르는 것, 궁금한 것을 해결할 수 있습니다. 그리고 태연쌤에게 궁금한 것이 있는 분들은 인스타그램 happyreginakim으로 DM을 주시거나 유튜브 태연쌤TV에서 댓글로 남겨주세요.

유튜브 태연쌤TV의 영상강의로 완벽한 통합적 학습을!

태연쌤이 〈김태연의 이지 잉글리시 최고의 대화문 150〉에 대한 여러분의 궁금증을 속 시원하게 풀어드립니다. **유튜브에서 태연쌤TV**에 가셔서 최고의 대화문 150에 있는 내용에 대한 궁금증이나 영어에 대한 다른 질문을 하시면 태연쌤이 적극 도와드릴 겁니다. **태연쌤TV의 '알려주마'**에서는 여러분이 영어 표현, 어휘, 콩글리시, 발음, 문법, 학습법, 그 외 다양한 것들을 알려드리고, **태연쌤TV의 '고쳐주마'**에서는 지금까지 잘못 알고 계셨던 표현들, 잘못된 발음 등을 싹 다 명쾌하게 고쳐드립니다. 그리고 **태연쌤TV의 '들려주마'**에서는, 대한민국 최고의 영어 전문가 태연쌤의 영어 학습에 대한 노하우와 외국 여행, 수많은 경험들과 에피소드를 더한 다채롭고 생생한 이야기와 영어 이야기를 들려드려요. 〈김태연의 이지 잉글리시 최고의 대화문 150〉 시리즈와 유튜브 태연쌤TV로 완벽한 영어환경을 만들어보세요.

인스타그램: happyreginakim
페이스북: happyreginakim
유튜브: 태연쌤TV (https://bre.is/kgpajMTk)
팟캐스트: 태연쌤 라디오

원어민처럼 유창한 영어회화를 지금 바로 할 수 있는 방법

영어회화를 잘 한다는 건, 어떤 특정 상황에서 필요한 어휘와 표현, 문장을 알고 있고 그것을 입 밖으로 소리 내어 말할 수 있다는 것입니다. 그래서 영어회화는 책 한 권으로는 안 됩니다. 하지만 다양한 희노애락의 감정 표현별 상황에서 쓸 수 있는 대화문과 표현이 풍부하게 들어 있는 책 한 권이라면 얘기는 달라집니다. 외국에서 몇 십 년을 살아도, 어학연수를 몇 년을 해도 접하거나 배울 수 없는 다양한 상황의 대화문이 자그만치 150개나 들어 있는 **〈김태연의 이지 잉글리시, 최고의 대화문 150〉** 시리즈가 있으면, 엄청난 시간과 돈, 시행착오를 피하고 바로 유창한 영어회화 실력자가 될 수 있습니다.

〈김태연의 이지 잉글리시, 최고의 대화문 150-감정 편〉은 다섯 개의 챕터로 이루어져 있습니다. '희노애락 그리고 기타 감정'의 감정 표현별로 다섯 개의 챕터입니다. 각각의 챕터에는 주제별로 다양한 감정을 표현할 수 있는 10개씩의 Unit이 있고, 각 상황에서 가장 빈번하게 많이 대화할 수 있는 세 개씩의 대화문이 들어 있습니다. 먼저 우리말로 어떤 상황에서의 대화인지 보면서 영어로 얼마나 되는지를 스스로 테스트해봅니다. 그리고 영어 대화문을 보고 읽고, QR 코드를 찍어 원어민의 목소리로 대화문을 듣고 따라할 수 있습니다. 그리고 저자인 김태연 선생님의 영상 강의도 들을 수 있습니다.

50개의 다양한 감정 표현별 상황에서 쓸 수 있는 150개의 대화문과, 각각의 상황에서 대화할 때 꼭 알아야 할 필수 어휘와 표현을 익히고, 영문법을 포함하여 영어 실력의 기초가 되어줄 패턴을 외웁니다. 패턴이 들어간 문장들을 보며 연습한 다음에, 정말 궁금한 영문법이나 발음의 요령 등을 자세하게 설명한 코너를 읽어 보세요. 그리고 마지막으로, 원어민들이 눈만 뜨면 듣고 말하는 영어회화 문장 하나를 외워보세요. 여러분은 이 책 한 권으로 지금 바로 원어민처럼 영어회화를 할 수 있게 될 겁니다.

Try It in English

먼저 교재에 있는 삽화와 우리말 대화를 보고, 영어로 내가 얼마나 표현할 수 있는지 스스로 테스트해보세요.

Q: 영어회화를 하는데 왜 우리말 대화를 먼저 봐야 하나요?
A: 영어회화를 잘 하고 싶다 하시는 많은 분들이 사실 영어를 처음 배우시는 건 아닐 겁니다. 학교 다닐 때 영어는 필수 과목이었으니까 아무리 영어에 관심이 없었다고 해도 어느 정도는 배운 기억이 남아 있겠죠. 그리고 우리가 어떤 상황에서 영어로 말을 하려고 할 때, 먼저 하고 싶은 그 말이 우리말로 떠오르고, '이 말을 영어로 뭐라고 하면 되지?'라고 영작의 과정을 거치게 됩니다. 그래서 영어회화를 학습할 때는 어떤 상황에서의 우리말 대화를 보고 먼저 내가 아는 영어로 말을 해보는 준비 단계가 필요해요. 그리고 나서, 이럴 때 이렇게 말하고 싶을 때 쓸 수 있는 영어 문장을 보고 듣고 따라하면서 외우는 거죠.

Situation 1, 2, 3

영어 대화문을 보면서 교재에 있는 QR 코드를 찍어 대화문을 듣고 따라하세요. 가급적 여러 번 듣고 따라하면서 대화문을 외우시는 게 좋습니다. 각 Unit에 있는 세 개의 대화문에 대한 저자의 명쾌한 음성 강의도 들을 수 있습니다.

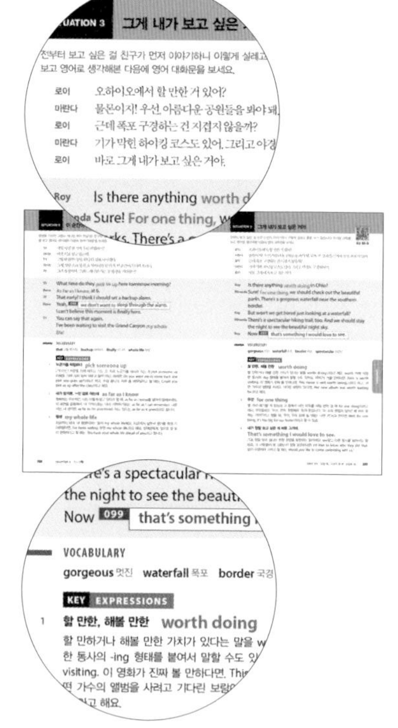

Vocabulary

영어회화 실력의 바탕은 어휘력입니다. 대화문에 나오는 단어들의 뜻을 확실하게 이해하고 넘어가세요. 영어회화를 할 때 영어 단어를 많이 알고 있으면 당연히 큰 도움이 됩니다. 영어로 의사소통을 한다는 건, 문장이 정확하지 않거나 좀 틀린 어순으로 말을 하더라도, 적절한 단어, 어휘를 쓰면 서로 알아들을 수가 있거든요.

Key Expressions

<이지 잉글리시> 교재에는 수많은 다양한 상황 속에서의 대화문이 나오는데요, 영어회화를 잘 하는 비결이 바로 그 대화문 안에 나오는 핵심 표현들을 외우는 겁니다. 이런 상황에서 다른 말도 넣어서 할 수 있겠지만, **'이런 표현만큼은 꼭 알아야 대화가 된다!'라는 기준으로 뽑은 핵심 표현을 대화문별로 세 개씩 뽑아 자세하게 설명해드렸습니다.**

어떤 상황에서의 영어회화든, 그 상황에서 쓰는 필수적이고 사용 빈도가 높은 표현들을 알고 있어야 유창하게 영어회화를 할 수 있습니다. 각 대화문에 나오는 세 개씩의 필수 표현(Key Expressions)을 꼭 입으로 소리 내어 여러 번 읽으면서 확실하게 외워두세요.

언제 어디서나 누구와 함께 있어도 영어회화를 잘 할 수 있으려면 다양한 상황에서 쓸 수 있는 영어 대화문을 많이 보고 듣고 익혀둬야 하는데요, 〈이지 잉글리시〉 교재에 나오는 대화문들은 늘 다양한 상황으로 이루어져 있습니다. 각각의 상황에서 쓸 수 있는 영어 대화문의 핵심은, 그 대화문에 나오는 필수 표현들입니다. 주유를 하러 가면, '얼마치 넣어드릴까요?'라든가, '5만원어치 넣어주세요.' '포인트 카드 있으세요?'와 같은 말을 하게 될 거고, 카페에 가면 '뭐 드릴까요?' '아메리카노 하나 주세요, 아이스로요.' '여기서 드실 건가요?' '테이크아웃이요.'와 같은 말을 쓰게 되잖아요. 이렇게 어떤 상황에서 가장 많이 쓰는 필수 표현들, 거의 매번 쓸 것 같은 필수 표현들을 확실하게 알아두면 여러분은 영어회화를 원어민처럼 하실 수 있는 겁니다.

Big 3 Speaking Patterns

영어회화 패턴이라는 것은, 패턴에 들어 있는 비어 있는 곳에 적당한 단어들을 채워 넣으면 문장이 완성되는 틀을 말합니다. 영어회화 패턴을 많이 알고 있을수록 영어로 말하고 듣기가 수월해집니다. 그리고 영문법 실력에 좀 자신이 없더라도 영어회화 패턴을 이용해서 회화를 하면 전혀 어렵지 않게 됩니다. 〈김태연의 이지 잉글리시, 최고의 대화문 150-감정 편〉의 각각의 Unit에 나오는 패턴들은 해당 상황만이 아니라 어떤 상황에서도 쓸 수 있는 것들이기 때문에 내가 하고 싶은 말, 어떤 것이라도 이 책에 나오는 패턴을 이용해서 만들어 말할 수 있습니다.

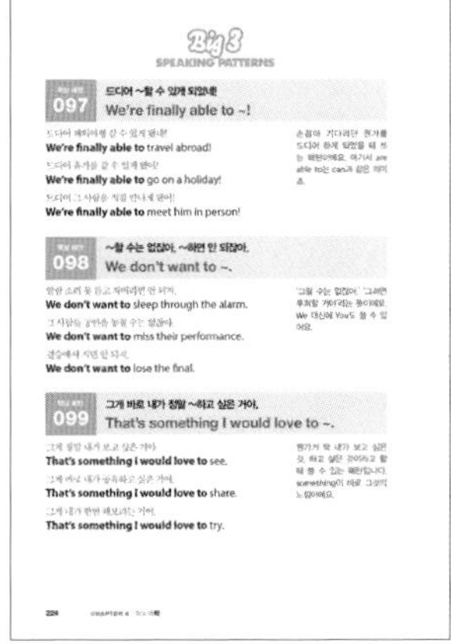
Big 3 SPEAKING PATTERNS

097 드디어 ~할 수 있게 되었네!
We're finally able to ~!

We're finally able to travel abroad!
We're finally able to go on a holiday!
We're finally able to meet him in person!

098 ~할 수는 없잖아. ~하면 안 되잖아.
We don't want to ~.

We don't want to sleep through the alarm.
We don't want to miss their performance.
We don't want to lose the final.

099 그게 바로 내가 정말 ~하고 싶은 거야.
That's something I would love to ~.

That's something I would love to see.
That's something I would love to share.
That's something I would love to try.

224

영어회화를 잘 하려면, 상황에 맞는 필수 표현들을 많이 알고 있어야 하고, 또 영어 문장을 바로바로 만들어 말할 수 있는 스피킹 패턴들도 많이 알고 있어야 해요. 〈이지 잉글리시〉 교재의 구성은 지난 10년 동안 주기적으로 바뀌어 왔는데요, 대화문에서 꼭 기억해둘 만한 패턴을 가지고 문장들을 응용해서 만들어보는 코너는 〈이지 잉글리시〉 교재에 꼭 있었습니다. 패턴 학습이 영어회화에 아주 큰 도움이 되기 때문이에요. 각 대화문마다 하나씩 뽑은 패턴들은 어떤 특정 상황에서만 쓸 수 있는 것이 아니라, 어떤 상황에서든 다 쓸 수 있는 문장의 틀입니다. 어떤 상황이나 주제에 관해서 말하더라도 다양하게 응용해서 쓸 수 있는 영어 문장의 틀, 〈이지 잉글리시〉 120권에서 가장 사용 빈도수가 높고 쓰임새가 많다고 인정받은 150개를 선정하여 넣었습니다.

Speaking Grammar/ Pronunciation

영문법이나 발음에 대해 아주 많은 학습자들이 궁금해 하실 만한 내용을 속 시원하게 해결해드리는 코너입니다. 어떤 Unit에서는 영문법에 대한, 또 어떤 Unit에서는 발음에 대한 설명이 들어 있습니다. 대충 알고 넘어가지 마시고, 이제 확실하게 이해하고 자신 있게 영어회화를 해보세요.

〈이지 잉글리시〉 애청자분들이 방송에 나온 대화문과 관련한 영문법이나 발음에 대해서 질문하신 것들 중에서, 가장 많은 분들이 궁금해 하시고 알고 싶어 하셨던 것에 대해 매 Unit마다 하나씩 속 시원하게 설명해드리고 있습니다. 책 한 권에 50가지의 영문법이나 발음 요령이 들어 있습니다.

Level Up Expressions

개편이 되어도 늘 다양한 이름으로 사랑받았던 〈이지 잉글리시〉 최고의 코너, '이럴 땐 딱 한 줄, 이렇게 말해요!' 응용할 필요 없이 그냥 이 한 문장을 언제 쓰는지 이해하고 문장을 통째로 외워서 말하면 됩니다. 영어회화를 할 때는 어휘와 표현, 패턴으로 다양하게 응용해서 말할 수도 있지만, 어떤 상황에서 이런 의도로 말하고 싶을 때 응용하지 않고 그대로 쓸 수 있는 딱 한 문장들도 있습니다. 매 Unit 끝에 나오는 이 하나의 문장을 언제 쓰면 되는지 잘 읽고 이해한 다음에 완전히 외워지고 자연스럽게 말할 수 있을 때까지 소리 내어 연습해 보세요. 여러분은 지금 당장, 영어회화의 달인이 되실 겁니다.

Speaking Patterns 150

영어가 툭 튀어나오는 핵심 패턴 모음. 본문의 핵심 패턴 150개와 이 패턴을 활용한 문장 450개를 책 뒤에 모아두었습니다. 한글을 보고 영어로 바로 말하는, 순간 말하기 훈련에 활용하세요.

지금까지 〈이지 잉글리시〉 교재를 가지고 방송을 들으셨던 분들을 위한 단행본 활용 팁!

이 단행본은 〈이지 잉글리시〉 교재 백 권 이상의 결정체입니다. 단행본 4권을 합하면 누구나 꼭 알아야 할 영어회화의 상황이 자그마치 600개나 들어 있고, 문장을 쉽게 만들어 술술 말할 수 있는 스피킹 패턴이 600개, 그리고 상황별로 꼭 알아야 할 필수 표현은 무려 1,800개나 들어 있습니다. 매달 〈이지 잉글리시〉 교재로는 새롭고 재미있고 유익한 상황 속의 대화문으로 방송을 듣고 공부하시고, 단행본으로는 확실하고 탄탄한 영어회화의 기본기를 다져보세요. 어떤 상황에서도 영어회화가 유창해진 여러분, 이제 영어가 여러분을 더 넓고 넓은 세상으로 안내할 겁니다.

1

1단계 사진을 보고 어떤 상황에서의 대화인지 상상한다. 그리고 우리말 대화를 보면서 영어로는 얼마나 말할 수 있는지 스스로 테스트해본다.

2

2단계 QR 코드를 찍어, 영어 대화문을 들어본다.

3

3단계 강의 QR 코드를 찍어, 저자 김태연 선생님의 생생한 직강을 듣는다.

4

4단계 대화문에 나오는 필수 표현 세 개를 계속 소리 내어 말하면서 설명을 읽는다.

5

5단계 각 대화문에서 하나씩 뽑은 Big 3 패턴을 소리 내어 말하면서 외운다. 그리고 각 패턴을 가지고 내가 말하고 싶은 문장을 만들어 말해본다.

6

6단계 잘 모르고 헷갈렸던 영문법이나 발음에 대한 설명을 읽고 이해한다.

7

7단계 '이럴 때는 이렇게 말하는구나!'를 알려주는 딱 한 문장 영어, Level Up Expressions를 실감나게 연기하며 외운다.

그리고 나만의 마지막 단계!

대화문을 외워 거울을 보고 연기를 하거나, 휴대 전화로 녹음한다.

또 하나의 보너스 단계!

저자 김태연 선생님의 팟캐스트나 유튜브에 가서 훨씬 더 많은 재미있는 강의를 듣는다.

〈김태연의 이지 잉글리시, 최고의 대화문 150〉을 영어교육 전문가와 영어 원어민들은 이렇게 얘기합니다.

이 책에는, 여러분의 생각이나 감정을 어떻게 표현할지에 대한 어마어마하게 많은 질문에 대한 영어표현들이 다 들어 있어요.

제가 한국에서 친구들이나 학생들에게서 자주 듣는 흔한 질문 중의 하나는, "이 말을 영어로 어떻게 말해요?"입니다. 제 생각에, 이건 정말 쉽게 대답할 수 없는 어려운 질문인 것 같아요. "이런 생각은 영어로 어떻게 표현하나, 이런 감정은 영어로 뭐라고 말하지?"라는 고민 때문에 거의 모든 영어 학습자들이 참 힘들어하실 것 같아요. 음, 다행히 저는 여러분이 가지고 계시는 수많은 질문에 대한 답을 이 책에서 찾으실 수 있을 거라고 말씀드릴 수 있어요. 이 책에는, 여러분의 생각이나 감정을 어떻게 표현할지에 대한 어마어마하게 많은 질문에 대한 영어표현들이 다 들어 있거든요. 각 유닛마다 아주 유용하고 실용적인 대화문이 세 개씩 들어 있고, 요새 관심을 가질 만한 내용들, 주제, 상황과 관련된 내용을 알게 되실 겁니다. 또한, 원어민들이 자주 쓰지 않는 영어 표현들을 배우면 뭐하겠습니까? 이 책으로 공부하시면 시간을 최고로 잘 쓰시는 게 될 거예요. 이 책에 있는, 활용도 높고 원어민이 매일 자주 쓰는 좋은 영어표현들은 분명히 여러분의 영어학습에 어마어마한 도움을 줄 것입니다. 영어학습을 시작할 때, 저라면 이 책과 더불어 시리즈 세 권도 함께 제 책꽂이에 꽂아 두고 공부할 것 같습니다! 이 책은 영어 말하기, 스피킹 실력을 향상시키고 싶은 모든 분들께 필독서, 꼭 소장하고 있어야 하는 책입니다.

One of the most common questions I get from friends and students in Korea is, "How do you say this in English?" In my opinion, that is the million dollar question. This question is constantly on the minds of most learners of English. Well, I'm happy to say you will find many of your answers in this book. This book will most likely answer all your burning questions related to expressing one's thoughts and emotions. With three very practical and realistic dialogs per lesson, you will find something relatable and the topics current. Also, what's the point of learning English phrases that are not commonly used by native speakers? No time will be wasted here. These common and frequently used phrases and patterns in this book will be incredibly useful to your English studies. If I were beginning my English journey, this book (along with the other 3) would be a staple in my library! It's a must-have for anyone who wants to improve one's English speaking skills.

EBS 라디오 〈파워 잉글리시〉 진행자
크리스틴 조

이 책은 그런 모든 감정을 영어로 아주 자연스럽게 표현할 수 있는 쉬운 가이드 역할을 해줄 것입니다. 강추합니다!

우리는 항상 말을 통해 우리의 감정을 표현하죠. SNS에 글을 쓸 때나 댓글을 달 때, 숙제나 과제가 너무 많아서 힘들어 죽겠을 때도 말이죠. 이 책은 그런 모든 감정을 영어로 아주 자연스럽게 표현할 수 있는 쉬운 가이드 역할을 해줄 것입니다. 강추합니다!

We express emotions through words all the time, from commenting on social media to showing frustration because of too much homework. This book offers an easy guide to expressing those (and many more) feelings as naturally as possible in English. Highly recommended!

EBS 라디오 〈모닝 스페셜〉 진행자
최수진

어느 교재에서도 배울 수 없는 진짜 원어민의 자연스러운 미국 영어가 가득 담겨 있습니다.

언어는 의사소통을 하는 도구일 뿐이에요. 그 도구를 어떻게 써야 하는지 모른다면 그건 있으나 마나 한 것이죠. 그런 면에서 〈김태연의 이지 잉글리시 최고의 대화문 150 - 감정 편〉은 영어회화 학습자들에게 너무나도 좋은 훌륭한 교재입니다. 이 책은 학교에서 영어를 배우긴 했지만 정작 실생활에서는 영어를 쓸 자신이 없는 이들을 위한 지침서입니다.

Language is only a tool for communication. A tool is useless unless we know how to use it. That's what makes "Taeyeon Kim's Easy English – 감정 편" such a great book for English learners. It's basically an instruction manual for English students who learned English in school but don't have the confidence to use it in real life.

지난 13년간 한국에 살면서 영어를 가르쳐온 미국인으로서, 영어에 대해 잘 아는 아주 똑똑한 수많은 한국인들이 실생활에서 영어로 말하고 써야 할 때는 두려움을 느낀다는 것을 잘 알게 되었습니다. 그래서, 언제, 어디서, 어떻게, 왜 이런 표현을 써야 하는지를 잘 설명해주는 그리고 영어로 아주 자연스럽게 말할 수 있게 해주는, 쉽고 간단한 영어 교재를 갖는 것이 중요한 것이죠. 이 책에 나와 있는 많은 예문들은 제가 저자와 실제로 나누었던 생생한 대화들입니다. - 실제로 저와 같은 원어민이 자주 쓰는 아주 유용한 미국 영어 표현들, 어느 교재에서도 배울 수 없는 진짜 원어민의 자연스러운 미국 영어가 가득 담겨 있습니다. 이 책에 나온 대화문을 읽어보다가 정말 빵 터진 적이 여러 번인데요, 그만큼 영어표현이 너~~무 자연스럽다는 거죠. - 이 책의 최고의 장점입니다.

As an American who has been living and teaching in Korea for the last 13 years, I've learned why so many incredibly smart Koreans who know English well have a fear of using it in real life. That's why it is so important to have an easy and simple book that explains when, where, how, and why to use the phrases that will help anyone sound more natural in the English language. Many of the examples used in this book are from actual conversations I've had with the author – I recognized that she wrote down very useful American phrases that I use all the time but are not taught in most textbooks. I laughed a few times at the conversations because they sounded VERY American – and that's a good thing!

매일 몇 분씩만이라도 이 책을 가지고 공부를 하시면, 여러분의 영어 말하기 실력이 한 단계, 두 단계 팍팍 올라갈 겁니다. 여러분이 지금까지 쓰셨던 문장들, 구사하셨던 영어 표현들에 더욱 더 많은 표현들을 이 책에서 뽑아 넣어 말해보세요. 그러면 여러분이 마주치는 어떤 원어민과도 유창하고 자연스럽게 영어대화를 하실 수 있을 겁니다. 강추합니다!

Just a few minutes a day of using this book is all it takes to move up a level or two in your English language skills. I highly recommend adding as many of the words and phrases in this book into your "toolkit" so that you'll be able to effectively communicate with the next native English speaker you come across.

여러분의 영어회화 공부가 술술 잘 풀려가기를 바랍니다!
Wishing you all the best in your English journey!

EBS 라디오 〈이지 잉글리시〉 공동 진행자
알렉스 시그리스트

영어를 배우고 싶고, 잘 하고 싶거나 지금의 영어 실력을 한층 더 올리고 다듬고 싶어 하는 여러분들에게 이 책을 강추합니다.

이 책에는 심사숙고해서 고르고 고른 좋은 표현들이 가득합니다. 그래서 영어로 의사소통을 하고 싶은 모든 분들의 영어 실력을 엄청나게 끌어올려줄 거예요. 더구나 이 책에는, 원어민들만 알고 있을 법한 아주 자연스러운 표현들, 슬랭, 숙어, 문장들을, 저자가 오랜 시간과 노력을 기울여 골라내어 넣은 것이 확실하게 보입니다. 영어를 배우고 싶고, 잘 하고 싶거나 지금의 영어 실력을 한층 더 올리고 다듬고 싶어 하는 여러분들에게 이 책을 강추합니다.

This book has so many thoughtful touches that are guaranteed to enhance communication with English speakers. It delves into expressions, slang and idioms that are typically known to only native speakers. I'd recommend this book to anyone learning the language, or anyone sharpening their skills.

미국인 스튜어디스/여행자
멜라니 밀러

EMOTION-BASED SITUATION MAP 150

Get you anywhere at anytime

CHAPTER

1 excited 희노애락 SITUATION

CHAPTER

2 angry or upset 희노애락

SITUATION 

CHAPTER

3 sad or down 희노애락

SITUATION

CHAPTER

4 happy or pleasant 희노애락 SITUATION

CHAPTER

5 other feelings 기타 감정 SITUATION

CHAPTER

excited

희노애락

UNIT 01

TRY IT IN ENGLISH

선물이나 호의 등에 감동받았을 때

어머나, 감동이야! / 내가 뭘 받았게! / 이 스쿠터 정말 갖고 싶었는데

친구나 누군가가 나에게 갖고 싶었던 선물을 기억했다가 사주거나 호의를 베풀어주거나 할 때 정말 기쁘겠죠? 이런 대화문들을 통해 그 짜릿한 감사함을 느껴보세요.

강의 **01**

(민과 에디가 식당에 있다.)

민　조그만 선물 하나 가져왔어.

에디　선물? (선물 박스를 열며) 뭔데? 줄넘기?

민　응. 우리 줄넘기 하게 두 개 샀어. 같이 줄넘기 하자구.

에디　야, 감동이다! 고마워, 민. 너처럼 몸짱이 될 것 같다.

SITUATION 1 어머나, 감동이야!

친구에게 선물을 하면서 같이 운동하자고 말하는 상황입니다. 우리말 대화를 보고 영어로 생각해 본 다음에 영어 대화문을 보세요.

음원 01-1

(Min and Eddy are at a restaurant.)

Min This is **a small gift for** you.

Eddy A gift? *(He opens the gift.)* What's this? Is this a jump rope?

Min Yes. I bought two jump ropes for us. Let's jump rope together.

Eddy Wow, **I'm touched!** Thanks, Min.

001 I think I can **get in shape** like you.

CHAPTER 1

VOCABULARY

gift 선물 **jump rope** 줄넘기 **touched** 감동받은 **shape** 몸매

KEY EXPRESSIONS

1 **누구에게 줄 작은 선물**

a small gift for + 누구

선물을 주면서, '별 거 아니에요'라고 할 때 a small gift라고 표현해요. 좀 더 정중하게 표현할 때는 Here's a small gift to show our appreciation for your hard work. '열심히 일해주신 데 대한 작은 성의 표시입니다'라고 하기도 합니다.

2 **감동이다!**

I'm touched!

누군가의 말이나 행동 때문에 행복하고, 감사하고, 감동할 때 touched라고 해요. We were deeply touched by her present. '우리는 그녀의 선물을 받고 깊이 감동했다'처럼 touched 뒤에 by ~를 쓰기도 하고, She was touched that her friends had come to see her off. '친구들이 배웅 나와줘서 감동받았다'처럼 touched 뒤에 that ~을 쓸 수도 있어요.

3 **몸매를 되찾다, 살을 빼다**

get in shape

살이 쪄서 몸매가 망가졌다가 다시 예전의 몸매를 되찾는 걸 get in shape라고 표현해요. shape이 몸매니까 get in shape은 그 몸매로 되돌아가는 것, 즉 운동을 하거나 해서 살을 빼는 걸 말하고, 반대로 get out of shape라고 하면 살이 찌는 걸 말해요.

SITUATION 2 내가 뭘 받았게!

음원 01-2

회사에서 주는 선물을 받고 동료들과 기뻐하는 상황입니다. 우리말 대화를 보고 영어로 생각해본 다음에 영어 대화문을 보세요.

아르만 내 건 뭔지 봐 봐!
윤 블루투스 스피커 아냐?
나는 이어폰을 받았어.
와, 도대체 이걸 누가 보냈지?
아르만 "메리 크리스마스!"라고 써 있어.
윤 아하! 회사에서 주는 크리스마스 선물인가 보네.
아르만 정말 뜻밖인데!

Arman Look at what I got!
Yoon A Bluetooth speaker?
I got a pair of earbuds.
Wow, who sent us these?
Arman It just says, "Merry Christmas!"
Yoon Aha! 002 These must be Christmas presents from our company!
Arman What a nice surprise!

VOCABULARY

pair 한 쌍 **earbuds** 이어폰 **company** 회사 **surprise** 뜻밖의 선물

KEY EXPRESSIONS

1 **내가 뭘 받았게! Look at what I got!**

좋은 옷이나 근사한 물건을 친한 사람에게 뽐낼 때 쓰는 말이에요. 비슷한 표현으로 Look at you!가 있는데 문맥에 따라 상대방의 모습이 좋다는 말도 되고 별로라는 말도 돼요. Look at you! You look like a teenager! 이게 누구야! 십대 같아! Look at you! You look awful. 세상에! 정말 별로다.

2 **나 ~를 받았어. I got+무엇.**

내가 뭔가를 받았다고 할 때 I got 무엇이라고 하는데요, I got 무엇은 어떤 걸 샀다는 의미도 있어요. 그래서 Where did you get that jacket?은 어디서 구했냐가 아니라 어디서 샀냐는 말이구요, 당연히 술도 한 잔 살 수 있어요. I'll get these drinks.

3 **~라고 씌여 있잖아. It just says ~.**

여기서의 say는 글, 숫자, 그림으로 정보를 준다는 의미예요. 전달 수단은 표지판, 시계, 편지, 메시지, 공고문 등 다양하겠죠. The sign said, "Do not trespass." The clock said twenty past three.

SITUATION 3 이 스쿠터 정말 갖고 싶었는데

음원 01-3

평소 갖고 싶었던 스쿠터를 엄마가 사주셔서 기뻐하는 상황입니다. 우리말 대화를 보고 영어로 생각해본 다음에 영어 대화문을 보세요.

(준의 엄마가 준에게 스쿠터를 사줬다.)

준 와! 고맙습니다, 엄마.
제가 이 스쿠터 갖고 싶어 했던 걸 어떻게 아셨어요?

엄마 준, 네 마음 다 알지. 지금 타볼래?

준 물론이죠. 얼마나 빠를지 궁금해요.

엄마 얘, 조심하고, 너무 멀리 가지는 마라.

준 알았어요. 사랑해요, 엄마.

(Jun's mother bought a scooter for Jun.)

Jun Wow! Thank you, Mom.
How did you know that I wanted to have this scooter?

Mother Jun, I can **read your mind**.
Do you want to **try it out**?

Jun Of course! 003 I wonder how fast it goes.

Mother Be careful and don't go too far, honey.

Jun Okay. I love you, Mom.

VOCABULARY

scooter 스쿠터 **mind** 마음 **fast** 빠른 **far** 멀리

KEY EXPRESSIONS

1 **제가 이 스쿠터 갖고 싶어 했던 걸 어떻게 아셨어요?**
How did you know that I wanted to have this scooter?

내가 뭘 좋아하거나 어떤 일을 했다는 걸 상대가 알아줘서 기분 좋고 고마운 거죠. 대화문에서 처럼 평소에 갖고 싶어 했던 물건을 받을 때도 쓰지만 How did you know that I like cappuccinos?처럼 나의 취향을 알아줘서 반가울 때도 써요.

2 **네 마음 알아 read your mind**

상대방의 마음을 읽는다는 건 상대방을 깊이 이해하는 거죠. 마음은 생각이니까 read somebody's thoughts라고도 말해요. How did you read my thoughts?처럼요.

3 **테스트해보다 try it out**

새로운 물건이나 어떤 방법, 도구, 실력 등을 테스트해본다는 말이에요. 새로 산 스마트 워치를 테스트해보는 중이라는 말을, I'm trying out my new smart watch.라고 하죠. 명사로 tryout이라고 하면 스포츠 팀에서 테스트를 받는 기간이나 연극, TV 프로그램 등에서 반응을 보는 기간을 가리켜요.

핵심 패턴 001 ~를 할 수 있을 것 같아. I think I can ~.

너처럼 몸짱이 될 것 같다.
I think I can get in shape like you.

너처럼 시간을 잘 지킬 수 있을 것 같아.
I think I can be punctual like you.

마감일에 맞출 수 있을 것 같아.
I think I can meet the deadline.

뭘 할 수 있다는 자신감을 조심스럽게 혹은 돌려서 부드럽게 표현할 때 쓰는 패턴이에요. 성격 때문이든 상황 탓이든 말하는 사람의 부담도 덜어지고 분위기도 부드러워집니다.

핵심 패턴 002 이거, ~인가 봐. These must be ~.

회사에서 주는 크리스마스 선물일 거야.
These must be Christmas presents from our company.

우리 여행 갈 때 먹을 간식인가 봐.
Those must be snacks for our road trip.

우울 증상일 거야.
That must be a symptom of depression.

사람이나 상황에 대해 말하면서 분명히 어떨 것 같다고 말할 때 쓰는 패턴입니다. 이게[저거, 이것들, 저것들] ~할 거야. These[This, That, Those] must be ~.

핵심 패턴 003 얼마나 ~한지 궁금해. I wonder how ~.

얼마나 빠를지 궁금해요.
I wonder how fast it goes.

새 사무실이 얼마나 넓을지 궁금하네요.
I wonder how spacious the new office will be.

그 사람들 케미가 얼마나 좋을지 궁금해요.
I wonder how good their chemistry will be.

직접 보거나 겪지 않아서 어떤 일이 사실인지, 일어날지 궁금하고 상대방은 혹시 알고 있는지도 간접적으로 묻는 말이에요. how 뒤에 주어+동사를 쓰거나, how 뒤에 형용사를 쓰고 주어+동사를 쓰기도 합니다.

Look at what I got!
get의 뜻이 정확히 뭐죠?

택배나 선물 등을 받고 꺼내 보이면서 **Look at what I got!**이라고 할 때 **get**은 '받다'라는 뜻이에요. '내가 뭘 받았는지 봐!'라는 거죠. 그런데 똑같은 말을 다른 상황에서 했다면요? 예를 들어, 쇼핑을 하고 나서 **Look at what I got!**이라고 하면, '내가 뭘 샀게?'라는 뜻이 돼요. 누구에게서 선물로 이어폰을 받았다고 할 때는 '받다'라는 뜻의 **get**을 넣어서, **I got a pair of earbuds.**라고 하고, 내가 이어폰을 샀다는 말도 역시 **I got a pair of earbuds.**라고 해요. 그러니까 문맥에 따라서 **get**은 '받다'라는 뜻도 되고, '사다'라는 뜻도 되는 겁니다. 그리고 '갖다 주다, 사다 주다'라는 뜻도 돼요. '좋은 책을 한 권 샀다'는 말은 **I got a good book.** 카페 등에서 주인이나 직원이 '무엇을 드시겠어요?'라고 할 때 **What can I get for you?**

LEVEL UP
EXPRESSIONS

어쩜 그걸 기억하고 있니!
I can't believe you remembered that!

'설마 이런 걸 기억하고 있다고? 와, 어떻게 그런 걸 기억하고 있어?'라고 놀랄 때 있죠? 이럴 땐 기억력에 감탄하는 것만이 아니라, 아직도 기억하고 있을 만큼 관심이 있다는 것이라서 기쁜 마음이 들 텐데요, 이럴 때 할 수 있는 말이 **I can't believe you remembered that!**입니다.

내가 좋아하는 케이크를 기억하는 것을 보고

A 네가 좋아하는 케이크도 사왔어.
B 어쩜 그걸 기억하고 있니!

A I even got your favorite cake.
B **I can't believe you remembered that!**

처음 만났을 때 앉았던 자리를 기억할 때

A 우리 처음 만났을 때 앉았던 자리로 예약했어.
B 어쩜 그걸 기억하고 있어!

A I booked the table we sat at when we first met.
B **I can't believe you remembered that!**

UNIT 02 좋아하는 것을 찾아 행복할 때, 짜릿할 때

그 영상 있어? 보여줘 봐 / 그 순간을 음미하고 싶었어 / 여행 가는 데 아무 것도 문제 안 돼

TRY IT IN ENGLISH

찰나 속에 영원이 있다는 말이 현실이 되는 그 순간을 위해서라면 사소한 불편 따위는 아무 문제 안 되고 뭐든 할 수 있죠. 이런 상황을 표현하는 대화문을 보면서 그 순간들을 되새겨보세요.

강의 **02**

데이브 호텔이 아름다운 절벽으로 둘러싸여 있더라.

TY 드론 있었어?

데이브 아니, 내 친구한테 있었어.
해가 막 뜨려고 할 때 드론을 꺼냈지.

TY 그 영상 있어? 보여줘 봐.

데이브 (스마트폰을 보여주며) 여기. 끝내주지 않아?

TY 이런 건 정말 처음 본다!

SITUATION 1 그 영상 있어? 보여줘 봐

친구가 여행 중 찍은 동영상을 같이 보며 감탄하는 상황입니다. 우리말 대화를 보고 영어로 생각해본 다음에 영어 대화문을 보세요.

음원 02-1

Dave The hotel **was surrounded by** beautiful cliffs.
TY Did you have a drone?
Dave No, but my friend did.
When the sun was about to rise, he **brought** it **out**.
TY Do you have that video? Show me.
(Showing his phone)
Dave Here. 004 Isn't it amazing?
TY **I've never seen anything like it!**

VOCABULARY

surrounded 둘러싸인 **cliff** 절벽 **rise** (해가) 뜨다 **amazing** 놀라운

KEY EXPRESSIONS

1 **~로 둘러싸여 있다**

be surrounded by ~

어떤 것이 뭔가로 둘러싸여 있다는 건 수동태로 쓰고요, 의미에 따라서 be surrounded 뒤에 by를 쓰기도 하고 with를 쓸 때도 있습니다. 들판이 나무로 둘러싸여 있었으면, The field was surrounded by trees.라고 해요. surround를 능동태로 쓰는 경우는, 무장 경찰이 집을 포위했다는 의미로, Armed police surrounded the house.라고 하거나, 알코올 남용 문제가 복잡하다는 의미로, Issues surrounding alcohol abuse are complex.라고 할 수 있어요.

2 **~를 꺼내다**

bring out + 무엇

어디에서 뭘 꺼낸다는 말이에요. 그가 책을 몇 권 꺼냈다고 하면, He brought out a couple of books.라고 하겠고, 뭔가를 꺼낸다는 의미를 확장해서 시장에 선을 보인다는 뜻도 있어요. 어떤 그룹이 다음 달에 새 앨범을 출시할 계획이라면, The group will bring out a new album next month.이라고 할 수 있어요.

3 **이런 건 생전 처음 봐!**

I've never seen anything like it!

이런 건 여태 본 적이 없다, 생전 처음 본다는 표현인데요, 사람과 사물에 다 쓸 수 있어요. I've never seen anything like it (before). 하면 이런 건 처음 본다는 거고, 그런 사람은 정말이지 처음 본다고 하면, I've never seen anyone like him/her (before).라고 해요. 일상생활 영어로는 과거시제를 써서 I never saw this before.라고도 해요.

SITUATION 2 그 순간을 음미하고 싶었어

음원 02-2

여행 다녀온 친구가 사진을 안 찍은 이유를 설명하는 상황입니다. 우리말 대화를 보고 영어로 생각해본 다음에 영어 대화문을 보세요.

(당일치기 여행 후에)

TY 와, 정말 멋진 여행이었어!
여행객 그러게. 호수가 너무 아름다워서 놀랬어.
TY 넌 어떻게 사진을 하나도 안 찍었어?
여행객 그냥 그 순간에 몰입하고 싶었어.
TY 그래도 나중에 그 호수가 보고 싶을 땐 어떡하려고?
여행객 다시 오면 되지 뭐!
TY 하긴 그렇네!

(After the day trip)

TY Wow, **005** that was such a great trip!
Traveler I know. I was amazed at the lake's beauty.
TY How come you didn't take any pictures?
Traveler I just wanted to be in the moment.
TY But what if you want to see the lake later?
Traveler I can come back here again!
TY That's true!

VOCABULARY

trip 여행 **be amazed** 놀라다 **take** (사진) 찍다 **moment** 순간

KEY EXPRESSIONS

1 **참 멋진 여행이었다! That was such a great trip!**

such를 넣으면 사람이나 사물이 어떻다는 걸 강조할 수 있어요. 다양하게 쓸 수 있는데요, 누군가가 참 친절한 사람들이라면, They're such nice people.이라고 하고, '거긴 여기서 엄청 멀어'라는 건, It's such a long way from here.라고 합니다. 그리고 스스로 자책하면서 '내가 참 바보 같다'는 말을, I felt like such an idiot.라고도 하죠.

2 **호수의 아름다움에 놀라다 be amazed at the lake's beauty**

호수가 얼마나 아름답던지, 매우 놀랐다는 말이죠. '너무너무 좋다, 감탄하다'라는 be amazed 뒤에는 at이나 by도 쓸 수 있고요, 〈that 주어+동사〉도 쓸 수 있어요. 정말 힘든 일을 해낸 누군가를 보고 감탄할 때 I'm amazed that he made it.이라고 할 수도 있죠.

3 **이 순간에 집중하며 살다 be/live in the moment**

과거나 미래에 집착하는 게 아니라, 지금 이 순간에 집중한다는 뜻이에요. 대화문에서는 사진 찍는 것에도 신경을 빼앗기지 않고 오로지 그 순간, 그 아름다운 풍경을 흠뻑 음미한다는 거였죠. Seize the day. Carpe diem.도 비슷한 맥락의 말이죠.

SITUATION 3 여행 가는 데 아무 것도 문제 안 돼

음원 02-3

내일 비가 올 것 같은데도 캠핑 간다는 친구와 대화하는 상황입니다. 우리말 대화를 보고 영어로 생각해본 다음에 영어 대화문을 보세요.

다니엘 나 릭하고 칼이랑 내일 캠핑 가.
트레이시 내일?
내일 비 오지 않나?
다니엘 비 와도, 재미있을 거야.
트레이시 비 오는데 캠핑을?
다니엘 응! 괜찮아.
우리 여행 가는 데 아무 것도 문제 안 돼!
트레이시 야, 너네 정말 대담하다.

Daniel Rick, Carl, and I are going camping tomorrow.
Tracy Tomorrow?
006 Isn't it supposed to rain?
Daniel Even if it does, we'll still have lots of fun.
Tracy Camping in the rain?
Daniel Yes! It won't be a problem.
Nothing will stop us from going on this trip!
Tracy Wow, you guys are so adventurous.

VOCABULARY

be supposed to 예정이다 **fun** 재미있는 **problem** 문제 **adventurous** 대담한

KEY EXPRESSIONS

1 **빗속에서 in the rain**

'빗속에서, 비를 맞으며'라는 뜻이에요. 내가 누군가를 비를 맞으며 기다렸다면, I was waiting for her in the rain.이라고 하고, 난 빗길을 걷는 게 좋다면, I like walking in the rain.이라고 해요.

2 **괜찮아, 문제없어 won't be a problem**

'뭔가가 아무 문제도 되지 않는다, 무슨 영향을 미치지 않을 거다'라는 뜻이에요. 그래서 문제가 안 된다는 거죠. There won't be a problem.도 비슷한 뜻입니다. 별 일 없을 거라는 거죠.

3 **우리 여행 가는 데 아무 것도 문제 안 돼!**
Nothing will stop us from going on this trip!

누가 뭘 하는 걸 말릴 수가 없다고 할 때 Nothing will stop ~, Nothing can stop ~, Nothing stops ~.처럼 말해요. '무슨 일이 있어도 목표 달성을 할 거야'라는 말을 Nothing can stop me from reaching my goals.라고 하죠.

SPEAKING PATTERNS

핵심 패턴 004 ~하지 않아? Isn't it ~?

놀랍지 않아?
Isn't it amazing?
근사하지 않아?
Isn't it cool?
사랑스럽지 않아?
Isn't it lovely?

내 의견을 말하면서 상대의 동의를 구할 때 쓰는 패턴이에요. 길게 말할 때는 I think it's ~, isn't it?처럼 하기도 하고, 짧게는 Isn't he cute?처럼 간단하게 표현하면 돼요.

핵심 패턴 005 정말 대단한 ~였다. That was such a ~.

정말 대단한 여행이었어.
That was such a great trip.
정말 대단한 선방이었어.
That was such a good save.
정말 환상적인 골이었어.
That was such a fantastic goal.

뭔가가 엄청 대단하게 감동을 줬다면 이 패턴을 써서 말해보세요. such 뒤에 쓰는 명사가 단수형이라면 a 무엇이라고 쓰고 복수형이면 such 뒤에 바로 복수명사를 쓰면 됩니다.

핵심 패턴 006 ~하지 않나? Isn't it supposed to ~?

비 오지 않나?
Isn't it supposed to rain?
오래 걸리지 않겠어?
Isn't it supposed to take a long time?
주말에는 문 닫지 않나?
Isn't it supposed to be closed on the weekend?

상황을 보아하니 어떨 것 같은데… 그렇지 않은지 상대방의 생각을 확인할 때 쓰는 패턴입니다.

What draws you to that?
draw는 당긴다는 건데, 이게 무슨 뜻이에요?

동유럽에 가고 싶다는 상대방에게 '거기 왜 가려는 거야?'라고 할 때 **What makes you want to visit Eastern Europe?**이라고도 하고, '너는 왜 거기에 끌리는 거야?'라는 의미로 **What draws you to Eastern Europe?**이라고도 해요. 즉, **draw**는 '누군가를 어디로, 혹은 무엇에 끌고 가다'라는 의미예요.

어떤 것을 하고 싶은 이유를 물을 때 **Why do you want to ~?**라고 할 수도 있고, **What makes you want to ~?**라고도 하고 또 **What draws to** 무엇?이라고도 해요. 또 어떤 이유로 그게 끌리느냐는 의미로 **Why were you attracted to Jindo?**라고 할 수도 있죠.

LEVEL UP
EXPRESSIONS

그게 내가 꼭 해보고 싶은 일이야.
That's on my bucket list.

내가 꼭 어떤 것을 꼭 해보고 싶은 것이 있다면, 죽기 전에 꼭 해야 할 일의 목록에 이것이 들어 있다는 표현으로 말할 수 있는데요, 그게 **That's on my bucket list.**입니다. 약간 바꿔서 **That's on my wish list.**라고도 해요.

꿈에 그리던 여행지가 있을 때

A 너, 남미 가봤어?
B 아니, 근데 **그건 내가 죽기 전에 꼭 해보고 싶은 거야.**

A Have you ever been to South America?
B No, but **that's on my bucket list.**

꼭 해보고 싶었던 게 있을 때

A 우리 같이 스카이다이빙 하러 갈까?
B 그래! **그건 내가 꼭 해보고 싶은 거야.**

A Do you want to go skydiving together?
B Yes! **That's on my bucket list.**

UNIT 03

TRY IT IN ENGLISH

의욕이 생기거나 동기부여가 되어 좋을 때

동기 부여가 제대로 돼 있는 것 같네 / 요리 프로그램은 정말 도움 돼 / 이거 정말 끌리는데

외국어든 요리든 혹은 새로운 일이든 자기 자신을 성장시키는 일은 큰 기쁨이죠. 이렇게 자기 자신을 업그레이드하는 대화문들을 익히면서 우리도 스스로 동기 부여를 해보자구요.

강의 **03**

제이크 그래서, 일 년 쉬겠다고?

민 응. 스피킹 실력을 쌓아야겠어.

제이크 외국으로 가려는 거야?

민 아니, EBS 라디오 프로그램이랑 책으로 배우려고. EBS 앱 '반디'도 다운 받을 거야.

제이크 동기 부여가 제대로 돼 있는 것 같네.

민 한참 전부터 이렇게 하고 싶었어.

SITUATION 1 동기 부여가 제대로 돼 있는 것 같네

음원 03-1

학교나 일을 1년 쉬고 영어 실력을 쌓으려는 친구와 대화하는 상황입니다. 우리말 대화를 보고 영어로 생각해본 다음에 영어 대화문을 보세요.

Jake So, you're going to take a year off?
Min Yes. I need to improve my speaking skills.
Jake Are you thinking of going abroad?
Min No, I'll learn English with EBS radio shows and books. I also downloaded the EBS application called "bandi."
Jake 007 You sound motivated.
Min I've been wanting to do this for a long time.

CHAPTER 1

VOCABULARY

improve 향상시키다 **skill** 실력, 능력 **show** 프로그램 **motivated** 동기 부여된

KEY EXPRESSIONS

1 **1년 쉬다**

take a year off

여기서 핵심은 off입니다. 얼마 기간동안 쉰다고 할 때 동사는 몇 가지를 쓸 수 있어요. 먼저, 독감 때문에 휴무라면, He is off with the flu.라고 하고, 엄마가 편찮으셔서 학교에 못 갔다고 하면, She had to take some time off from school because her mom was ill.이라고 해요. 그리고 '내일 하루 쉬지 그래?'라는 말은, Why don't you take tomorrow off?라고 하고요.

2 **외국으로 가다**

go abroad

abroad를 넣어서 다양하게 쓸 수 있어요. go abroad는 외국으로 가는 거고, live abroad는 외국에서 사는 거죠. 그래서 내가 외국에 살아본 적 없다면, I've never lived abroad.라고 하고, 해외여행을 해본 적이 없다면, We've never traveled abroad. 그리고, 해외 출장을 자주 간다면, She often goes abroad on business.라고 해요.

3 **한참 전부터 이렇게 하고 싶었어.**

I've been wanting to do this for a long time.

오랫동안 뭔가를 하고 싶었다는 말이에요. I've been wanting to do this 뒤에 쓰는 말은 for a while, for a long time, for ages, since 2008 등 다양하고, I've been ~을 조금 더 확장해서 말하면 I've been attempting to ~, expecting to/that ~, striving to/for ~ 등으로 써서, 오랫동안 원했고, 기대했고, 애썼다고도 할 수 있어요.

SITUATION 2 요리 프로그램은 정말 도움 돼

요리 프로그램 덕에 매일 퇴근 후 새로운 레시피에 도전하는 게 기대된다는 대화입니다. 우리말 대화를 보고 영어로 생각해본 다음에 영어 대화문을 보세요.

음원 03-2

(요리 프로그램을 보면서…)

루시 요리 프로그램은 정말 도움 돼.

댄 맞아. 난 많이 배워. 그 요리사들 보는 게 재미도 있고.

루시 그 사람들 덕에 전보다 요리를 더 자주 하나 봐.

댄 이제는, 매일 퇴근 후에 새로운 레시피를 만들어보는 게 기대돼.

루시 너 요리에 소질이 있나 봐.

댄 이 이상 행복할 수가 없어.

(While watching a cooking show…)

Lucy Cooking programs are so helpful.

Dan They are. I learn **a great deal** from them. The chefs are also fun to watch.

Lucy Thanks to them, you seem to be cooking more often than before.

Dan Now, **I look forward to trying new recipes every day after work.**

Lucy I think you're quite good and talented at cooking.

Dan 008 I couldn't be any happier than I am now.

VOCABULARY

cooking program 요리 프로그램 **fun** 재미있는 **recipe** 음식 조리법 **talented** 재능 있는

KEY EXPRESSIONS

1 **많이, 많은 것을 a great deal**

양이 많다는 의미인데요, 대화문에서는 '아주 많은 것을'이라는 목적어로 쓰인 겁니다. 시간과 노력이 많이 들었다면, It took a great deal of time and effort.라고 해요.

2 **~하는 게 재미있는 fun to ~**

뭘 하는 게 재미있고 즐겁다는 말이에요. 대화문에서처럼 fun to 동사원형의 형태로 쓰기도 하고, fun+명사+to 동사원형의 형태로도 씁니다. 마이크는 같이 있으면 참 즐거운 사람이라는 의미로, Mike is a really fun person to be around.라고 할 수 있어요.

3 **매일 퇴근 후에 새로운 레시피를 만들어보는 게 기대 돼. I look forward to trying a new recipe every day after work.**

어떤 일을 기대하며 설렌다는 느낌이죠. look forward to 뒤에는 명사를 쓰거나 동사의 경우 -ing를 붙인 형태를 씁니다. to가 전치사거든요. 우리 엄마가 상대방을 빨리 보고 싶어 하신다면, My mother says she's looking forward to meeting you.라고 하고, '빠른 연락 기다리겠습니다'라는 의미로, I look forward to hearing from you soon.이라고 해요.

SITUATION 3 이거 정말 끌리는데

런던에서 강아지 산책시키는 일에 관해 대화를 나누고 있습니다. 우리말 대화를 보고 영어로 생각해본 다음에 영어 대화문을 보세요.

음원 03-3

(기사를 읽으며)

주디 와, 이거 정말 끌리는데!

닉 무슨 얘기야?

주디 런던에서 강아지 산책시키는 일을 하고 싶어.

닉 런던에서는 애완동물 키우는 사람들이 돈을 많이 쓴다고 하더라.

주디 강아지 산책시키는 일을 하면 영국 평균 근로자보다 더 번대.

닉 정말? 일은 얼마나 하는데?

주디 한 달에 단 2주.

CHAPTER 1

(Reading an article)

Judy Wow, this is really tempting!

Nick What are you talking about?

Judy 009 I'd love to be a dog walker in London.

Nick I heard that pet owners in London spend quite a lot of money on their pets.

Judy It says dog walkers earn more than the average worker in the UK.

Nick Really? How much do they work?

Judy Only two weeks a month.

VOCABULARY

tempting 구미가 당기는 **pet** 애완동물 **earn** 돈을 벌다 **average** 평균

KEY EXPRESSIONS

1 **이거 정말 끌리는데! This is really tempting!**

너무 좋아서 갖고 싶고 하고 싶다는 말이죠. 간단히 Tempting!이라고도 할 수 있어요. 저 파이가 참 먹음직스럽다는 말을, That pie looks tempting.이라고 할 수도 있고, 아주 구미가 당기는 일자리라는 뜻으로, a tempting job offer라고도 해요.

2 **강아지 산책시키는 사람 a dog walker**

취미가 산책인 사람을 a walker라고 하기도 하고요. 잘 걷는 사람, 걸음이 빠른 사람, 걸음이 느린 사람을 각각 a good walker, a fast walker, a slow walker라고 해요.

3 **평균적인 average**

이 단어는 쓰임이 다양해요. 작년이 예년에 비해 추웠다면, Last winter was colder than average.라고 말하고, 그 사람이 평균 키라면, He's of average height.라고 하죠. 그리고 우리 아들 수학 점수가 평균 이상 혹은 평균 이하라는 말을, He's above/below average in math.라고 말해요.

핵심 패턴 007 네 말을 듣고 보니 ~한 것 같다. You sound ~.

동기 부여가 제대로 돼 있는 것 같네.
You sound motivated.

낙관적인 것 같네.
You sound optimistic.

지친 것 같네.
You sound weary.

상대방의 말을 들어보니 어떻다고 생각이 될 때 이 패턴을 써요. 상대방의 말을 듣고 그런 것 같으면 sound를, 어때 보이면 look이나 seem을 씁니다.

핵심 패턴 008 너무너무 ~해. I couldn't be any ~.

이 이상 행복할 수가 없어.
I couldn't be any happier than I am now.

너무너무 좋다.
I couldn't be any better than I am now.

난 지금 최고로 낙관적이야.
I couldn't be any more optimistic than I am now.

내 기분이 너무나 어때서 이보다 더 그렇게 될 수가 없을 정도라는 최상급의 감정을 표현하는 패턴입니다. any 뒤에는 비교급을 써요.

핵심 패턴 009 정말 ~하고 싶어. I'd love to ~.

런던에서 강아지 산책시키는 일을 하고 싶어.
I'd love to be a dog walker in London.

난 진짜 농구 선수가 되고 싶어.
I'd love to be a basketball player.

난 박애주의자가 되고 싶어.
I'd love to be a philanthropist.

어떻게 하고 싶은 감정이 크다는 말인데요, I'd love to 동사원형 혹은 I'd like to 동사원형이라고 말해요.

내적인 motivation vs. 외적인 motivation
어떤 것들이 해당되나요?

책을 읽거나 남의 얘기를 듣고, 혹은 영상을 보고 슬슬 뭔가 하고 싶어진다는 뜻으로 **I'm starting to feel more motivated!**라고 할 때는 내적인 동기부여가 된 거예요. 어떤 말이나 글, 강연, 영상 등을 보고 내 안에서 뭔가를 하고 싶다는 의지가 생겨나는 거죠. 이럴 때 **internal motivation**이라고 해요. 그리고 일을 열심히 했더니 **reward** 보상이 주어졌다던가 상을 받았다던가 하면 **external motivation**이 되는 겁니다. 그리고 **I feel motivated.**처럼 사람에게 쓰는 **motivated**는 '동기부여가 되는'이라는 사전적인 의미로만 기억하지 마시고, '뭔가 하고 싶어지는, 뭔가를 시도해보고 싶은, 의욕이 생기는' 등의 다양한 뜻으로 기억해두세요.

배움은 평생 하는 거지.
Learning is a lifelong process.

어떤 것을 새로 배워볼까 하면 누군가는 '지금 나이가 몇인데…, 아직도 배울 게 있어?, 아직도 배우고 싶은 게 있니?'처럼 말하기도 하는데요, 이럴 때 '배움에는 끝이 없죠, 살면서 우리는 평생 배워야 하는 거예요.'라는 의미로 **Learning is a lifelong process.**라고 말해요.

평생 영어를 배우고 싶다고 하면서

A 영어 배우던 건 언제 그만뒀어?
B 그만둔 적 없는데. **배우는 건 평생 해야 할 일이지.**

A When did you stop learning English?
B I never really stopped. **Learning is a lifelong process.**

퇴직 후 탱고를 배우고 있다면서

A 퇴직하자마자 탱고 강습에 등록했다며.
B 그랬지. **배움은 평생 하는 거잖아.**

A I heard you signed up for a tango class right after retirement.
B I did. **Learning is a lifelong process, you know.**

CHAPTER 1

UNIT 04 새로운 취미가 생겨 기쁠 때

제가 뭘 샀는지 한번 보세요 / 다시 젊은 사람처럼 살고 싶어요 / 이것저것 막 사기가 싫어지더라구

TRY IT IN ENGLISH

취미 생활은 아무 의도나 목적 없이 그 자체가 기쁨이고 자기 계발보다도 순수한 행위죠. 다양한 취미를 다루는 대화문들을 통해 우리 자신의 취미를 되짚어보는 건 어떨까요?

강의 **04**

미란다 제가 산 것 좀 보세요!

닉 그거 전자책 단말기 아니에요?

미란다 맞아요, 읽고 싶은 거 뭐든 다 읽을 수 있죠.
폰트 사이즈도 조정할 수 있어서, 돋보기가 없어도 돼요.

닉 근사해 보이네요.
저도 하나 장만해야겠어요.

미란다 강추예요.

SITUATION 1 제가 뭘 샀는지 한번 보세요

음원 04-1

새로 산 물건이 마음에 들어 친구에게도 추천하는 상황입니다. 우리말 대화를 보고 영어로 생각해 본 다음에 영어 대화문을 보세요.

CHAPTER 1

Miranda 010 Check out what I got!

Nick Is that an e-book reader?

Miranda Yes, I can enjoy all the books I want.
I can also adjust the font size, so I don't need **reading glasses**.

Nick That looks nice.
I think I should get one, too.

Miranda I **highly recommend** it.

VOCABULARY

check out 확인해보다 **e-book reader** 전자책단말기 **adjust** 맞추다 **font** 글자 크기

KEY EXPRESSIONS

1 **제가 산 것 좀 보세요!**

Check out what I got!

check out은 뭘 좀 보라는 거예요. 이것 좀 봐! Check this out! 내가 만든 이 영상 좀 볼래? Would you check out this video I made?처럼 말하죠. 그리고 뭔가가 맞는지 아닌지 확인한다고 할 때는 check를 써요. 명단을 확인하겠다고 하면, I'll check the list.라고 하죠. check out은 도서관에서 책을 빌릴 때도 쓰는데요, 도서관에서 책을 한 번에 6권씩 빌릴 수 있다면, The library allows you to check out six books at a time.이라고 해요. 그리고 호텔 등에서 퇴실하는 것도 check out이라고 하죠? 우린 11시에 체크아웃했어, We checked out at 11. 이렇게 말해요.

2 **돋보기, 책 읽을 때 쓰는 안경**

reading glasses

가까운 데 있는 글자가 잘 안 보이면 글자를 멀리 해서 읽으려고 하잖아요? 이렇게 노안이 오면 책 읽을 때 불편하니까 돋보기를 쓰시는데, 그걸 영어로 reading glasses라고 해요. magnifying glass는 확대경을 뜻하는 거고요.

3 **강력하게 추천하다**

highly/thoroughly recommend

소위 '강추'라는 말이죠. 수동태로 써서 식당이나 상품, 책, 작품, 관광지 등을 평가할 때도 많이 쓰여요. 이 피자집 강추입니다, This pizza place is highly recommended.처럼요.

SITUATION 2 다시 젊은 사람처럼 살고 싶어요

음원 04-2

요가, 비누 만들기 클래스 등을 알아보자는 어르신들의 대화입니다. 우리말 대화를 보고 영어로 생각해본 다음에 영어 대화문을 보세요.

미란다 닉, 이 정신 연령 테스트 한번 해보세요. 전 다시 젊게 살고 싶어요.
닉 그렇게 애쓸 필요 없는 것 같은데요. 미란다는 이미 젊게 살고 있잖아요?
미란다 전 요가랑 비누 만들기 클래스에 등록할 거예요. 이 중에 하나 관심 있어요?
닉 둘 다 재미있을 것 같은데요!
미란다 좋아요. 제가 전화로 빈 자리 있나 알아볼게요.

Miranda Nick, take this mental age test.
011 I want to live like I'm young again.
Nick I don't think you have to try.
You're already young at heart.
Miranda I'll sign up for a yoga class and a soap-making class.
Are you interested in either of those two?
Nick They both sound like a lot of fun!
Miranda Alright.
Then let me call and check the availability.

VOCABULARY

mental age 정신 연령 **sign up for ~** ~에 등록하다 **availability** 빈 자리

KEY EXPRESSIONS

1 **테스트해보다, 점검해보다 take a test**

시험을 보거나 어떤 테스트, 점검을 한다고 할 때 have/take/do a test라고는 해도 make a test라고는 안 해요. 시험 등에 붙는 건 pass a test, 떨어지는 건 fail a test라고 하고요. pass a test에는 성공한다는 뜻도 있어요.

2 **젊게 살다, 마음은 청춘이다 be young at heart**

나이와 상관없이 젊은 사람처럼 생각하거나 행동하는 걸 말해요. 그분이 연세는 80이시지만, 마음만은 청춘이시라면, Tom is 80, but he's still young at heart.라고 하고, 마음은 젊지만 몸이 말을 듣지 않는다면, Though I'm young at heart, my body doesn't work like it used to.라고 해요.

3 **둘 다 재미있을 것 같은데요! They both sound like a lot of fun!**

sound 뒤에 오는 말을 다양하게 쓸 수 있어요. 좋을 것 같다면, It sounds good. 좋은 아이디어 같다면, It sounds a good idea. 재미있을 것 같다면, It sounds like a lot of fun.이라고 하고요, 상대방이 재미있게 놀고 온 것 같을 때는, It sounds like you had a good time.이라고 해요. 어떤 사람에게 전문적인 도움이 필요해 보이면, It sounds to me as if he needs professional help.이라고 할 수 있습니다.

SITUATION 3 이것저것 막 사기가 싫어지더라구

여행 못 가는 대신 쇼핑을 하다 이제는 책에 취미를 붙인 친구의 이야기입니다. 우리말 대화를 보고 영어로 생각해본 다음에 영어 대화문을 보세요.

음원 04-3

데이브 한동안 여행을 못 했더니 돈이 많이 남았어.
TY 그 돈으로 뭘 했어?
데이브 처음엔 온라인 쇼핑을 많이 했지. 그러다가 이것저것 막 사기가 싫어지더라구.
TY 그래서 돈을 그냥 모은 거야?
데이브 여행할 예산으로 책을 더 샀지. 주문한 책 빨리 받아봤으면 좋겠다.

Dave Since I couldn't travel for a while, I had a lot of money I wasn't using.
TY What did you do with that money?
Dave At first, I did a lot of online shopping. But then 012 I didn't feel like spending all my money on just random stuff.
TY So, you've been just saving it?
Dave I spent my travel money on more books.
I can't wait for the book I just ordered to arrive.

VOCABULARY

for a while 당분간 **feel like -ing** ~하고 싶다 **random** 아무것이나 **order** 주문하다

KEY EXPRESSIONS

1 **처음엔 at first**

'처음엔'이라고 할 때 at first라고 하는데요, 이 말 속에는 지금은 좀 다르다는 뜻이 담겨 있어요. At first, he was shy and hardly spoke.라고 하면 처음에는 그 사람이 수줍음도 많이 타고 말도 거의 안 했지만, 지금은 그렇지 않다는 말이에요. 그리고 I felt quite disappointed at first.라고 하면 처음엔 실망했지만 지나고 보니 그 정도는 아니었다는 거죠.

2 **온라인(으로) online**

online은 형용사로도 쓰고 부사로도 쓰는데요, 형용사인 경우에는 '온라인 뭐뭐'라는 뜻이에요. 즉, 온라인 뱅킹이 online banking, 온라인 환경은 online environment, 온라인 게임은 online game 이렇게 되고, 부사인 경우에는 '온라인으로'라는 뜻이에요. 온라인으로 그녀의 프로필을 검색해보겠다고 하면, I'll go online and look up her profile. 결과가 아직 온라인으로 안 나왔다면, The reports are not available online yet.이라고 해요.

3 **이것저것 random stuff**

'아무거나, 되는 대로'라는 뜻이에요. 무작위 검사는 random testing, 무작위 표본은 random sample이라고 해요. random에는 '뜻밖에'라는 뜻도 있는데요, '그 사람을 봤더니 중절모를 쓰고 있더라, 참 별일이야'라는 의미로, I saw him wearing a top hat. He's so random.처럼도 말해요.

핵심 패턴 010 제가 ~한 것 좀 보세요. Check out what I ~.

제가 산 것 좀 보세요.
Check out what I got.

제가 주문한 것 좀 보세요.
Check out what I ordered.

제가 뭘 발견했는지 한번 보세요.
Check out what I found out.

내가 뭘 좀 샀는데 보라고 말할 때 쓰는 패턴인데요, 여기서 what은 '뭐뭐한 것'이라는 뜻도 되고 '무엇을'이라는 뜻도 돼요.

핵심 패턴 011 ~처럼 살고 싶어. I want to live like ~.

전 다시 젊은 사람처럼 살고 싶어요.
I want to live like I'm young again.

난 다시 1학년처럼 살고 싶어.
I want to live like a first-year student.

아이처럼 살고 싶어.
I want to live like a child.

어떤 사람처럼 살고 싶거나 어떤 모습으로 살고 싶다고 할 때 쓸 수 있는 패턴이에요.

핵심 패턴 012 ~하고 싶지가 않더라고. I didn't feel like -ing.

그러다가 이것저것 막 사기가 싫어지더라구.
I didn't feel like spend**ing** all my money on just random stuff.

그 여자한테 데이트하자고 하기 싫더라.
I didn't feel like ask**ing** her out.

하루 종일 방 구석에 처박혀 있기 싫었어.
I didn't feel like be**ing** stuck in my room all day long.

뭔가를 그다지 하고 싶은 기분이 아니었다고 할 때 이 패턴을 써보세요.

play drums? play the drums?
악기를 연주할 때 the 써요? 말아요?

악기를 연주한다고 할 때 **play** 뒤에 오는 악기 이름 앞에 **the**를 써야 한다고 배우셨죠? 거의 모든 문법책에, 악기 이름 앞에는 **the**를 쓰고, 운동 이름 앞에는 **the**를 쓰지 않는다고 되어 있는데요, 사실, 원어민들은 악기 이름 앞에 **the**를 쓰기도 하고, 안 쓰기도 해요. 그래서 **I heard you play guitar in a band.** 처럼 **the**를 빼고 쓰는 것도 맞고, **I play the drums.**처럼 **the**를 넣어서 말하는 것도 맞아요. 그리고 **drum**은 단수, 복수형으로 다 쓰는데요, 드럼이 여러 개 있는 세트로 된 드럼은 **drums**라고 하고, 북처럼 하나로 되어 있는 것은 **drum**이라고 합니다.

LEVEL UP
EXPRESSIONS

각자, 취향이 있는 거지 뭐.
To each their own.

백인백색이라고 백 명이 있으면 다 성격도 다르고 취미나 취향, 기질도 다 다르다는 말이 있는데요, 여럿이 있는데 서로 의견이 다를 때, '각자 다 취향이 다른 거지 뭐'라는 말을 영어로 **To each their own.**이라고 해요.

숙박 유형에 대한 취향이 다를 때

A 나는 카우치 서핑은 별로야.
B 각자, 취향이 있는 거지 뭐.

A I don't think I'd like couch surfing.
B **To each their own.**

좋아하는 색깔이 다를 때

A 난 저 색은 별로 좋아하지 않아.
B 넌 파란색이 싫어?
각자, 취향이 있는 거니까 뭐.

A I'm just not a fan of the color.
B You don't like blue?
To each their own.

UNIT 05 웰빙과 건강에 신경 쓰며 뿌듯할 때

이제 그거 없으면 안 될 것 같아요 / 전보다 건강해 보이세요 / 탄수화물을 줄이려고 해

TRY IT IN ENGLISH

외국어 공부의 좋은 점은 평소에 관심이 적었던 것도 대화문 등을 통해 계속 배워나간다는 거죠. 웰빙과 건강이 좋은 예일 거예요. 우리 다 함께 영어도 배우고 건강 지식도 쌓아요.

강의 05

미란다 제가 드린 거 어떠셨어요?
라벤더 디퓨저 도움이 됐어요?

닉 네. 이제 그거 없으면 안 될 것 같아요.

미란다 잘 주무신다니 다행이에요.

닉 잠을 잘 자기 위한 팁이 더 있을까요?

미란다 저녁 아홉 시 이후에는 스마트폰 쓰지 마세요.
전화기에서 나오는 파란 빛이 수면 사이클에 안 좋대요.

SITUATION 1 이제 그거 없으면 안 될 것 같아요

선물 받은 디퓨저 덕에 잠을 잘 자게 됐다며 다른 팁은 더 없는지 물어보는 상황입니다. 우리말 대화를 보고 영어로 생각해본 다음에 영어 대화문을 보세요.

음원 05-1

CHAPTER 1

Miranda What do you think about my gift? Did the lavender diffuser help?

Nick Yes, I don't think I can live without it.

Miranda I'm glad you're sleeping better.

Nick 013 Do you have any more tips to help me get a better sleep?

Miranda You should stop using your phone after 9 p.m. I've heard that the blue light is bad for your sleep cycle.

VOCABULARY

gift 선물 **diffuser** 디퓨저 **tips** 조언 **blue light** (컴퓨터, 스마트폰 등에서 나오는) 파란 빛

KEY EXPRESSIONS

1 **그거 없으면 안 될 것 같아요.**

I don't think I can live without it.

우리말로는 그거 없으면 못 살겠다고 해서 live를 부정해야 할 것 같은데요, 영어로 말할 때는 앞부분에 I don't think라고 하고 문장을 이어서 써요. 이건 안 될 것 같다면, I don't think this is working. 나 이거 안 하는 게 좋겠어, I don't think I should do this. 이건 내가 할 게 아닌 것 같다, I don't think this is for me. 그거 안 될 것 같은데, I don't think that's possible.처럼 말하는 거죠.

2 **(~해서) 다행이네.**

I'm glad ~.

어떻게 되어서 기뻐하고 안도하는 거죠. 상대방이 우승했다는 말을 듣고 기쁘면, I'm glad to hear that you won the title.이라고 하고, '너 우산 있어? 있다고? 다행이네'라고 한다면, I'm glad you brought an umbrella with you. 그리고 너 비행기 안 놓쳐서 다행이라고 할 때, I'm glad you didn't miss the flight.이라고 하죠.

3 **~하는 게 좋아, ~해봐.**

You should ~.

일상 생활에서 조언할 때 많이 써요. 즐겁게 살고 싶은데, 어떻게 하면 될까? What should I do? 새로 나온 이 책 읽어봐, You should read this new book. '내가 너라면 누워서 쉬겠어'라는 말은, You should stay in bed.라고 할 수 있고요.

SITUATION 2 전보다 건강해 보이세요

음원 05-2

새로운 스킨케어 루틴과 운동으로 건강이 좋아진 아빠와 딸의 대화 내용입니다. 우리말 대화를 보고 영어로 생각해본 다음에 영어 대화문을 보세요.

(닉의 딸이 닉의 집에 왔다.)

딸 아빠, 전보다 건강해 보이세요. 비결이 뭐예요?

닉 정말? 그 말 들으니 기분 좋구나. 이웃 사람이 장미향 나는 스프레이랑 유기농 비누를 줬어. 새로운 스킨케어 루틴이 마음에 들어.

딸 그리고 운동도 규칙적으로 하세요?

닉 그럼, 그러고 있지. 일주일에 서너 번은 해.

(Nick's daughter is visiting Nick.)

Daughter Dad, 014 **you look healthier than before.** What's your secret?

Nick Really? I'm happy to hear that. One of my neighbors gave me a rose **water** spray and some **organic** soap. **I'm loving my new skincare routine.**

Daughter And have you been exercising regularly?

Nick Yes, I have been. I exercise three or four times a week.

VOCABULARY

secret 비결 **routine** 루틴, 틀 **exercising** 운동 **regularly** 규칙적으로

KEY EXPRESSIONS

1 **~水 ~ water**

물에 관한 여러 가지 말이 있습니다. 먼저 물의 종류로 still water, sparkling water, spring water가 있고요, 장미수는 rosewater, 아기들 배 아플 때 먹는 물약을 gripe water, 성수는 holy water, 지하수는 groundwater, 강이나 호수의 소금기 없는 물은 fresh water라고 해요. 그리고 바다에서 간조는 low water, 만조는 high water라고 합니다.

2 **유기농 ~ organic ~**

organic soap는 화학성분을 쓰지 않고 자연 재료로만 만든 비누죠. 이런 유기농 제품으로는 유기농 음식 organic food가 있고, 또 유기농 채소 organic vegetable도 있죠. 그리고 유기농 우유는 organic milk, 유기농 농법으로 농사를 지은 쌀은 organic rice라고 하고, organic tea, organic cheese, organic wine 등 다양하죠.

3 **새로운 스킨케어 루틴이 마음에 들어.**
I'm loving my new skincare routine.

love를 넣어서 현재진행형으로 쓰는 건, 시작한 지 얼마 안 되는 루틴이나, 방금 보거나 먹은 것, 들은 공연 등이 좋을 때예요. 누군가의 새로 시작한 공연이 너무 마음에 들면, I'm loving his new show.라고 하는 거죠. I like it a lot.이라는 뜻이에요.

SITUATION 3 탄수화물을 줄이려고 해

음원 05-3

몸무게가 줄어드는 것보다는 변화하는 자기 모습을 확인하는 게 즐겁다는 대화 내용입니다. 우리말 대화를 보고 영어로 생각해본 다음에 영어 대화문을 보세요.

에디 점심을 가볍게 먹었더니 아직 허기가 지네. 쿠키 좀 먹을까?
민 아니, 괜찮아. 난 탄수화물 줄이려고 해.
국수, 쿠키, 버거 이런 거 먹고 싶다.
에디 또 살 빼려고?
민 몸무게가 얼마인지는 별로 신경 안 써.
근데 매일 아침 거울로 내 모습을 보는 게 즐거워.

Eddy **015** Since we had a light lunch, I still feel hungry.
Do you want to have some cookies?
Min No, thanks. I'm trying to cut down on carbs.
I miss having noodles, cookies, and burgers.
Eddy Are you trying to lose weight again?
Min I don't care about the numbers on the scale.
But I do like seeing how I look in the mirror every morning.

CHAPTER 1

VOCABULARY

cut down 줄이다 **miss** 그립다 **carbs** 탄수화물 **scale** 저울

KEY EXPRESSIONS

1 **가벼운 점심 a light lunch**

light를 음식 앞에 쓰면 양이나 농도가 약한 것을 가리켜요. 가볍게 먹는 식사는 아침, 점심, 저녁을 각각 a light breakfast, a light lunch, a light dinner라고 합니다. 그리고 약한 화이트 와인은 light white wine, 지방이 없는 순한 치즈는 light cheese with virtually no fat라고 하고, 맛있는 간단한 간식은 a delicious light snack이라고 해요.

2 **~하던 게 그립다 miss -ing**

뭔가를 할 수 있던 그때가 그립다는 말이죠. 지금은 못하고 있는 어떤 것을요. 상대방을 매일 보던 시절이 그리우면 I miss seeing you every day.라고 하고, 어떤 누군가와 일하던 그때가 그리우면 I miss working with her/him.이라고 해요.

3 **매일 아침 거울로 내 모습을 보는 게 즐거워.**
I do like seeing how I look in the mirror every morning.

거울을 볼 때마다 점점 라인이 살아 있는 모습이 되면 얼마나 기분이 좋겠어요? 여기에서 do를 쓴 이유는 의미를 강조하기 위해서예요. 조심하라는 말을 강조해서 할 때 Do be careful.이라고 하고, 미리 말 좀 해주지 그랬느냐는 상대방에게, 난 분명히 경고했었다고 한다면, You should've warned me. I did warn you.라고 하죠.

핵심 패턴 013
~할 수 있는 팁이 더 있을까요?
Do you have any more tips to help me ~?

잠을 좀 더 잘 자기 위한 팁이 더 있을까요?
Do you have any more tips to help me get a better sleep?

중심을 잘 잡는 팁이 더 있어?
Do you have any more tips to help me find a balance?

일에 집중할 수 있는 팁이 더 있을까?
Do you have any more tips to help me focus on work?

뭔가를 할 수 있는 팁, 방법, 요령이 더 있는지를 물을 때 이 패턴을 써보세요.

핵심 패턴 014
전보다 더 ~해 보여요.
You look -er than before.

전보다 더 건강해 보여.
You look health**ier than before.**

전보다 더 활기차 보이네.
You look livel**ier than before.**

전보다 더 날씬해 보인다.
You look slimm**er than before.**

상대방이 전보다 더 어때 보인다는 말을 할 때 이 패턴을 쓸 수 있어요. look 뒤에 -er을 붙인 형용사 비교급이나 more+형용사를 넣어 말합니다.

핵심 패턴 015
~라서, …하네.
Since ~, I ….

점심을 가볍게 먹었더니, 아직 허기가 지네.
Since we had a light lunch**, I** still feel hungry.

회의를 오래 했더니 지친다.
Since we had a long meeting**, I** am exhausted.

그 사람이 합류하니, 마음이 편안하다.
Since he joined**, I** feel comfortable.

어떤 이유를 말할 때 since 뒤에 주어+동사를 쓰면 돼요. '뭐뭐라서, 어떠해서'라는 이유를 나타내는 접속사로는 because를 써도 돼요.

SPEAKING
GRAMMAR

Why do you not ~?

Why do you not ~?과 Why don't you ~?는 같은 말인가요?

허리가 아픈 상대방에게 엉덩이와 가슴 스트레칭을 하는 게 어떻겠느냐고 조언을 하거나 권한다면 **Then why don't you stretch your hips and chest?**라고 할 수 있을 텐데요. **Why don't you ~?**는 상대방에게 뭔가를 권할 때 쓰는 표현이에요. 그런데, '왜 ~하지 않아?'라는 말은 **Why do you not ~?**이라고 해요. **Why do you ~?**는 왜 그렇게 하는지 묻는 거고, **Why do you not ~?**은 그것을 하지 않는 이유를 묻는 거죠. 예를 들어, '평일에 왜 아침을 안 먹어?'라고 한다면 **Why do you not eat breakfast during the week?**라고 하면 되고, '왜 일요일에는 운동을 안 해?'라는 말은 **Why do you not exercise on Sundays?**라고 할 수 있어요.

LEVEL UP
EXPRESSIONS

스트레스 줄이는 데 도움이 돼.
It helps reduce stress.

스트레스에 쌓여 있을 때는 **I'm stressed. I'm stressed out.**과 같이 말해요. 이렇게 쌓인 스트레스를 줄인다고 할 때는 **reduce stress**라고 하는데요, 어떤 것이 스트레스를 줄이는 데 도움이 된다는 말을 **It helps reduce stress.**라고 합니다.

명상으로 스트레스를 날린다고 하면서

A 점심시간에 나랑 명상 해볼래?
B 아니야, 됐어. 그거 하면 졸릴 거야.
A 정말? 스트레스를 줄이는 데 도움이 돼.

A Do you want to meditate with me at lunchtime?
B No, thank you. That will make me sleepy.
A Are you sure? **It helps reduce stress.**

달리기가 스트레스를 줄여준다고 하면서

A 넌 왜 그렇게 달리기를 좋아하는 거니?
B 달리기가 스트레스를 줄이는 데 도움을 주거든.

A Why do you like running so much?
B **Running helps me reduce stress.**

UNIT 06

공연이나 연주를 감상하며 기분 좋을 때

피아노 배우고 싶은 마음이 생기네요 / 나도 이 서비스 가입해야겠다 / 너는 지치지를 않는구나

TRY IT IN ENGLISH

영어 공부에 인터넷만큼 도움이 되는 건 없죠. 매일 몇 시간씩 소셜 미디어로 접하는 콘텐츠는 대부분 영어니까요. 이제 마음을 더 활짝 열고 문화생활과 영어를 업그레이드하기로 해요.

강의 **06**

미란다 닉, 인터넷에서 이 영상 봤어요?

닉 아, 그럼요. 건설 노동자가 사람들 보는 데서 피아노 치는 거죠?

미란다 대단하지 않아요? 정말 좋더라고요. 그 사람이 그 자리에서 바로 만든 거래요.

닉 맞아요, 노래 전체를 다 즉흥 연주한 거죠.

미란다 저도 그 사람처럼 재능이 좀 있으면 좋겠어요.

닉 저도 피아노를 배우고 싶은 마음이 생기려고 해요.

SITUATION 1 피아노 배우고 싶은 마음이 생기네요

인터넷에서 즉흥 연주를 보니 피아노 배우고 싶어진다는 대화 내용입니다. 우리말 대화를 보고 영어로 생각해본 다음에 영어 대화문을 보세요.

음원 06-1

Miranda Nick, did you see this video online?

Nick Yes. The one where the construction worker was playing the piano in public?

Miranda **Isn't it amazing?** I loved it.
I heard that he just **made up** the song **on the spot**.

Nick Yes, he improvised the whole song!

Miranda 016 I wish I were as talented as he is.

Nick It kind of makes me want to learn to play the piano.

VOCABULARY

construction worker 건설 노동자 **in public** 대중 앞에서 **on the spot** 즉석에서 **improvise** 즉흥 연주/노래하다

KEY EXPRESSIONS

1 **끝내주지 않아요?**
Isn't it amazing?

감동을 받았거나 놀랐을 때, 참 대단해 보이고 어마어마하게 멋질 때 그런 느낌을 담아 하는 말이에요. That's amazing. It's amazing.이라고 할 수도 있지만, Isn't it amazing?이라고 하는 건, '내 느낌은 그런데 상대방도 그렇지 않을까?'라고 하는 말이죠. 내가 그런 느낌을 받았을 때는 I'm amazed.라고 해요.

2 **만들어내다**
make up

'이야기나 노래 등을 만들다'라는 뜻이에요. 닉이 그들에 관한 노래를 만들었다면, Nick made up a song about them.이라고 하고, '방금 그 얘기 네가 꾸며낸 거지, 맞지?'라고 한다면 You made up that story, right?이라고 하죠.

3 **즉석에서**
on the spot

'즉석에서, 현장에서, 그 자리에서 즉각'이라는 말이에요. 내가 그 자리에서 바로 결정을 했다면, I made a decision on the spot.이라고 하고, 우리는 즉시 뭔가 해결책을 찾아내야만 했다는 말은, We had to find out a way to solve the problem.이라고 해요.

SITUATION 2 나도 이 서비스 가입해야겠다

음원 06-2

음악 생활을 풍요롭게 해줄 앱에 관한 친구들의 대화 내용입니다. 우리말 대화를 보고 영어로 생각해본 다음에 영어 대화문을 보세요.

민 그건 그렇고, 음악 들을 때 무슨 앱 써?
에디 이거. 한 달에 구천 원이야. 이 앱으로 다양한 음악을 들을 수 있어.
민 좋네. 나도 이 서비스 가입해야겠다.
에디 스트리밍은 이거보다 더 쌀 거야.
그래도 좋아하는 노래 다운 받으려면 이 앱 써야지.
민 난 좋아하는 노래를 다운 받겠어.

Min By the way, which app are you using to listen to music?
Eddy This one. It costs 9,000 won per month.
This app has a wide selection of songs.
Min Cool. I think I have to sign up for that service.
Eddy A streaming service would be cheaper than this one. But if you want to download your favorite songs, use this option.
Min 017 I would rather download my favorite songs.

VOCABULARY

per ~마다 **selection** (가게에서 준비한 물건) 구색 **sign up for** 가입하다 **option** 선택지

KEY EXPRESSIONS

1 **~하는 데 얼마야, 얼마 들어. It costs ~.**

비용에 대해 말할 때 아주 흔히 쓰는 표현이에요. 돈이 한 푼도 안 들면, It won't cost you a penny. 반대로 돈이 엄청 많이 들면, It costs us a fortune.이라고 해요. '얼마 들었어'라고 이미 지불한 것에 대해 말할 때는, It cost 얼마.라고 하는데 여기서 cost는 과거시제예요.

2 **(~에 관한) 다양한 콜렉션, 각종 ~ a wide selection of ~**

뭔가를 골라서 모아 놓은 것을 selection이라고 하는데요, 고르는 데도 여러 가지 방법이 있죠. 팀원을 엄선해서 뽑았다면, a careful selection of team members이라고 하고, 반대로 유전자를 무작위로 추출했다면, a random selection of genes라고 해요. 그리고 최종 선정은 the final selection이라고 해요.

3 **나도 이 서비스 가입해야겠다.**
I think I have to sign up for that service.

어떤 얘기를 듣고 '나도 그럴래'라는 건 그게 마음에 든다는 말이죠? '그 댄스 수업 좋아? 그럼 나도 등록해야겠네'라는 말을 That dance class is good? I think I have to sign up for that class.라고 할 수 있고, '그 동네가 그렇게 조용하다고? 나도 거기로 이사가야겠네'는 That neighborhood is that quiet? Then I think I have to move to that area.라고 할 수 있죠.

SITUATION 3 너는 지치지를 않는구나

중학생 되기 전에 축구를 실컷 하겠다는 아이와 엄마가 나누는 대화 내용입니다. 우리말 대화를 보고 영어로 생각해본 다음에 영어 대화문을 보세요.

음원 06-3

준	엄마, 나가서 축구해도 돼요?
엄마	준, 너는 지치지를 않는구나. 안 피곤하니?
준	내년부터는 축구할 시간이 없잖아요.
엄마	그래 알았어, 가서 재미있게 놀아. 중학생 되면 더 바빠질 거니까.
준	엄마밖에 없어요!

Jun	Mom, can I **go outside and play** soccer?
Mom	Jun, your energy **is limitless.** Aren't you tired?
Jun	018 **I won't have time to** play soccer from next year.
Mom	Alright, go have some fun. You'll be too busy when you become a middle school student.
Jun	**You're the best, Mom!**

CHAPTER 1

VOCABULARY

play soccer 축구하다 **energy** 힘 **limitless** 끝이 없는
middle school student 중학생

KEY EXPRESSIONS

1 **나가서 놀다 go outside and play ~**

나가서 뭔가를 한다는 말은 go and …처럼 써요. go and play outside라고요. outside는 한 단어로 '밖에서'라는 뜻으로도 쓰고, 뒤에 명사를 써서 outside the building, outside of the building처럼도 써요. 가서 뭐뭐하라고 할 때 go 뒤에 바로 동사를 붙여서도 쓰는데요, 가서 손 씻으라는 말은 Go wash your hands.라고 하고, 가서 마실 것 좀 가져오라는 말은 Go get some drinks.라고 해요.

2 **한계가 없다, 끝이 없다. ~ is limitless.**

한계가 없다는 limitless를 넣어서 다양하게 표현할 수 있어요. 거의 한계가 없다는 말을 almost limitless라고 하고, 무한한 잠재력은 limitless potential, 무한한 변이는 limitless variety, 그리고 무한 책임은 limitless responsibility라고 해요.

3 **엄마밖에 없어요! You're the best, Mom!**

우리도 누가 고마우면 이렇게 말하죠, '너밖에 없다, 네가 최고다'라고요. '정말 고마워'를 좀 강조해서 '상대방이 최고다'라고 말하는 거죠.

핵심 패턴 016
나도 그 사람처럼 ~했으면 좋겠다.
I wish I were as ~ as he/she is.

그 사람처럼 재능이 있었으면 좋겠다.
I wish I were as talented **as he is.**

그 사람처럼 내게 참을성이 좀 있었으면 좋겠네.
I wish I were as patient **as she is.**

그 사람처럼 머리가 좋다면 좋겠다.
I wish I were as smart **as he is.**

누군가를 보면서 나도 그 사람처럼 저렇게 어땠으면 좋겠다고 막연히 바랄 때 쓰는 패턴이에요. 가정법인 이 문장의 형태에서는 주어가 I일 때 I wish I were라고 하는 걸 주의하세요.

핵심 패턴 017
난 ~하겠어.
I would rather ~.

좋아하는 노래를 다운 받겠어.
I would rather download my favorite songs.

길 막히기 전에 지금 출발해야겠어.
I would rather leave now to beat the traffic.

여기 며칠 머물러야겠어.
I would rather stay here for a few days.

'나는 이렇게 하는 게 더 좋다, 그러기 보다는 이렇게 할래'라고 말할 때 쓰는 패턴이에요.

핵심 패턴 018
~할 시간이 없을 거야.
I won't have time to ~.

내년부터는 축구할 시간이 없잖아요.
I won't have time to play soccer from next year.

오늘은 너희 집에 들를 시간이 없겠어.
I won't have time to swing by your place today.

크리스마스 지나면 느긋하게 있을 시간이 없을 거 아니야.
I won't have time to relax after Christmas.

뭔가를 할 시간이 안 날 것 같다, 그럴 시간을 못 낼 것 같다는 말을 할 때 이 패턴을 넣어서 말해보세요.

영화를 보는 건 watch? see?

영화를 본다고 할 때 watch가 맞나요? see가 맞나요?

'우리 영화 보러 가자'라는 말은 **Let's go see a movie.** 혹은 **Let's go to the movies.**라고 하죠. 이 말은 영화를 보러 극장에 가자는 것으로, 여럿이 같이 보는 장소에서 영화를 본다고 할 때는 **see**를 써요. 그런데 만약에 집에서 영화는 본다면 **watch a movie**라고 해요.

그러니까, 우리 저녁에 집에서 로맨틱 코미디 한 편 보자는 건 **Let's watch a rom-com tonight.**이라고 하죠. 그러니까 어디에서 영화를 보느냐에 따라서 **see**도 쓰고 **watch**도 쓰는 거죠.

끝내준다.

This rocks.

뭔가가 멋지고 대단해 보일 때, 근사해 보일 때, 감탄하는 마음을 표현하는 형용사들도 많고 쓸 수 있는 문장도 많은데요, 그 중에서도 **This rocks.**라는 말은 아주 많이 쓰입니다. 어디에 갔더니 끝내주게 좋았을 때도 느낌 있게 표현하고 싶으면 **This place rocks.**라고 해보세요.

영어학습 방송을 들으며

A **이 방송 끝내준다.**
B 뭘 듣고 있는데?
A 이거. 영어 배우는 라디오 방송이야.

A **This show rocks.**
B What are you listening to?
A This one. It's an English learning radio show.

영상을 보면서

A 너 영상 보는 거야?
B 응, **이거 끝내줘.**
이 여행 방송 정말 재미있어.

A Are you watching a video?
B Yes, **this one rocks.**
This travel show is a lot of fun.

UNIT 07 새로운 도전을 하며 짜릿할 때

우선 '영상 업로드'를 클릭해 / 내용이 너무 좋아서 구독했어 / 나도 한번 해봐야겠다

TRY IT IN ENGLISH

유튜브 등의 동영상을 구독하고, 영상을 업로드하고, 각종 소프트웨어를 실생활에 사용하는 대화문들을 익혀서, 신문물이 주는 기쁨을 맘껏 느끼고 표현해봐요.

강의 **07**

민　에디, 이 영상 어떻게 올리는지 가르쳐줄래?

에디　드디어, 시작한 거구나!

민　응, 진작 시작했어야 했는데.

에디　이미 계정은 있는 거지?
우선, '영상 업로드'를 클릭해.

민　영상 파일을 드래그 해서 박스에 놓는 거지?

에디　맞아! 무지하게 간단하고 쉬워.

SITUATION 1 우선 '영상 업로드'를 클릭해

영상을 어떻게 올리는지 친구를 도와주는 상황입니다. 우리말 대화를 보고 영어로 생각해본 다음에 영어 대화문을 보세요.

음원 07-1

Min Eddy, 019 can you teach me how to upload videos?

Eddy Finally, you're getting started!

Min Yes, I think it's about time.

Eddy You already have an account here, right?
First, click the button that says "upload video."

Min Should I drag the video file to this box?

Eddy Yes! It's pretty simple and easy.

CHAPTER 1

VOCABULARY

teach 가르치다 **upload** (사진이나 문서, 파일을 사이트에) 업로드하다 **account** 계정
drag 끌어당기다

KEY EXPRESSIONS

1 **드디어 시작을 한 거네!**

Finally, you're getting started!

이 말은 상대방이 그동안 준비하느라고 애를 많이 쓴 걸 알고 같이 기뻐해주는 것, 그런 감정을 표현하는 말입니다. get started와 start는 약간 달라요. start는 사람이나 사물이 다 주어가 될 수 있어서, 시동이 걸렸으면, The engine started.라고 하고, 그가 달리기를 시작했다면, He started running.이라고 하죠. 그런데 get started는 사람을 주어로 하고 on 뒤에 일이나 과제 등을 씁니다. 보고서를 쓰기 시작했으면, I got started on my report.

2 **~할 때야, 진작 ~했어야 하는데**

about time

뭘 해야/했어야 한다는 거죠. 뒤에 절이 올 때는 과거형을 써요. 비슷한 표현으로 high time이라고도 해요. 우리 이길 때가 됐어, It's about time our team won. 파티 한 번 해야지, It's high time we had a party.

3 **간단해서 쉬운**

simple and easy

형용사 and easy라고 쓰는 게 꽤 있는데요, 친절하고 느긋한 걸 free and easy라고 해서, 동네 펍의 느긋한 분위기가 참 좋다는 의미로, I like the free and easy atmosphere of the local pub.이라고 해요. 그리고 인생이 그렇게 만만한 게 아니라는 말을, Life isn't going to be so free and easy.라고 하죠. 그리고 꽤 간단하다는 걸, pretty simple이라고 하는데요, 형용사 앞에 pretty, quite, very 등을 다 씁니다.

SITUATION 2 내용이 너무 좋아서 구독했어

음원 07-2

지금이 영어 배울 적기라며 친구와 영어 학습 채널에 관해 이야기하는 상황입니다. 우리말 대화를 보고 영어로 생각해본 다음에 영어 대화문을 보세요.

민	에디, 이 영어 학습 채널 어떤 것 같아? 내용이 너무 좋아서, 구독했거든.
에디	어디 보자… 그래, 좋아 보인다!
민	내 버킷리스트 1번이 뭔지 알지?
에디	혼자 세계일주 하는 거?
민	맞아! 그래서 지금이 영어 배울 적기인 것 같아.
에디	내가 도울 게 있으면 말해줘.

Min	Eddy, what do you think about this English learning channel? The content is really interesting, so I subscribed to it.
Eddy	Let me see… Yes, **this one looks great!**
Min	You know what's **on the top of my bucket list**, right?
Eddy	Traveling all around the world on your own?
Min	Yes! So I think it's **the perfect time to learn English.**
Eddy	020 Tell me if there's anything I can help you with.

VOCABULARY

channel (방송이나 유튜브 등의) 채널 **content** 내용 **subscribe** 구독하다 **perfect** 완벽한

KEY EXPRESSIONS

1 **좋아 보이네! This one looks great!**

어떤 게 마음에 들거나 괜찮네 싶을 때 쓰는 말이에요. '어떤 것 같다, 어때 보인다'라는 뜻의 look은 뒤에 형용사만 넣어서 그것에 대한 내 기분, 느낌, 감정 등을 표현할 수 있어요. 지루해 보이면, This one looks boring. 복잡해 보이면, This one looks complicated. 최고로 좋은 것 같아 보이면, This one looks perfect.라고요.

2 **버킷 리스트 1번인, 0순위인 on the top of my bucket list**

버킷 리스트의 제일 위에 가장 하고 싶은 것부터 쓰죠. 그래서 뭔가가 is on the top of my bucket list라고 하면 내가 가장 하고 싶은 것, 버킷 리스트에 있는 것들 중에서 0순위에 있는 것을 가리켜요. my bucket list 말고도 my wish list, my shopping list도 많이 쓰죠. top of the table은 상석, 제일 윗사람을, top of the world는 기분이 최고라는 걸, 그리고 top of the range는 최고급을 가리킵니다.

3 **영어 배울 적기, 딱 좋은 때 the perfect time to learn English**

the perfect time to ~는 어떤 걸 하기에 완벽한 시간을 가리켜요. 여기서 perfect 대신에 다른 형용사를 써서 the appropriate time이라고 하면 뭔가를 하기에 적절한 때, a bad time to ~는 안 좋은 때가 됩니다.

SITUATION 3 나도 한번 해봐야겠다

음원 07-3

동료가 쓴 재미있는 소프트웨어를 나도 한번 써봐야겠다고 얘기하는 상황입니다. 우리말 대화를 보고 영어로 생각해본 다음에 영어 대화문을 보세요.

윤 어제 화상 회의 정말 재미있었어.
아르만 맞아. 그 강아지 필터가 자꾸 생각난다. 너 진짜 웃겼어.
윤 아르만, 너 그 앱 쓸 때 필터 써?
아르만 아니, 근데 우리 아들은 쓰더라.
근데, 나도 한번 해보고 싶어.
윤 그래, 필터 써서 재미있게 해봐!

Yoon It was such a fun **video conference** yesterday.
Arman Yes. 021 I can't stop thinking about that dog filter.
You were so funny.
Yoon Arman, do you use filters when you use that app?
Arman I don't, but my son does.
But **I think I want to give them a shot**.
Yoon Yeah, have some fun with them!

VOCABULARY

conference 회의 **filter** 필터 **funny** 웃기는 **shot** 시도

KEY EXPRESSIONS

1 **화상 회의 video conference**

화상 회의를 video conference라고 하는데, teleconference도 들어보셨죠? 이건 전기 통신기능을 이용한 몇 가지 회의 형식을 다 가리켜서, 음성으로 회의를 하는 것도 포함됩니다. 그리고 conference call은 여러 사람이 참여하는 전화 회의를 가리키고, press conference는 기자 회견입니다.

2 **나도 한번 해봐야겠어. I think I want to give them a shot.**

I think I want to ~는 내게 뭔가를 하고 싶다는 마음이 있긴 한데 이걸 해도 되나? 싶어서 좀 조심스럽게 말하는 표현이에요. I think I want to give them a shot.은 해보고는 싶은데 대놓고 말하긴 좀 뭐하고 그런 마음인데요, 이럴 때 상대방이 "해봐!"라고 격려하는 게 필요하죠. 또, 그녀에게 문자를 보내고 싶긴 한데 뭐라고 쓰면 좋을지 모른다면, I think I want to text her, but I don't know what I would say.라고 할 수 있죠.

3 **시도해보다, 한번 해보다 give them a shot**

give them a shot은 뭔가를 처음으로 해보다, 시도한다는 말이에요. give 대신 have를 써서 have a shot, have a real shot이라고도 하고 뒤에는 at이나 with를 쓸 수 있어요. 해본다는 의미 말고도, 어떤 것을 할 수 있는 가능성, 확률, 가망이 있다는 뜻으로도 쓰입니다. 그녀와 잘 될 수 있는 가능성이 있을까? Do you think I have a shot with her?처럼요.

핵심 패턴 019 나, ~하는 법 좀 가르쳐줄래? Can you teach me how to ~?

이 영상 어떻게 올리는지 가르쳐줄래?
Can you teach me how to upload videos?

이 종이로 배 만드는 법 가르쳐주실래요?
Can you teach me how to fold this paper into a boat?

기타 치는 법 가르쳐줄래?
Can you teach me how to play the guitar?

어떤 것을 하는 방법을 알려달라고 할 때 이 패턴을 써 보세요.

핵심 패턴 020 내가 ~할 수 있는 게 있으면 말해줘. Tell me if there's anything I can ~.

내가 도울 일 있으면 말해줘.
Tell me if there's anything I can help you with.

내가 해결해줄 수 있는 거 있으면 말해줘.
Tell me if there's anything I can fix for you.

너 없는 동안 내가 해줄 게 있으면 말해줘.
Tell me if there's anything I can do while you're away.

상대방에게 내가 뭘 해주면 좋을지 말해달라고 할 때 쓸 수 있는 패턴이에요. 여기서 if는 '만약 뭐뭐라면'이라는 뜻입니다.

핵심 패턴 021 자꾸만 ~가 생각 나. I can't stop thinking about ~.

그 강아지 필터가 자꾸 생각 난다.
I can't stop thinking about that dog filter.

자꾸만 네 생각이 나.
I can't stop thinking about you.

그녀가 한 말이 자꾸 생각이 나.
I can't stop thinking about what she said.

뭔가를 생각 안 하려고 해도 계속 떠오르거나 할 때 이 패턴을 쓸 수 있어요. stop -ing는 뭔가를 하던 것을 중단하는 것, 그만 하는 것을 말해요.

SPEAKING GRAMMAR

convince, convinced의 뜻

You've convinced me.가 무슨 뜻이죠?

스카이다이빙을 무서워서 못해봤는데 친구의 말을 들어보니 너무 짜릿하고 재미있을 것 같다는 생각이 들면 **You've convinced me.**라고 할 수 있어요. 여기서 **You've convinced me.**는 네가 나를 설득시켰다, 즉 네 말을 듣고 내가 넘어갔다는 뜻입니다. **convince**라는 단어는 누군가가 납득할 수 있게 설명을 잘 하거나 이해를 시키는 것을 말해요. 그래서 여기에 도전해볼까? 말까? 긴가민가하다가 상대방의 말을 듣고 그러기로 했을 때 **You've convinced me.**라고 할 수 있는 거죠. 상대방이 사고 싶다는 걸 내가 말리는데, 상대방이 계속 그걸 사야 할 이유를 열거한다면, '너 지금 그걸 사고 싶다고 나를 설득시키는 거니, 아니면 너 스스로 명분을 찾는 거니?'라는 의미로 **Are you convincing me or yourself?**라고 할 수 있어요.

LEVEL UP EXPRESSIONS

도전할 준비, 되셨나요?

Are you up for the challenge?

한번도 해보지 않은 무언가에 도전한다는 건 쉬운 일은 아닐 거예요. 도전정신과 용기, 자신감, 호기심 등이 필요할 텐데요, 어떤 것에 도전할 준비가 되었느냐고 물을 때, **Are you up for the challenge?**라고 해요.

오르고 기어갈 준비가 되었느냐고 할 때

A	많이 오르고 기어가야 합니다. 도전할 준비, 되셨나요?	A	It's a lot of climbing and crawling. Are you up for the challenge?
B	그럼요. 할 수 있어요.	B	Definitely. I can do this.

마라톤을 할 준비가 되었는지 물을 때

A	마라톤은 어려워. 도전해볼 준비, 됐어?	A	Marathons are difficult. Are you up for the challenge?
B	당연하지. 우리 해보자!	B	Absolutely. Let's do this!

CHAPTER 1

UNIT 08

TRY IT IN ENGLISH

버킷리스트를 실행하며 흐뭇할 때

SUV를 캠핑카로 개조했어 / 어디 한번 보여주세요 / 언제고 섬에서 한번 살아봤으면

아웃도어 중에서도 활동성이 극대화된 캠핑, 섬에서 살아보기, 혹은 내 안으로 침잠하는 뜨개질을 다루는 대화문들을 익히면서 우리의 취미도 크게 한 번 확장시켜볼까요?

강의 08

데이브 나 SUV를 캠핑카로 개조했어.

TY 너 혼자? 아무 도움 없이?

데이브 뒤쪽에 잘 수 있는 자리를 만든 것뿐이야.

TY 와, 멋진데!
돈 많이 들지 않았어?

데이브 아니, 비교적 저렴했어.
4 x 8 합판 두 장 밖에 안 들었으니까.

SITUATION 1 SUV를 캠핑카로 개조했어

혼자서 SUV를 캠핑카로 개조한 경험담을 친구에게 이야기하는 상황입니다. 우리말 대화를 보고 영어로 생각해본 다음에 영어 대화문을 보세요.

음원 08-1

CHAPTER 1

Dave	I **turned** my SUV **into** a camper.
TY	By yourself? Without anyone's help?
Dave	I just built a sleeping platform in the back of it.
TY	Wow, **that looks fabulous!**
	Didn't it cost a lot of money?
Dave	No, 022 it was relatively inexpensive.
	I just used two **four-foot by eight-foot** sheets of plywood.

VOCABULARY

platform (사람이나 물건이 올라갈 수 있는 무대 같은) 단 **back** 뒤 **cost** 돈이 들다
plywood 합판

KEY EXPRESSIONS

1 **뭔가를 개조해서 …로 만들다 / …가 되다, …로 변하다**

turn ~ into …/ turn into …

뭔가를 다른 것으로 변하게 하는 것, 개조하는 건 〈turn 무엇 into 다른 것〉이라고 하고, 뭔가가 스스로 다른 무엇으로 변한다고 할 때는 turn into 다른 무엇이라는 표현을 써요. 헐리우드가 그녀를 발굴해서 세계적인 스타로 만들었다는 말은, Hollywood discovered her and turned her into a worldwide star.라고 하고, 몇 주가 지나고 봄이 찾아왔다는 말은, A few weeks later, winter had turned into spring.이라고 말해요.

2 **멋진데!**

That looks fabulous!

사람이나 사물, 장소 등이 너무나 멋져 보일 때 쓰는 표현이에요. That looks good! That looks great! That looks fantastic!이라고도 해요.

3 **가로 4인치 세로 8인치**

four-foot by eight-foot

가로 몇, 세로 몇 처럼 말할 때 치수를 나타내는 전치사로 by를 써요. 치수를 나타내는 말 앞에 명사를 쓰기도 하고, 치수를 나타내는 말 뒤에 명사를 쓰기도 해요. 예를 들어, 가로 세로 10 x 20피트인 방은, a room ten by twenty feet이라고 하고, 가로 세로 4피트짜리 합판 두 장은, two four-foot by four-foot sheets of plywood라고 하는 거죠.

SITUATION 2 어디 한번 보여주세요

음원 08-2

옛날 이야기를 하다가 그때 찍은 사진이 있다니까 한번 보여달라고 하는 상황입니다. 우리말 대화를 보고 영어로 생각해본 다음에 영어 대화문을 보세요.

미란다 우리 어릴 때 뜨개질이 얼마나 유행이었는지 기억나요?
닉 나죠. 집사람이 연애할 때 목도리를 떠줬는 걸요.
미란다 그 목도리, 아직 갖고 계세요?
닉 오래 갖고 있었는데 지금은 없어요.
미란다 사진은 한 장 갖고 계시겠죠?
닉 네. 처음 그 목도리를 하고 찍은 사진이 아직 있어요.
미란다 어디 한번 보여주세요!

Miranda Do you remember how popular knitting was when we were young?
Nick I do. My wife knit a scarf for me when we were dating.
Miranda Do you still have that scarf?
Nick I had that scarf **for a long time**, but **not anymore.**
Miranda You must have a picture of it, right?
Nick Yes, 023 I still have a picture of me wearing it for the first time.
Miranda **You've got to show it to me!**

VOCABULARY

remember 기억하다 **knitting** 뜨개질 **scarf** 목도리, 스카프 **wear** (스카프, 목도리를) 두르다

KEY EXPRESSIONS

1 **오랫동안 for a long time**

'오랫동안'을 for a long time이라고 하는데 짧게 줄여서 for long이라고도 해요. 그 사람들을 알고 지낸 지 오래 돼? Have you known them for long (for a long time)?

2 **지금은 없는, 이젠 아닌 not anymore**

전에는 그랬는데 지금은 아니라는 말이에요. 그 사람 이제 여기 안 산다는 말은, He doesn't live here anymore.라고 하고, 우리 이제 사귀지 않는다는 건, We're not together anymore.라고 하죠. 상대방의 질문에 간단하게 Not anymore.라고 하기도 하는데요, 예를 들어, 아직도 기침 많이 하니? Do you still cough a lot?이라는 질문에 지금은 아니라면, No, not anymore.라고 하면 됩니다.

3 **어디 한번 보여주세요! You've got to show it to me!**

문맥에 따라 뉘앙스는 달라지지만 궁금하니까 보여달라는 간절함이 어느 정도 배어 있는 말이에요. 내 말 좀 믿어 봐, You've got to believe me. 이것 좀 봐, You've got to see this. 이 일을 극복해야 해, You've got to overcome this.

SITUATION 3 언제고 섬에서 한번 살아봤으면

섬에서 살아보고 싶은 친구에게 아는 사람들이 있는 섬을 소개해주겠다는 대화 내용입니다. 우리말 대화를 보고 영어로 생각해본 다음에 영어 대화문을 보세요.

음원 08-3

제이크 너 여기 방콕에서 한 달 동안 살 거라던데, 맞아?
수 응, 한 달 후에는 다른 곳으로 옮길 거야.
제이크 태국 다른 도시에서는 살아봤어?
수 아니, 하지만 언제고 섬에서 한번 살아보고 싶어.
제이크 그럼 코사무이 한번 생각해봐.
거기 소개시켜줄 내 친구들이 좀 있어.
수 그래? 너밖에 없다! 너무 고마워.

CHAPTER 1

Jake I heard that you'll be living here in Bangkok for a month, right?
Sue Yes. After a month, I'll move somewhere else.
Jake Have you lived in any other cities in Thailand?
Sue No, but 024 I'd like to live on an island someday.
Jake You should consider going to Koh Samui.
I have some friends there I can connect you with.
Sue Really? You're the best!
I can't thank you enough.

VOCABULARY

island 섬 **someday** 언젠가 **consider** 고려하다 **connect** 연결시키다

KEY EXPRESSIONS

1 **섬에서 살다 live on an island**

어디에 산다고 할 때 in이나 on을 써요. 나라나 도시 등에 쓸 때는 in을 써요. I live in Seoul. I live in Korea. 이렇게요. 또 abroad처럼 부사와 함께 쓸 때는 전치사가 필요 없죠. 즉, 일년간 외국에서 살았다면, They lived abroad for a year.라고 해요. 내 친구가 우리 집 길 건너편에 산다면, My friend lives across the street from me.라고 하죠.

2 **~할까 고려하다, 진지하게 생각해보다 consider -ing**

실행 단계까지 진지하게 고려한다는 걸 뜻해요. 그만둘까 심각하게 고민했다면, I'm seriously considered resigning.이라고 하는데 이건, 진짜 사퇴할 뻔했다는 의미도 돼요. consider 뒤에 의문사를 쓸 수도 있어서, 지금 어디로 이사가면 좋을지 생각 중이라면, I'm considering where to move.라고 하죠.

3 **너무 고마워서 뭐라고 할 수가 없다. I can't thank you enough.**

아주 많이 고맙다는 마음을 표현하기 딱 좋은 문장이에요. 어떻게 이 고마움을 표현하면 충분할지 말로는 도저히 할 수가 없다는 거죠.

핵심 패턴 022
비교적 ~하더라.
It was relatively ~.

비교적 저렴하더라.
It was relatively inexpensive.

사용하기가 비교적 쉽던데.
It was relatively easy to use.

오늘은 비교적 조용했어.
It was relatively quiet today.

'비교적 어떻더라, 평소보다 그다지 심하게 어떻지는 않더라'라고 할 때 이 패턴을 쓸 수 있어요. 가격이나 빈도, 횟수, 정도 등에 다 쓸 수 있습니다.

핵심 패턴 023
나한테 아직 ~하고 찍은 사진이 있어.
I still have a picture of me -ing.

처음 그걸 두르고 찍은 사진이 아직 있어요.
I still have a picture of me wear**ing** it for the first time.

일곱 살 때 햄스터를 안고 찍은 사진이 아직 있어.
I still have a picture of me hold**ing** a hamster at age seven.

인상 쓰던 사진이 아직 있어.
I still have a picture of me frown**ing**.

내가 어떤 사진을 아직 가지고 있다고 할 때 쓸 수 있는 패턴인데요, 내가 어떻게 하고 찍었는지를 me 뒤에 -ing 형태로 설명하면 됩니다.

핵심 패턴 024
언젠가는 정말 ~하고 싶어.
I'd like to ~ someday.

언제 한 번 섬에서 살아보고 싶어.
I'd like to live on an island **someday.**

언젠가는 제주 올레길을 걸어보고 싶어.
I'd like to walk along the Jeju Olle Trail **someday.**

언제고 런던의 에미레이트 경기장에 가보고 싶어.
I'd like to visit Emirates Stadium in London **someday.**

언제가 될지는 몰라도 꼭 이렇게 해보고 싶다는 게 있으면 이 패턴을 넣어서 말해 보세요. I'd like to 혹은 I'd love to를 넣어서 말해도 됩니다.

be into 무엇

into는 무슨 뜻으로 언제 쓰나요?

into는 '어디 안으로'라는 게 기본적인 뜻이죠. 고양이는 어디든 그 안으로 들어갈 수 있다는 말을 **Cats can get into everything.**이라고 할 수 있죠. 그리고 외국으로 여행을 갈 때 파리로 인하고 런던에서 아웃한다는 걸 영어로는 **fly into Paris, fly out of London**이라고 해요. 그러니까 **into**의 제일 기본적인 뜻은 '어떤 것의 안으로'라는 거죠. 그런데, 뭔가를 아주 좋아하다, 그것에 푹 빠져 있다고 할 때도 **into**를 쓰는데요, 만약에 하이킹을 아주 좋아하면, 몽블랑 둘레길을 걸어보라는 말을 **If you're into hiking, try this trail that loops around Mont Blanc.**이라고 할 수 있어요. 주어에 맞는 **be**동사를 쓰고 **into** 무엇이라고 하면 그 무엇을 아주 좋아한다는 말이에요. 탁구에 푹 빠져 있다면, **I'm into playing table tennis.**

나도 해야겠다.

I should do that, too.

우리가 뭔가를 해보고 싶게 만드는 동기는 내적인 요인으로 생기기도 하고 외적인 어떤 요인에 의해 생기기도 하는데요, 누가 하는 말을 듣고 그게 좋아 보이면 나도 그렇게 해야겠네, 싶을 때가 있잖아요? 그럴 때 **I should do that, too.**라고 할 수 있어요.

영어를 녹음하면서 공부한다는 말을 듣고

A 나 매일 내가 영어로 말하는 걸 녹음하고 있어.
B 나도 해봐야겠다.

A I record myself speaking English every day.
B **I should do that, too.**

근육을 만드는 앱에 대한 얘기를 듣고

A 이 앱이 근육 만드는 데 큰 도움 됐어. 여기서 하라는 대로 해, 난.
B 나도 써봐야겠다.

A This app helped me put on a lot of muscle. I just follow this program.
B **I should do that, too.**

UNIT 09

좋아하는 사람이나 아이들과 놀며 기쁠 때

손주들 만나서 정말 즐거웠어 / 최근 몇 년 동안 이렇게 웃어본 적 없어 / 다른 것 만드는 법도 가르쳐주실래요?

TRY IT IN ENGLISH

뭐니뭐니 해도 사랑하는 사람들과 함께 하는 것 이상의 기쁨은 없죠. 할아버지, 할머니와의 추억, 엄마, 아빠와의 행복한 시간을 다루는 대화문들로 삶의 소중한 순간을 음미해봐요.

강의 09

닉 오늘 네가 올 줄 몰랐다.
손주들 만나서 정말 즐거웠어.

딸 저희도 즐거웠어요, 아빠.

닉 남은 음식 좀 가져갈래?
음식을 너무 많이 했어.

딸 네, 아이들이 아빠 파스타 좋아해요.
맨날 저한테 파스타 해달라고 한다니까요.

SITUATION 1 손주들 만나서 정말 즐거웠어

생각도 못했는데 손주들이 찾아줘서 즐거워하는 상황입니다. 우리말 대화를 보고 영어로 생각해 본 다음에 영어 대화문을 보세요.

음원 09-1

Nick I can't believe you surprised me with a visit today.
025 It made my day to see my grandchildren.

Daughter We had such a great time, too, Dad.

Nick Would you like to take home some of the leftovers?
I made way too much food.

Daughter Yes, the kids love your pasta.
They're always asking me to make it for them.

VOCABULARY

surprise 놀라게 하다 **leftovers** 먹다 남은 음식 **way too much** 너무 많이
ask ~해달라고 하다

KEY EXPRESSIONS

1 **네가 올 줄 몰랐어.**

I can't believe you surprised me with a visit.

can't believe를 '못 믿겠다, 믿을 수가 없다'라고 그대로 해석해야 할 경우도 있지만 '말 못할 정도로 기쁘다, 어이없다'로 생각하는 게 더 자연스러운 경우도 많아요. 이 말도, 딸네 가족이 찾아와줘서 너무너무 기뻤다는 말이고요. '그렇게 됐다는 얘기를 듣고 너무 놀랐어, 뜻밖이었어, 믿을 수 없었어'라는 걸, I couldn't believe it when he told me what had happened.라고 하고, '일요일에 근무를 하라니 우리 보스 참, 어처구니가 없어!'는, I can't believe he's expecting us to work on Sunday!라고 해요. 그리고 '어쩜 네가 나한테 거짓말을 할 수가 있니!'를 I can't believe you lied to me!라고 해요.

2 **즐거웠어.**

It made my day.

어떤 일 때문에 내가 엄청 즐거웠다고 할 때 쓰는 표현이에요. '덕분에 기뻤어, 행복했어'라는 거죠. '그녀가 고맙다고 말해줘서 그걸로 난 됐어'는, She said, "Thank you," and that made my day.라고 하기도 하고요.

3 **너무 많이**

way too much

way는 way too difficult, way too far처럼도 쓰고, 형용사의 비교급 앞에 써서 강조할 때도 써요. '훨씬 무거워/똑똑해/커'라는 의미로, way heavier/smarter/bigger 이렇게 말하죠. 그 사람 IQ가 평균보다 훨씬 높아, His IQ is way above average. 네가 짐작한 건 완전히 틀렸어, Your guess is way off. 이렇게도 말하고요.

SITUATION 2 최근 몇 년 동안 이렇게 웃어본 적이 없어

음원 09-2

손자와 할머니가 돌아가신 할아버지 이야기를 하며 즐거운 시간을 보내는 상황입니다. 우리말 대화를 보고 영어로 생각해본 다음에 영어 대화문을 보세요.

미란다 오늘 와줘서 고맙다. 최근 몇 년 동안 이렇게 웃어본 적이 없어.
제이크 할아버지가 그렇게 재미있는 분인 줄 몰랐어요. 정말 재미있는 분이셨네요.
미란다 너를 보면 할아버지 생각이 많이 나.
제이크 할아버지가 살아 계시면 얼마나 좋을까요.
미란다 여기 살아 계시지.
너는 할아버지의 멋진 성품을 그대로 물려받았거든.

Miranda Thank you for coming to see me today.
I haven't laughed this much in years.
Jake 026 **I didn't realize how funny Grandpa was.**
He was such an interesting man.
Miranda You remind me a lot of him.
Jake I really wish he was still here.
Miranda He is.
I can see his wonderful personality **in you.**

VOCABULARY

funny 웃기는 **interesting** 재미있는 **remind** 생각나게 하다 **personality** 인품

KEY EXPRESSIONS

1 **몇 년간 이렇게 웃어본 적이 없어.**
I haven't laughed this much in years.
맘껏 웃고 기분이 너무 좋아서 하는 말이죠. 좋은 일이든 안 좋은 일이든 너무나, 엄청나게 그렇다고 표현하는 거예요. 이렇게 심하게 울어본 적이 없다면, I haven't cried this much before. 이렇게 신나본 적이 없다면, I haven't been this excited before.라고 해요.

2 **몇 년 동안, 몇 년간 in years**
전치사 in을 넣어서 덩어리로 기억하면 좋은 것들이 꽤 많습니다. 최근에 in recent years, 나중에 in (his/her) later years처럼요. 몇 년간 외국 여행을 못 가봤다면, I haven't traveled abroad in years.라고 해요.

3 **너한테는 ~가 있어. I can see ~ in you.**
상대방에게서, 남들은 잘 못 보는 긍정적인 뭔가를 본다는 거죠. 이 말을 들은 상대방은 최고의 격려와 응원을 받은 것이니 기분이 최고가 될 겁니다. 난 말도 안 된다고 생각하지만 그 사람은 뭔가 있다는 생각이 들 때, I think their plan is crazy, but he apparently sees something in it.처럼 말하죠. 반대의 의미로도 써요. 그 사람한테 뭐가 있다는 건지 도무지 알 수가 없다면, I can't understand what she sees in him.처럼 말하기도 해요.

SITUATION 3 다른 것 만드는 법도 가르쳐주실래요?

아이가 색종이 비행기를 직접 만들어본 후 다른 것 만드는 방법도 가르쳐달라네요. 우리말 대화를 보고 영어로 생각해본 다음에 영어 대화문을 보세요.

음원 09-3

라이언 아빠, 이 색종이로 비행기 만들어 주세요.
아빠 만드는 법을 가르쳐주는 게 어떨까?
라이언 와, 좋아요! 고맙습니다, 아빠.
(비행기를 만든 후에)
라이언 이거 어때요?
아빠 와, 근사한데. 너 혼자 이걸 만들고 말이야.
라이언 다른 것 만드는 법도 가르쳐 주실래요?

Ryan Dad, please **fold** this colored paper into an airplane.
Dad 027 Why don't I teach you how to do it?
Ryan **Wow, cool!** Thank you, Dad.
(After making the airplane)
Ryan How does this look?
Dad Wow, that's better than mine!
I can't believe you made that yourself.
Ryan Can you **show me how to** make something else?

VOCABULARY

fold 접다 **colored paper** 색종이 **airplane** 비행기 **teach** 가르치다

KEY EXPRESSIONS

1 **접다, 개다 fold**

fold를 제일 많이 쓰는 건 우리말로 '접다'라고 할 때죠. 다양한 말과 함께 쓰는데요, 이 종이를 접어 비행기를 만들어 달라는 건, Please fold this paper into an airplane.이라고 하고, 이 선을 따라 종이를 접으라는 건, Fold the paper along the line. 그리고 이걸 반으로 접으면 맞을 거라는 건, It'll fit if you fold it in half.라고 해요. 그리고 빨래가 말랐을 때 접는다는 것도 fold the clothes, fold the laundry라고 하고, 셔츠 소매를 접는 것도 fold the sleeves라고 해요.

2 **와, 좋아요! Wow, cool!**

이건 일상생활에서 너무나 많이 쓰는 표현이죠. 뭔가 소식을 듣고 기쁠 때, 아이디어나 상대방이 하는 말이 좋아 보일 때 Wow, cool!이라고 해요. Awesome! Brilliant! Great! Terrific! Fabulous! 등 다양한 형용사로도 말할 수 있죠.

3 **가르쳐주다, 알려주다 show me how to ~**

뭔가를 하는 방법을 '가르치다, 보여주다, 증명하다'라는 뜻이 있어요. 이 피자, 너무 맛있네. 어떻게 만드는 건지 레시피 좀 알려달라 하고 싶으면, I really like this pizza. Can you show me how to make it?이라고 해요.

핵심 패턴 025
~해서 정말 기뻤어.
It made my day to ~.

손주들 만나서 즐거웠어.

It made my day to see my grandchildren.

네 소식을 듣게 되서 기뻤어.

It made my day to hear from you.

너랑 이 영화 같이 봐서 기분 좋았어.

It made my day to watch this movie with you.

뭔가가 나를 참 기쁘고 행복하게 해줬다고 할 때 이 패턴을 써보세요. It made my day.는 한 문장으로 아주 자주 쓰는 말이고요, 뒤에 기쁘고 행복한 이유를 to 동사원형으로 쓸 수도 있어요.

핵심 패턴 026
…가 얼마나 ~한지 미처 몰랐어.
I didn't realize how ~ … was.

할아버지가 그렇게 재미있는 분인 줄 몰랐어요.

I didn't realize how funny Grandpa **was.**

그분이 그렇게 자상한 분인 줄 몰랐어.

I didn't realize how caring she **was.**

그분이 얼마나 편찮으신지 몰랐네.

I didn't realize how sick he **was.**

누군가가 혹은 뭔가가 그렇게 어떠한 줄을 미처 모르고 있었다고 할 때 쓰는 패턴이에요. How 뒤에 형용사를 쓰고 이어서 주어+동사의 순서로 써보세요.

핵심 패턴 027
내가 ~하면 어떨까?
Why don't I ~?

그거 만드는 법을 가르쳐주면 어떨까?

Why don't I teach you how to do it?

내가 같이 가는 게 어때?

Why don't I come with you?

발표할 때 내가 보조해줄까?

Why don't I assist you with the presentation?

상대방에게 내가 이렇게 하는 게 어떠냐고 상대방의 의향을 물어볼 때 쓰는 패턴이에요. Why don't we ~?도 많이 쓰지만, 내가 뭐뭐하는 게 어떨까 하는 Why don't I ~?도 많이 씁니다.

You remind me a lot of him.
빨리 발음할 땐 him의 h 소리가 안 들려요

네, 그렇죠. **him**의 **h** 소리가 안 나고 **a lot of him**이 /얼라러브엄/처럼 들리기도 하죠. 영어를 빨리 말하는 걸 들어보면 **him, her**의 **h** 소리가 사라지고 **him**은 /엄/이나 /음/처럼 들리기도 하고 **her**는 /얼/처럼 들리기도 해요. 그리고 길 가다가 우연히 좋은 사람을 만나면 참 반갑잖아요? 이렇게 우연히 부딪히는 걸 **run into, bump into**라고 하는데, **I ran into him the other day. I bumped into her this morning.**을 빨리 말할 때 **ran into him**은 /래닌투엄/처럼, 그리고 **bumped into her**는 /범핀투얼/처럼 들릴 수 있어요.

LEVEL UP
EXPRESSIONS

더 좋은 동료는 없을 거야.
(더 좋은 파트너, 아내, 남편, 친구 등등)

I couldn't ask for a better co-worker. (Or better partner, wife, husband, friend, etc...)

같이 일하는 동료가 더 없이 좋고 최고라고 할 때 **I couldn't ask for a better co-worker.**라고 할 수 있어요. 이 표현은 사람 말고도 사물이나 추상적 개념에 대해서도 쓸 수 있는데요, 이게 너무 좋은 기회라는 의미로 **I couldn't ask for a better opportunity.**라고 합니다.

너무나 좋은 동료와 일을 할 때

A 그녀와 일하는 거 마음에 들어?
B 응, 꽤 좋아. 더 좋은 동료는 없을 거야.

A Do you enjoy working with her?
B Yes, very much so. **I couldn't ask for a better co-worker.**

필요한 걸 알아서 도와주는 사람에게

A 너 없는 사이에 차고 치워 놨어.
B 야, 톰, 네가 최고다.
너보다 더 좋은 파트너는 없을 거야.

A I tidied up the garage while you were away.
B Oh, Tom, you're the best.
I couldn't ask for a better partner.

UNIT 10

배려심 넘치는 이웃을 만나 감사할 때

그래서 그 사람들이 좋아 / 좋은 건 널리 알려야죠 / 문 좀 잡아주시겠어요?

TRY IT IN ENGLISH

가까운 이웃이 먼 사촌보다 낫다고 하죠. 어쩌면 이민 간 형제보다 가까운지도 몰라요. 이웃간에 마음을 열고 서로 친절을 베푸는 대화문들을 보면서 따뜻한 정을 느껴보시죠.

강의 10

루시 새로 이사 온 위층 사람들 정말 마음에 들어.

댄 정말? 얘기할 기회가 있었어?

루시 응. 그 사람들 정말 조용해.
아마 그래서 그 사람들이 좋나 봐.

댄 확실히, 먼저 사람들보다 많이 조용한 것 같아.

루시 저녁 초대 한 번 할까?

댄 좋은 생각이야.

SITUATION 1 그래서 그 사람들이 좋아

음원 10-1

새로 이사 온 위층 이웃이 먼저 사람들보다 조용해서 좋다는 대화 내용입니다. 우리말 대화를 보고 영어로 생각해본 다음에 영어 대화문을 보세요.

Lucy I really like our new upstairs neighbors.
Dan Really? 028 Did you have a chance to talk with them?
Lucy Yes. They're actually very quiet.
Maybe that's why I like them.
Dan They do seem to be much quieter than the previous neighbors.
Lucy Should we invite them over for dinner?
Dan That's a wonderful idea.

CHAPTER 1

VOCABULARY

upstairs 위층 **neighbor** 이웃 **chance** 기회 **invite** 초대하다

KEY EXPRESSIONS

1 **위층에 사는 이웃**

upstairs neighbors

upstairs는 '위층의'라는 형용사, '위층에서'라는 부사로 다 써요. an upstairs window는 2층 창문을 가리키고, the upstairs room은 위층 방이죠. 여기서 upstairs는 모두 형용사로 쓰인 겁니다. 또, 내가 위층에 올라가서 샤워를 했다는, I went upstairs and had a shower.라고 하고, 그녀가 몸이 안 좋아서 위층에 있다는, She's upstairs in bed feeling ill.이라고 해요. 여기서 upstairs는 부사로 쓰인 거예요.

2 **누구를 ~에 초대하다**

invite somebody over for ~

누군가를 오라고 하고, 초대하는 목적이나 이유에는 for를 써요. 저녁 먹으라고 부르면 for dinner, 커피 한 잔 하라고 부르면, for a cup of coffee, for some coffee를 넣어서 Should we invite her over for some coffee? 이렇게 말해요. 같이 게임하자고 불렀다면, He invited me for some games.라고 하고요. 초대하고 부르는 말에 invite를 넣지 않을 수도 있는데요, 저녁이나 커피 마시러 오라고 할 때, Can you come over for dinner? Will you come over for some coffee?처럼도 말하죠.

3 **좋은 생각이야.**

That's a wonderful idea.

idea에는 제안, 계획, 취지 등 다양한 뜻이 있지만 여기서는 '제안'이라는 의미로 쓰였어요. 우리말로는 '생각'이라고 하시는 게 자연스럽죠. 또 wonderful은 좋다는 뜻인데요, great, terrific, fantastic이라고 바꿔 써도 좋고, 좀 더 강한 느낌으로는 outstanding, exceptional, awesome, out of this world라고 할 수도 있어요.

SITUATION 2 좋은 건 널리 알려야죠

음원 10-2

단골 가게로 이웃을 안내해서 함께 장을 보는 흐뭇한 상황입니다. 우리말 대화를 보고 영어로 생각해본 다음에 영어 대화문을 보세요.

(장 본 후에)

닉 오늘 도와주셔서 고맙습니다. 채소랑 과일이 참 신선하고 쌌어요.
캐시 언제든지요. 저는 이 가게에 사람들 데리고 오는 거 좋아해요.
닉 집 가는 길에 슈퍼마켓 들렀다 갈까요?
다른 것도 좀 사야 해서요.
캐시 좋죠. 저도 몇 개 살 거 있어요.

(After grocery shopping)

Nick Thank you for your help today.
The vegetables and fruits were so fresh and cheap.
Cathy It was **my pleasure**.
I love bringing people to this market.
Nick Can we **stop by** the supermarket **on the way** home?
I still need to get a few other things.
Cathy Sure. **029** There are a few things I should pick up, too.

VOCABULARY

grocery 식료품 **vegetable** 야채 **fruit** 과일 **stop by** 들르다

KEY EXPRESSIONS

1 **언제든지요. My pleasure.**

상대방이 고맙다고 할 때 대답으로 많이 쓰는 말이에요. 긴 문장으로 할 때는, It's my pleasure.라고 하고, 간단하게는, My pleasure.라고 해요.

2 **잠깐 들르다 stop by ~**

어딘가에 오래 있지 않고 잠깐 들른다고 할 때 stop by라고 해요. 저녁에 잠깐 들르겠다면, I'll stop by this evening.이라고 하고, 그 사람이 자기 집에 가다가 우리 가게에 잠깐 들렀다면, He stopped by my store on his way home.이라고 해요. 비슷한 말로 swing by도 있고요. drop by는 아는 사람한테 가는데 언제 간다고 말을 안하고 들르는 걸 말해요.

3 **가는 길에 on the way**

가는 길이라는 말이에요. on the way라고도 하고, on my/your/its way라고도 해요. 그리고 어디 가는 길이라는 의미로 on the 혹은 on my/your/its 등 뒤에 to나 out, home 등을 쓸 수도 있습니다. '내가 집에 가다가 우연히 누굴 만났게'라는 말을 Guess who I bumped into on the way home.이라고 해요.

SITUATION 3 문 좀 잡아주시겠어요?

엘리베이터를 놓칠까 먼저 탄 사람에게 문 좀 잡아달라고 요청하는 상황입니다. 우리말 대화를 보고 영어로 생각해본 다음에 영어 대화문을 보세요.

음원 10-3

CHAPTER 1

(여자가 아이와 함께 엘리베이터로 뛰어간다.)

여자 좀 잡아주시겠어요? 고맙습니다.

아르만 몇 층 가세요? 제가 눌러드릴게요.

여자 저는 B2에서 내려요.

아르만 딸이 너무 사랑스럽네요.

여자 네, 근데 부끄러움을 많이 타요. 저희는 일주일 전에 이 아파트로 이사왔어요.

(A woman and her child are running to the elevator.)

Woman **030** Can you hold the door for us? Thanks.

Arman **What floor** are you going to?
I can **hit the button** for you.

Woman I'm **getting off** at B2.

Arman Your daughter is very lovely.

Woman Yeah, but she's very shy.
We just moved into this apartment a week ago.

VOCABULARY

hold 잡다, 붙들다 **hit** 누르다 **get off** 내리다 **move** 이사하다

KEY EXPRESSIONS

1 **몇 층이요? What floor?**

엘리베이터에서 몇 층 가느냐고 물을 때 What floor?라고 하면 되는데요. What floor are you going to?라고 하기도 하지만 짧게 말하는 게 편리하니까요. story는 몇 층짜리 건물 등을 가리킬 때 써요. 30층짜리 건물 a thirty-story building, 50층짜리 아파트 a fifty-story apartment처럼요.

2 **버튼을 누르다 hit the button**

버튼을 누른다고 할 때 press나 hit를 다 쓸 수 있고요, 컴퓨터의 경우에는 click도 쓸 수 있죠. 엘리베이터에서 가는 층수를 누른다고 할 때는 press나 hit로 충분하지만 PC나 폰에 저장한다고 할 때는 press, click, hit the save button이라고 하죠. 엘리베이터에서 '제가 눌러드릴게요'라는 말을 Let me hit it for you.라고도 해요.

3 **내리다 get off**

허리를 숙이지 않아도 되는 엘리베이터나 버스, 지하철, 기차, 비행기에서 내릴 때는 get off를 쓰고, 허리를 숙여야 하는 택시나 승용차에서 내릴 때는 get out을 써요. 각각의 반대말은 get off ↔ get on, get out ↔ get in입니다.

핵심 패턴 028
~할 기회가 있었어?
Did you have a chance to ~?

그 사람들하고 얘기할 기회가 있었어?
Did you have a chance to talk with them?

내 이메일 볼 기회가 됐어?
Did you have a chance to go over my email?

어머니 찾아뵐 기회 있었어?
Did you have a chance to visit your mom?

뭔가를 할 기회가 있었는지를 물어보는 패턴입니다. Did you have a chance to ~?라고도 하고, Have you got a chance to ~?라고도 해요.

핵심 패턴 029
~할 게 몇 가지 있어요.
There are a few things I should ~.

저도 몇 개 살 거 있어요.
There are a few things I should pick up, too.

마무리할 게 몇 개 있어.
There are a few things I should finalize.

보스랑 의논할 게 몇 개 있어.
There are a few things I should discuss with the boss.

내가 사야 할 것, 해야 할 일, 처리할 일 등이 몇 개 있다고 할 때 이 패턴을 써보세요. 어딘가 들를 데가 몇 군데 있으면 a few places를 넣으면 되겠죠.

핵심 패턴 030
~좀 해주실래요?
Can you ~ for us?

문 좀 잡아주시겠어요?
Can you hold the door **for us?**

저희 조금만 더 기다려주실 수 있어요?
Can you wait a little more **for us?**

저번 미팅 요점 정리해주실 수 있어요?
Can you recap the previous meeting **for us?**

상대방에게 뭔가를 해달라고 부탁할 때 쓰는 패턴인데요, 나 혼자 있는 게 아니라 누구랑 같이 있을 때는 for us를 넣고, 나 혼자 있을 때는 for me를 넣어서 말해요.

kind, nice 말고 또?
'착하다, 배려심이 있다, 속이 깊다'라는 말을 어떻게 표현해요?

아래층에서 시끄러울까 봐 층간 소음을 내지 않으려고 애를 쓰는 이웃사람에게 **You're very considerate.**라고 할 수 있고, 친구에게도 필요할 거라고 생각되는 뭔가를 대신 사다 준다든지 구해다 준다면, '참 속도 깊지'라는 의미로 **How thoughtful!**이라고 할 수 있어요.

생각이 깊고, 사려 깊고, 속이 깊다고 할 때 **kind, nice** 말고도 **considerate, thoughtful**을 쓸 수 있어요. 우리가 흔히 말하는 표현으로는 '센스가 있다'가 되겠죠. 친구나 이웃을 잘 챙기면 **caring**이라고도 하고, **sweet**하다고 표현하기도 하죠.

아주 소탈한 사람이야.
She's very down to earth.

어떤 사람이 거만하거나 오만하지 않고 '인간적이다, 소탈하다, 겸손하다'와 같이 표현할 때 쓰는 영어 표현이 **down to earth**예요. 사람을 주어로 하고 **is down to earth**를 넣어 말하죠.

데이트할 상대인 유명인이 소탈한 사람일 때

A 걱정이 돼. 유명인이랑 사귀어본 적이 없거든.
B 너, 마음에 들어 할 거야. 아주 소탈하거든.

A I'm worried. I've never dated a celebrity before.
B I think you'll like her. **She's very down to earth.**

나쁘게 오해했던 사람이 인간적인 좋은 사람일 때

A 그 사람, 거만하고 못됐으면 어떡하지.
B 전혀 그렇지 않아! 아주 착하고 진국이야.

A I'm afraid he'll be arrogant and mean.
B Not at all! **He's very nice and down to earth.**

CHAPTER

angry or upset

희노애락

UNIT 11

분실이나 도난 등을 당해 화가 났을 때

아, 이런… 패스워드가 생각이 안 나 / 나 왜 맨날 이러지 / 오늘 아주 끔찍한 경험을 했어

TRY IT IN ENGLISH

패스워드는 생각 안 나고, 배터리는 툭하면 바닥나고, 이젠 아예 내 눈 앞에서 소매치기를 당할 뻔 하고. 짜증과 화가 머리 끝까지 치솟는 상황으로 한번 들어가볼까요?

강의 11

윤 아, 이런… 패스워드가 생각이 안 나.
어떻게 이게 생각이 안 날 수가 있지.

아르만 무슨 패스워드? 너 스마트 폰?

윤 아니, 옛날 파일.
이 파일엔 한참 전에 어려운 패스워드를 걸어놨거든.

아르만 다른 데다 써 놓지 않았어?

윤 그랬지, 근데 어디다 써 놨는지 생각이 안 나.

SITUATION 1 아, 이런··· 패스워드가 생각이 안 나

패스워드가 생각이 안 나 당황한 상황입니다. 우리말 대화를 보고 영어로 생각해본 다음에 영어 대화문을 보세요.

음원 11-1

Yoon Oh, no... I forgot my password.
I can't believe I don't remember it.
Arman What password? To your phone?
Yoon No. To an old file.
I **set a** difficult **password for** this file a long time ago.
Arman Didn't you write that down somewhere?
Yoon I did, but 031 I don't remember where I wrote it down.

CHAPTER 2

VOCABULARY

forget 잊어버리다 **password** 비밀번호 **remember** 기억하다 **write down** 적다

KEY EXPRESSIONS

1 **어떻게 이게 생각이 안 날 수가 있지.**

I can't believe I don't remember it.

뭔가에 대해 이해가 안 되거나 화가 날 때, 도대체 납득이 안 갈 때 I can't believe ~.라고 말해요. I can't believe it.이라고 말하기도 하고, 납득이 안 되는 내용을 넣어서 말할 때는 I can't believe 뒤에 I don't remember it.처럼 주어, 동사를 이어서 쓰면 돼요.

2 **비밀번호를 설정하다**

set a password

비밀번호를 설정할 때는 set, 비밀번호를 입력할 때는 enter나 put in을 써서 enter a password 혹은 put in a password라고 해요. 출입구나 현관문에 설정되어 있는 비밀번호는 passcode라고도 부릅니다.

3 **~(용) 패스워드, ~의 비밀번호**

a password for/to ~

파일이나 스마트폰 등의 잠금 장치를 풀려면 비밀번호가 필요하죠. 전치사는 for나 to 모두 쓸 수 있어요. 어떤 것의 비결 secret이라고 할 때도 to를 쓰는데요, 성공의 비결은 the secret to success라고 하고, 건강의 비결은 the secret to good health라고 해요.

SITUATION 2 난 왜 맨날 이러지?

스마트폰 배터리는 바닥이고 호텔 이름은 생각이 안 나고, 낭패입니다. 우리말 대화를 보고 영어로 생각해본 다음에 영어 대화문을 보세요.

음원 11-2

TY 앗, 안 돼. 폰 배터리가 거의 바닥이네.
호텔 돌아가는 길 모르는데.

데이비드 호텔에서 명함 안 받았어?
호텔 이름이 뭐야?

TY 그게… 호텔 이름도 생각이 안 나.
프랑스 이름이었는데. 난 왜 맨날 이러지?

TY Oh, no. My phone is running out of battery.
032 I don't know how to **get back to the hotel**.

David Didn't you get a business card from the hotel?
What's the name of it?

TY I... **I don't even** remember the name.
It was a French name.
Why do I always do this?

VOCABULARY

get back to ~ ~로 돌아가다 **get** 받다 **business card** 명함 **always** 늘, 항상, 맨날

KEY EXPRESSIONS

1 **호텔로 돌아가다 get back to the hotel**

호텔 대신 사람에 대해 쓰면 대답/의견/결과/정보를 주기 위해 후에 그 사람과 얘기를 하거나 전화 또는 이메일을 하겠다는 말이 됩니다. 가격을 알아보고 알려주겠다는 말은, I'll find out the prices and get back to you.라고 해요.

2 **~도 못 해/아니야. I don't even ~.**

어떤 것을 못한다고 할 때 I don't를 쓰는데요, 여기에 even을 쓰면 부정적인 의미가 더 강조돼요. 어떤 게 생각도 안 나면, I don't even remember. 운동도 안 한다면, I don't even work out. 텔레비전도 안 본다고 할 때는, I don't even watch TV. 난 그 사람 알지도 못해는, I don't even know him.이라고 해요.

3 **난 왜 맨날 이러지? Why do I always do this?**

늘 같은 실수를 반복하거나 할 때 자기 자신이 한심하게 느껴지거나 운이 없다고 투덜대게 되죠? 그럴 때 Why do I always ~?라고 자책할 수 있어요. 왜 맨날 힘든 일만 걸려? Why do I always get the difficult work? 왜 맨날 문제가 생기지? Why do I always get myself into trouble?처럼 말해요.

SITUATION 3 오늘 아주 끔찍한 경험을 했어

음원 11-3

지하철에서 스마트폰 도난 당할 뻔한 경험담을 여행객과 이야기하는 상황입니다. 우리말 대화를 보고 영어로 생각해본 다음에 영어 대화문을 보세요.

여행객 여기 아테네 마음에 들어?
TY 마음에 들어, 그런데 오늘 아주 끔찍한 경험을 했어.
여행객 정말? 무슨 일?
TY 지하철에서 누가 내 폰을 훔치려고 했어.
사람들 대체 왜 그러지?
여행객 소지품을 몸 가깝게 둬야 해. 도둑들은 여행자들을 잘 노려.

Traveler 033 Do you like it here in Athens?
TY I do, but I had a terrible experience today.
Traveler Really? What happened?
TY Someone tried to steal my phone on the Metro.
Why would someone do that?
Traveler Be sure to keep your belongings close to you.
Thieves often target travelers.

CHAPTER 2

VOCABULARY

steal 훔치다 **belongings** 소지품 **close to** ~에 가깝게 **target** 노리다

KEY EXPRESSIONS

1 **사람들 대체 왜 저러지? Why would someone do that?**

사회적으로 문제가 되거나 다른 사람들에게 피해를 입히는 제3자의 행동을 못마땅해 하는 표현이에요. 왜 그런 행동을 할까? Why would someone do such a thing? 대체 내 아이한테 왜 그러는 걸까? Why would someone do this to my kid?처럼 말해요.

2 **소지품을 네 몸에 가까이 지니고 있다**
keep your belongings close to you

'뭔가를 지니고 있다, 가지고 있다'고 할 때 keep을 씁니다. keep 무엇 with you 혹은 close to you처럼 말해요. '가지고 있어, 혹시 모르니까'는 Keep it with you just in case.라고 해요.

3 **여행자들을 타겟으로 삼다 target travelers**

target은 '어떤 사람 혹은 시장을 목표로 하다, 대상으로 하다'라는 뜻이에요. 외국 여행을 할 때 제일 조심해야 하는 것 중의 하나가 소매치기인데요, 그들의 타겟이 주로 여행자라는 말을, They mostly target travelers.라고 해요.

핵심 패턴 031 어디에(서) ~했는지 기억이 안 나네. I don't remember where ~.

어디다 써놨는지 생각이 안 나.
I don't remember where I wrote it down.

차를 어디에 세웠는지 생각이 안 나.
I don't remember where I parked my car.

그녀를 어디서 처음 만났는지 생각이 안 나.
I don't remember where I first met her.

어디에 ~했는지, 어디에서 ~를 했는지 생각이 안 나 답답하고 화가 날 때도 있죠? 그럴 때 이 패턴을 씁니다. 늘 쓰는 안경이 어디에 있는지 안 보일 때, 주차장 어디에 차를 세웠는지 못 찾을 때도요.

핵심 패턴 032 난 ~할 줄 몰라. I don't know how to ~.

호텔 돌아가는 길 모르는데.
I don't know how to get back to the hotel.

휘파람 불 줄 몰라.
I don't know how to whistle.

자전거 탈 줄 몰라.
I don't know how to ride a bike.

어떤 걸 할 줄 모른다고 할 때 쓰는 패턴인데요, 꼭 무엇을 실행하는 방법만이 아니라 대화문에서처럼 길 찾기 혹은 투자하는 요령에도 쓸 수 있어요. 그게 뭐든 이걸 모르면 큰 낭패인 것 같은 거죠.

핵심 패턴 033 여기 ~가 마음에 들어? Do you like it here in ~?

여기 아테네 마음에 들어?
Do you like it here in Athens?

여기 베트남이 마음에 들어?
Do you like it here in Vietnam?

여기 재래시장 마음에 들어?
Do you like it here in this traditional market?

지금 여기 와 있는 누군가에게 여기가 마음에 드느냐고 할 때 쓰는 패턴인데요, 주의할 것은 like it 뒤에 here를 써서 Do you like it here in 어디?라고 하는 거예요.

SPEAKING GRAMMAR

Someone was trying to steal my phone.

rob과 steal은 어떻게 다른가요? 둘 다 '훔친다'는 뜻인가요?

여행중에 누군가가 전화기를 훔치려고 했다거나 선글라스를 도난 당했다고 할 때 **Someone was trying to steal my phone.** 혹은 **My sunglasses were stolen once.**라고 하는데요, 여기서 **steal**은 '어떤 물건을 훔치다'라는 뜻이에요. 이 두 개의 문장에서 **steal** 대신 **rob**을 써도 되느냐고요? 아니요, 안 됩니다. **steal**과 **rob**은 각각 대상, 즉 목적어가 다릅니다. **steal**은 **steal** 뒤에 있는 뭔가를 훔친다는 말이고, **rob**은 뒤에 터는 대상을 넣어서 그 사람이나 그곳을 털어서 그 사람이 가지고 있는 것 혹은 그곳에 있는 뭔가를 훔쳐 간다는 말이에요. 내가 전화기를 도난 당했다면, **He stole my phone. My phone was stolen.**이라고 하거나 **He robbed me of my phone.**이라고 하는 거죠.

CHAPTER 2

LEVEL UP EXPRESSIONS

아무리 조심해도 지나치지 않아.

You can never be too careful.

어떤 상황에서 최대한 조심하라는 말을 어떻게 할 수 있을까요? **too careful**이라는 건 아주 지나칠 정도로 심하게 조심을 한다는 말인데요, 그렇게 할 수가 없다는 건? 최대한 조심을 해야 한다는 말이겠죠. 그래서 이럴 때 **You can never be too careful.**이라고 해요.

카메라를 가리면서

A 컴퓨터 카메라를 왜 테이프로 가리는 거야?
B 최대한 조심해야지. 누군가가 보고 있을 수 있잖아!

A Why are you covering your computer camera with a piece of tape?
B You can never be too careful. Someone could be watching!

헬멧을 써야 한다고 하면서

A 오토바이 헬멧? 바로 저기 가는 건데 뭐.
B 아무리 조심해도 지나치지 않아.

A A bike helmet? But we're just going down the street.
B You can never be too careful.

UNIT 12

집안에서 다양한 고장이 생겨 불편할 때

창문이 다 새 / 어떻게 잊어버릴 수가 있어 / 월요일 아침부터 정신이 없네

TRY IT IN ENGLISH

집에는 왜 그렇게 문제가 많을까요? 창문에는 비가 새고, 설거지는 끝이 없고, 나중엔 하수구가 막히기까지. 귀족이 갑자기 평민이 돼서 이 모든 걸 겪는다면 이런 기분일까요?

강의 12

댄 어, 오늘 비가 쏟아지네.

루시 댄! 이리 와. 여기 창문이 다 새.

댄 아, 이런. 창문을 바꿔야 할 것 같아.
비 올 때마다 새게 생겼어.

루시 하지만 새 창문으로 바꾸려면 돈 좀 들 텐데.

댄 맞아, 하지만 다른 방법이 없잖아.
이런 비상 사태를 대비해서 저축을 해야 했는데.

SITUATION 1 창문이 다 새

음원 12-1

비 오는데 창문이 다 새서 바꿔야 할 것 같다는 대화를 주고받는 상황입니다. 우리말 대화를 보고 영어로 생각해본 다음에 영어 대화문을 보세요.

Dan Oh, it's pouring today.

Lucy Dan! Come here. These windows are leaking.

Dan Oh, no. 034 I think we need to get the windows replaced.
They're going to leak whenever it rains.

Lucy But it can be expensive getting new windows.

Dan True, but we don't really have much of a choice.
We should have saved more money for emergencies like this.

VOCABULARY

pour 비가 쏟아지다 **leak** 새다 **replace** 교체하다 **emergency** 비상 사태

KEY EXPRESSIONS

1 **처리하다, ~한 상태로 만들다**

get something p.p.

여기에서 get은 어떤 걸 처리한다는 뜻이에요. 남으로 하여금 그렇게 되게 하는 거죠. 세탁기를 사람 불러서 고쳐야 한다면, I need to get the washing machine fixed.라고 하고, 이 일을 제시간에 마쳐야 한다면, We must get this work finished on time.이라고 해요.

2 **선택의 여지가 별로 없어, 별다른 방법이 없어**

not much of a choice

much of는 전체에서 차지하는 부분이 꽤 크다, 많다는 말이에요. choice, 선택의 여지가 그리 많지 않다는 거죠. 그 도시의 상당 부분이 파괴되었다면, Much of the city was destroyed in the attack.라고 하고, 내가 선택할 수 있는 게 별로 없다면, I don't have much of a choice.라고 하죠.

3 **이런 비상 사태를 대비해서 저축을 해야 했는데.**

We should have saved more money for emergencies like this.

미리 저축을 하지 않은 과거의 행동을 아쉬워하고, 후회하고, 비판하는 말이죠. '일찌감치 알았어야 했는데'라면, I should have realized that.이라고 하고, '진작에 그걸 알았어야지'라고 한다면, You should have known that.라고 해요.

SITUATION 2 어떻게 잊어버릴 수가 있어?

휴가 떠나기 전에 설거지 안 해놓은 걸 발견하고 파트너한테 화 난 상황입니다. 우리말 대화를 보고 영어로 생각해본 다음에 영어 대화문을 보세요.

음원 12-2

주디 닉, 부엌 싱크대 좀 봐.
닉 이크, 휴가 떠나기 전에 설거지하는 걸 깜빡했네.
주디 사방에 곰팡이가 피었잖아. 어떻게 잊어버릴 수가 있어?
닉 걱정 마. 내가 알아서 할께.
주디 빨리 해줘. 손님들 오려면 한 시간도 안 남았어.

Judy Nick, **look at** the kitchen sink!
Nick Oops. I forgot to clean the dishes before we went on vacation.
Judy Now there's mold **all over.**
035 How could you forget?
Nick Don't worry.
I'll take care of it.
Judy Please do it quickly.
We have guests coming over in an hour.

VOCABULARY

sink 싱크대 **clean the dishes** 설거지하다 **mold** 곰팡이 **quickly** 빨리

KEY EXPRESSIONS

1 **~좀 봐 look at ~**

뭔가가 굉장히 재미있거나, 마음에 안 든다고 할 때, 평범하지는 않다고 하면서 그걸 좀 보라고 하는 말이에요. 이거 좀 봐! 완전 난장판이네! Look at that! What a horrible mess! 저것 좀 봐! 엄청 크다! Look at that! It's huge! 이렇게 말할 수 있죠.

2 **온통, 온 사방에 all over**

'온통, 온 사방에, 전부 다'라는 뜻이에요. 아이가 놀다가 진흙을 온통 뒤집어썼다면, He was covered all over with mud.라고 하고, 내가 온 사방을 다 둘러봤다, 뒤져봤다는 건, I've looked all over.라고 해요. 그리고 온 몸이, 전신이 쑤신다면, I ache all over.라고 하죠.

3 **어떻게 잊어버릴 수가 있어? How could you forget?**

상대방에게 뭔가에 대해 힐난하거나 따지는 뉘앙스예요. '대체 어떻게 그럴 수 있어?'라는 의미죠. '어떻게 그걸 모를 수가 있지?'는 How could you not know that?이라고 하고, '어떻게 그런 소리를 하니?'는 How could you say that? 그리고 그냥 모든 사람에 대해서 말하면서 '어떻게 그렇게 잔인할 수가 있담?'은 How could anyone be so cruel?이라고 해요.

SITUATION 3 월요일 아침부터 정신이 없네

월요일 아침 출근 준비를 하는데 하수구가 막혀 정신없는 상황입니다. 우리말 대화를 보고 영어로 생각해본 다음에 영어 대화문을 보세요.

음원 12-3

(에디가 출근 준비를 하고 있다.)

에디 참 나! 이거 뭐야! 하수구가 막혔어. 배관공은 나중에 불러야 할 것 같아.

(민이 에디에게 전화를 한다.)

민 안녕, 에디. 출근하고 있어?

에디 지금 나가려고. 월요일 아침부터 정신이 없네.

민 왜, 내가 뭐 도와줘?

에디 어디 배관공 괜찮은 사람 알아?

(Eddy is getting ready to go to work.)

Eddy Come on! Oh, no! The drains are clogged up. I think I need to call a plumber later.

(Min calls Eddy.)

Min Good morning, Eddy. Are you on your way to work?

Eddy I was about to leave home. It's been such a hectic Monday morning.

Min Is there anything I can help you with?

Eddy 036 Do you know any good plumbers?

VOCABULARY

drains 하수구 **clogged up** 막힌 **plumber** 배관공 **hectic** 상당히 바쁜

KEY EXPRESSIONS

1 **준비하다 get ready**

진지하고 체계적인 준비를 한다고 할 때는 prepare를 쓰고, 일상적인 경우에는 ready를 써요. 학교 갈 준비하라는 건, Get ready for school. 그리고 아침 먹을 준비하라는 말은, Get ready for breakfast.라고 하죠. Be ready라고 하면 준비가 완료된 걸 말해요. '준비됐어?'는 Are you ready? '준비 다 됐어'는 I'm ready.라고 하잖아요.

2 **참 나! Come on!**

이 말은 여러가지 의미로 쓰여요. 빨리 서두르라고 할 때, Come on! We'll be late.이라고 하고, 힘내라고 격려할 때, Come on! You can do it.이라고도 하죠. 내가 뻔히 거짓말인 거 다 아는데 상대방이 거짓말을 하면, Come on! Don't lie to me.라고 하죠. 그리고 상대방이 멍청한 소리를 하면, Come on! Don't talk like a crazy person.라고 할 수도 있죠. 받아들이기 힘든 말을 들었을 때, Come on! You know that isn't true.라고 하기도 해요.

3 **막히다 be clogged up**

이 말은 주로 파이프나 무슨 관이 막혔을 때 써요. 몇 년이 흐르면서 기름 때로 파이프가 막혔다면, Over many years, the pipes had gotten clogged up with grease.라고 하고, 싱크대 막힐 수 있으니까 거기다 붓지 말라는 말은, Don't pour it down the drain, or the sink will clog up.이라고 해요.

핵심 패턴 034 우리, ~해야 할 것 같아. I think we need to ~.

창문을 바꿔야 할 것 같아.
I think we need to get the windows replaced.

엔진 오일을 갈아야 할 것 같은데.
I think we need to have the engine oil changed.

이삿짐 센터를 불러야 할 것 같아.
I think we need to hire a moving company.

어떻게 해야 할 것 같다는 말이지만 이 패턴의 속뜻은 상대방에게 이렇게 하자고 제안하는 거예요. 대화문에서 '창문을 바꿔야 할 것 같아'라고 했지만 속뜻은 '아무래도 창문을 바꿔야겠지?'입니다.

핵심 패턴 035 어떻게 ~할 수가 있어? How could you ~?

어떻게 잊어버릴 수가 있어?
How could you forget?

내가 주의 줬는데 어떻게 무시할 수가 있어?
How could you ignore my warning?

어떻게 우리 절친을 초대 안 할 수가 있어?
How could you not invite our closest friend?

상대방에게 뭔가 지적을 하면서 어떻게 그럴 수가 있느냐고 할 때 이 패턴을 써보세요. '어떻게 뭐뭐할 수가 있어?'라고 할 때는 How could you 뒤에 동사원형을, '어떻게 뭐뭐하지 않을 수가 있지?'라고 할 때는 How could you not 동사원형?의 형태로 써요.

핵심 패턴 036 어디 좋은 ~ 알아? 어디 ~ 잘 하는 사람/가게 알아? Do you know any good ~?

배관공 괜찮은 사람 알아?
Do you know any good plumbers?

개인 교습할 강사 괜찮은 사람 알아?
Do you know any good private tutors?

부동산 괜찮은 데 알아?
Do you know any good realtors?

사람이나 물건, 혹은 장소를 소개해달라고 할 때 쓰는 패턴이에요. '괜찮은, 쓸 만한, 믿을 만한, 일 잘 하는, 친절한, 혹은 주말에도 문 여는 집 알면 좀 알려줘'라고 말할 때 써보세요.

to leak, to be clogged up

고장과 관련된 표현이 궁금해요!

물이 새는 건 **leak**를, 배수관 등이 막혔을 때는 **be clogged up**을, 망가지고 부서지면 **break** 혹은 **be broken**을, 반대로 고치는 건 **fix**를 쓰죠. 그리고 컴퓨터나 기계 등이 박살이 난다고 할 때는 **crash**를 써요. 그리고 영어 단어를 떠올리다 보면 한두 개의 철자의 차이로 헷갈리기도 합니다. 예를 들어, 지시대로 조작하지 않으면 컴퓨터가 박살이 날 수도 있다고 할 때 **crash**를 쓰는데요, **crash**는 충돌하거나 박살이 나거나 망가지거나 하는 것을 뜻해요. **crash**와 비슷한 단어로 **crush**가 있어요. **crush**는 반하는 것, 짝사랑하는 것, 누군가에게 빠지는 것을 나타내는 달달한 단어랍니다. **crash**와 **crush**를 적재적소에 잘 쓰시기 바랍니다.

CHAPTER 2

LEVEL UP EXPRESSIONS

어떻게 해야 할지 모르겠네.

I'm stuck.

엘리베이터 등에 갇혔거나 어딘가에 끼었을 때도 **I'm stuck. I'm stuck in the elevator.**처럼 말하는데요, 어떤 공간에 갇힌 게 아니라 이러지도 저러지도 못하는 상황에 처했을 때도 **I'm stuck.**이라고 할 수 있어요.

보고서 내용을 못 끝내고 있을 때

A 왜 보고서를 못 끝내고 있는 거야?

B 딱 막혔어. 다른 걸 또 어떤 걸 써야 할지 모르겠네.

A Why aren't you finishing your paper?

B **I'm stuck.** I don't know what else to write about.

도움이 필요할 때

A 나 이 문제에서 딱 막혔어. 좀 도와줄래?

B 그럼. 내가 봐줄게.

A **I'm stuck** on this problem. Can you help me?

B Sure. Let me take a look.

UNIT 13

불만이 있거나 짜증이 날 때

이웃이 너무 시끄러운 건 질색 / 이 한밤중에? / 운전하면서 문자 하면 안 돼

TRY IT IN ENGLISH

집에서만 문제가 생기면 말도 안 해요. 이웃은 또 왜 그리도 시끄럽고 신경 쓰이게 하는지, 밖에 나가면 길은 또 왜 그리 막히는지. 온통 문제 투성이인 짜증나는 상황을 느껴보세요.

강의 13

에디　새 집으로 뭐가 어땠으면 좋겠는데?

민　내가 소음에 민감하잖아, 그래서 조용한 동네면 좋겠어.
맨날 파티하고 그러는 이웃은 싫어.

에디　무슨 말인지 알겠다.
짜증나겠지.

민　왜 그렇게 사람들은 남 생각을 안 하나 몰라.
내 이웃들은 새벽 세 시까지 음악을 틀어 놓거든.

SITUATION 1 이웃이 너무 시끄러운 건 질색

시끄러운 이웃은 질색이라며 이사 갈 곳은 조용한 동네면 좋겠다고 이야기하고 있습니다. 우리말 대화를 보고 영어로 생각해본 다음에 영어 대화문을 보세요.

음원 13-1

Eddy What are you looking for in a new house?

Min I'm **sensitive to** noise, so I prefer quieter neighborhoods. I don't want to have neighbors partying constantly.

Eddy **I know what you mean.**
037 That would be annoying.

Min **Why are some people so inconsiderate?** My neighbors play loud music until 3 in the morning.

CHAPTER 2

VOCABULARY

sensitive 민감한 **noise** 소음 **constantly** 끊임없이 **inconsiderate** 분별없는

KEY EXPRESSIONS

1 **~에 예민한**

sensitive to ~

뭔가에 예민하다는 말이에요. 연세가 드신 분들이 추위에 민감한 편이라고 할 때, Older people tend to be very sensitive to the cold. 그리고 예술가들이 대개 비판에 (심리적으로) 예민하다는 말을, Lots of artists are very sensitive to criticism.이라고 할 수 있죠.

2 **무슨 말인지 알겠어.**

I know what you mean.

상대방의 처지나 기분을 이해한다고 말하는 건데요, 이 말을 한다고 해서 꼭 그 사람의 계획이나 행동에 찬성한다는 건 아니에요. 그래도 이렇게 공감한다고 먼저 말하면, 설득하거나 내 입장을 이해시키기는 좋겠죠.

3 **왜 그렇게 사람들은 남 생각을 안 하나 몰라?**

Why are some people so inconsiderate?

남 생각은 1도 안 하는 그런 사람들의 행동이 마땅치 않다는 거죠. 너무 무례한 사람들에게는, Why are some people so rude? 비열한 사람들한테는, Why are some people so mean? 그리고 이기적인 사람들에게는, Why are some people so selfish?라고 할 수 있죠.

SITUATION 2 이 한밤중에?

음원 13-2

소음 때문에 잠을 잘 수가 없다고 위층에 인터콤으로 항의하는 상황입니다. 우리말 대화를 보고 영어로 생각해본 다음에 영어 대화문을 보세요.

사라 정말? 이 한 밤중에? 저 사람들 왜 애들을 안 재우는 거야?
잭 전화해서 조용히 하라고 해야 할 것 같아.
(인터콤으로)
잭 여보세요, 아래층 사는 잭이라고 합니다.
윗층 소음 때문에 잠을 잘 수가 없어요.
이웃 정말 죄송합니다. 애들 조용히 시키겠습니다.

Sarah Really? **At this time of night?**
Why don't they put their kids to bed?
Jack I think I have to call them and ask them to be quiet.
(On the intercom)
Jack Hello, this is your downstairs neighbor, Jack.
038 We can't **fall asleep** because of the noise from upstairs.
Neighbor We're very sorry. I'll tell my kids to be quiet.

VOCABULARY

put ~ to bed ~을 재우다 **ask** 요구하다 **intercom** 인터폰
downstairs neighbor 아래층 사는 사람

KEY EXPRESSIONS

1 **이 한 밤중에? At this time of night?**

이 말은, 대화문처럼 놀라거나 어떤 일을 받아들이기 힘들 때 쓸 수도 있지만 늘 그렇다는 표현으로도 써요. 하루 중 이맘때 커피를 마신다면, I usually drink coffee at this time of day.라고 하고, 하루 중 이맘때쯤 지친다면, At this time of the day, I get tired.라고 하죠. 그리고 보통 일년 중 이맘때 스키를 타러 간다면, I go skiing at this time of the year.라고 해요.

2 **그 사람들 (도대체) 왜 ~? Why don't they ~?**

Why don't you ~?, Why don't we ~?는 상대방에게 뭔가를 하라고 하거나 같이 뭔가를 하자고 제안하는 건데요, he, she, they 등 3인칭을 넣어서 말하면 의미가 달라요. '그 사람, 그녀, 그 사람들이 도대체 왜 ~를 안 하는 거야?'라고 못마땅해하는 말이에요.

3 **잠들다 fall asleep**

이 말은 '잠든다'는 말 말고도 '졸다'라는 뜻이기도 해요. 그가 텔레비전을 보다 잠들었다면, He fell asleep watching TV. 그리고 도로 사고 일곱 건 중 하나는 졸음 운전이라는 말은, One in seven road accidents is caused by drivers falling asleep at the wheel.이라고 해요.

SITUATION 3 운전하면서 문자 하면 안 돼

음원 13-3

길이 막혀 늦는 친구에게, 안전을 위해, 문자 대신 전화로 이야기하는 상황입니다. 우리말 대화를 보고 영어로 생각해본 다음에 영어 대화문을 보세요.

민 나, 참. 오늘 길이 왜 이리 막히는 거야? 에디한테 늦는다고 말해야겠네.
(문자로) '한 시간쯤 걸릴 것 같아.'

(에디가 민한테 전화한다.)

에디 걱정하지 마. 근처 카페에서 기다릴게.

민 고마워. 근데 왜 그냥 문자로 하지 않았어?

에디 운전하면서 문자 하면 안 되잖아.

Min Oh, no… **Why is the traffic so heavy today?**
I should let Eddy know that I'll be late.
(Texting) "It looks like it'll take about an hour."

(Eddy calls Min.)

Eddy Don't worry about it.
I'll be waiting in a nearby café.

Min Thanks. But 039 **why didn't you just text me back?**

Eddy Because you shouldn't be **texting and driving**!

VOCABULARY

traffic 교통 **nearby** 근처에 있는 **text back** 문자 답신하다
text and drive 운전하면서 문자 보내다

KEY EXPRESSIONS

1 **오늘 차가 왜 이렇게 막히는 거야?**
Why is the traffic so heavy today?
차가 막혀서 늦을 것 같을 때 짜증이 나죠? 그런 기분으로 하는 말입니다. 상대방이 맨날 늦게 오면, Why are you always late?라고 할 거고, 어떤 사람이 늘 이상하게 굴면, Why is she being so weird?라고 할 수 있죠.

2 **문자에 답신하다** **text+누구+back**
나중에 전화해주는 게 call back이죠. 문자에 답신하는 건 text back이라고 해요. 전화나 문자를 다시 해주거나 보내는 대상을 중간에 넣어서 말하죠. 아까 어머니가 전화하셨었잖아, 전화 다시 드렸어? Did you call her back? 남친한테 문자 보냈어? Did you text him back? 이렇게요.

3 **운전하면서 문자 보내다** **text and drive**
음주 운전한다는 걸, drunk drive, drink and drive라고 하는데요, 음주 운전만큼이나 위험한 게 운전 중 문자 보내기라는데, 이게 영어로 text and drive예요.

CHAPTER 2

핵심 패턴 037 그거 참 ~하겠다. That would be ~.

짜증날 것 같아.
That would be annoying.

시끄럽겠다.
That would be noisy.

지루하겠는데.
That would be boring.

어떤 말을 듣고 상대방의 심정이 공감이 갈 때, 이해가 될 때, 혹은 내가 들으니 그게 참 어떻겠다 싶을 때 쓸 수 있는 패턴입니다.

핵심 패턴 038 …때문에 ~를 할 수가 없잖아요. We can't ~ because of …

위층 소음 때문에 잠을 잘 수가 없어요.
We can't fall asleep **because of** the noise from upstairs.

쓸데없는 질문이 많아서 발표에 집중할 수가 없어요.
We can't focus on the presentation **because of** the silly questions.

사람이 부족해서 필요 조건을 충족시킬 수가 없어요.
We can't meet the requirements **because of** a lack of resources.

어떤 이유가 있어서 뭔가를 못 하겠다고 항의하거나 화를 낼 때, 따질 때 쓸 수 있는 패턴입니다.

핵심 패턴 039 그냥 ~하지 그랬어? Why didn't you just ~?

왜 그냥 문자로 하지 않았어?
Why didn't you just text me back?

왜 그냥 지원하지 않았어?
Why didn't you just apply?

왜 그냥 데이트하자고 하지 않았어?
Why didn't you just ask her out?

상대방에게, 이렇게 하지 그랬느냐고 말할 때 쓰는 패턴이에요. '내 생각에는 이랬으면 됐을 것 같은데 왜 안 그랬지?'라는 심정으로요.

tell 누구 not to ~? tell 누구 to not ~?
not을 to 앞에 쓰나요? 뒤에 쓰나요?

밤에 아이들을 조용히 시키겠다는 말을 **I'll tell my kids to be quiet.**라고 했는데요, 이 말을 **I'll tell my kids to not make noise.** 혹은 **I'll tell my kids not to make noise.**라고도 할 수 있어요. 즉, 누구에게 어떻게 하지 말라고 할 때는 **tell** 누구 뒤에 **not to**를 써도 되고, **to not**이라고 해도 됩니다. 약간의 차이가 있다면 **to not**이 약간 더 강한 느낌이라고 할까요? '그 직원에게 우리 팀 얘기를 너무 많이 하지 말라고 했지!'라는 건 **I told you not to tell him too much about our team!** 혹은 **I told you to not tell him too much about our team!**이라고 하고, '내가 뛰어다니지 말라고 했지!'라는 말은 **I told you not to stomp around!** 혹은 **I told you to not stomp around!**라고 해요.

CHAPTER 2

LEVEL UP
EXPRESSIONS

못 참겠어.
I can't stand it.

어떤 이유 때문에 더 이상 못 참겠다고 말할 때 쓸 수 있는 말이 **I can't stand it.**이에요. **stand**는 '서 있다, 일어나다'라는 뜻 말고도 뭔가를 '참다, 견디다'라는 뜻도 있거든요. 그래서 소음이나 더위, 잔소리, 불평, 부당한 대우 등을 더 이상 못 견디겠다고 할 때 **I can't stand it.**이라고 표현해요.

옆집이 너무 시끄러울 때

A	옆집이 너무 시끄럽네. **난 못 참겠어.**	**A**	They're so loud next door. **I can't stand it.**
B	여보, 우리 그냥 이사가요.	**B**	Let's just move, honey.

동생이 괴롭힐 때

A	**못 참겠어요!** 쟤가 맨날 나를 괴롭히잖아요.	**A**	**I can't stand it!** He's always bothering me.
B	현아야, 남동생한테 잘 해주렴.	**B**	Hyuna, be nice to your little brother.

UNIT 14

지루하거나 진이 빠질 때

이거 끝이 안 보이네 / 축제가 또 취소됐대 / 제대로 되는 게 없어

TRY IT IN ENGLISH

공부는 해도 해도 끝이 없고, 일은 또 오늘따라 제대로 안 풀리고, 기분 풀어 줄 콘서트마저 취소되면 어쩌죠? 터널 끝은 안 보이고 탈출구가 없는 이 기분에 아주 잠깐만 빠져볼까요?

강의 14

준　휴… 이거 끝이 안 보이네.
엄마, 숙제가 너무 많아서 완전 녹초가 됐어요!

엄마　방에서 나와서 재미있는 걸 좀 해.

준　정말이에요?
연우 불러서 놀아도 돼요?

엄마　그렇게 해, 하지만 안에서 놀지 마.
아파트에서 뛰어다니면 안 돼.

SITUATION 1 이거 끝이 안 보이네

음원 14-1

숙제가 너무 많아 지친 아이가 친구와 놀아도 되는지 엄마께 허락 받는 상황입니다. 우리말 대화를 보고 영어로 생각해본 다음에 영어 대화문을 보세요.

Jun Whew... This is never going to end.
Mom, I'm exhausted from doing too much homework!

Mom Then get out of your room and do something fun.

Jun You mean it?
Can I invite Yeonwoo over to play?

Mom You can, but you can't play inside.
040 You shouldn't run around inside our apartment.

CHAPTER 2

VOCABULARY

end 끝나다 **exhausted** 지친 **fun** 재미있는 **invite** 초대하다, 부르다

KEY EXPRESSIONS

1 **이거 끝이 안 보이네.**

This is never going to end.

어서 끝났으면 좋겠다 싶은 일이 언제 끝날지 몰라 지칠 때 하는 말이에요. 어디가 아파서 치료를 받는데 이게 언제 끝나나 싶으면, My treatment is never going to end.라고 하고, 팬데믹 상황이 도대체 끝날 줄을 모른다고 하면, This pandemic is never going to end.라고 해요.

2 **녹초가 됐어.**

I'm exhausted.

녹초가 되었다, 지쳤다는 말입니다. 여행을 하고 와서 퍼져 버렸으면, I'm exhausted from the trip.이라고 할 수 있고요, 이렇게 완전 진이 다 빠졌다는 것을 worn out이라고 표현하기도 해요. 너 완전 맛이 갔구나, You look worn out. 나 방전이야, I'm worn out.이라고 하기도 해요.

3 **누군가를 집으로 초대하다, 부르다**

invite + 누구 + over

누군가를 초대할 수 있는 곳은 많지만 집으로 초대할 때는 over를 넣어 말해요. 친구가 나를 저녁 초대했다면, My friend has invited me over for dinner.라고 합니다.

SITUATION 2 축제가 또 취소됐대

음원 14-2

팬데믹 때문에 행사가 취소되어 답답한 마음을 친구와 나누고 있습니다. 우리말 대화를 보고 영어로 생각해본 다음에 영어 대화문을 보세요.

TY 재즈 축제 또 취소됐네.
데이브 이것 좀 빨리 끝나면 좋겠다.
이 팬데믹 너무 오래 가.
TY 이거 다 끝나면 뭐 하고 싶은데?
데이브 부모님 모시고 장거리 여행을 가고 싶어.
언젠가는 우리가 이야기하던 아프리카 여행을 꼭 가고 싶어.

TY They canceled the jazz festival again.
Dave I wish this would **come to an end** soon.
This pandemic has been **going on** for too long.
TY What do you want to do when this is all over?
Dave I want to take a long trip with my parents.
041 I hope to finally take that trip to Africa we've been **talking about.**

VOCABULARY

cancel 취소하다 **pandemic** 유행병 **go on** 계속되다 **over** 끝난

KEY EXPRESSIONS

1 **끝나다 come to an end**

어떤 것의 마지막에 도달하다, 즉 '끝나다'라는 뜻이에요. 파업이 계속되다가, 3주가 지나 드디어 끝났다면, After three weeks, the strike finally came to an end.가 되고, 늘 봄은 너무 금방 가버린다는 말을, Spring always seems to come to an end much too quickly.라고 하죠.

2 **계속하다 go on**

뭔가가 쉬지 않고 계속된다는 말이에요. 영화 타이타닉의 주제가도 My heart will go on.이죠? 내 사랑은 언제나 영원할 거라는 뜻입니다. go on 뒤에 동사 -ing 형태를 넣어 말하기도 해요. 우리 아빠가 70세까지 일하셨다는 말은, My father went on working until he was 70.라고 할 수 있습니다.

3 **~에 관해 이야기하다 talk about ~**

talk about 뒤에 가벼운 주제부터 심각한 주제까지 다 쓸 수 있어요. 영국 사람들이 축구 얘기 하는 걸 좋아한다는 말은, English people love to talk about football.이라고 할 수 있고, 그들이 이혼에 대해 진지하게 얘기 중이라는 건, They've been talking about getting divorced.라고 하죠.

SITUATION 3 제대로 되는 게 없어

스트레스가 쌓여 괴로운데 마침 친구가 전화해서 점심 먹자고 제안하는 상황입니다. 우리말 대화를 보고 영어로 생각해본 다음에 영어 대화문을 보세요.

음원 14-3

(에디가 민에게 전화한다.)

에디 민. 너 뭐 해?
민 에디구나. 너한테 전화하려던 참이야.
에디 그래? 무슨 일로?
민 이번 주는 스트레스가 쌓이네. 제대로 되는 게 없어.
에디 일단 나와. 오늘 점심 같이 먹지?

(Eddy calls Min.)

Eddy Hey, Min. What are you up to?
Min Hey, Eddy. I was about to call you.
Eddy Were you? What's up?
Min 042 I've been so stressed out this week.
Nothing has been going my way.
Eddy You just need to get out of the house.
How about meeting me for lunch today?

CHAPTER 2

VOCABULARY

call 전화하다 **need to** ~할 필요가 있다 **get out of** ~에서 나오다 **for lunch** 점심으로

KEY EXPRESSIONS

1 **뭔가를 하고 있다 up to ~**

up to 무엇은 '어떤 일을 하고 있다, 혹은 매여 있다'는 뜻이에요. 학교 끝나고 뭐했느냐고 물을 때, What have you been up to since school ended?라고 할 수도 있고, 오늘 밤에 영화 보자는 말을, Are you up to anything tonight? Want to catch a movie?라고 하기도 하죠.

2 **스트레스가 쌓이다, 스트레스를 받다 be stressed (out)**

정신적으로나 감정적으로 혹은 육체적으로 스트레스가 쌓였다는 뜻이에요. 내가 스트레스 받으면 먹는 걸로 푼다면, I always eat when I'm feeling stressed out.이라고 하고, 발표 준비하느라 스트레스를 받고 있다면, I've been stressed out preparing my presentation.이라고 해요.

3 **제대로 되는 게 없어. Nothing has been going my way.**

어떤 일이 제대로 된다는 걸 go my way라고 하는데요, 이번에는 제발 내 뜻대로 되었으면… 할 때, Let's hope things will go my way this time.이라고 할 수도 있죠. 내 뜻대로 다 되면, Everything is going my way. 오늘은 영 제대로 안 되면, Today is not really going my way.라고 해요.

핵심 패턴 040 ~하면 안 돼. You shouldn't ~.

아파트에서 뛰어다니면 안 돼.
You shouldn't run around inside our apartment.

다시는 이런 일이 일어나게 하면 안 돼.
You shouldn't let this happen again.

그 사람 사과를 받아들이면 안 돼.
You shouldn't accept her apology.

상대방에게 뭔가를 하지 말라고 금지할 때 쓰는 패턴이에요. Don't 동사원형을 써서 하지 말라고도 하지만, You shouldn't 동사원형도 많이 씁니다.

핵심 패턴 041 언젠가는 ~했으면 좋겠다. I hope to finally ~.

언젠가는 우리가 이야기하던 아프리카 여행을 꼭 가고 싶어.
I hope to finally take that trip to Africa we've been talking about.

언젠가는 시간 내서 남미에 가보고 싶어.
I hope to finally take some time to visit South America.

언젠가는 이 주제에 관한 책을 쓰고 싶어.
I hope to finally write a book on this topic.

그동안 바라고 바라던 것을 드디어 할 수 있게 되었으면 좋겠다고 할 때 이 패턴을 씁니다.

핵심 패턴 042 너무 ~해. I've been so ~.

이번 주는 스트레스가 쌓이네.
I've been so stressed out this week.

그 사람 연주에 실망이 이만저만이 아니야.
I've been so disappointed by his performances.

그녀의 강연이 정말 감명 깊었어.
I've been so impressed by her lectures.

계속 내 기분이 너무 어떻다고 말하는 패턴이에요. 계속 힘들거나 지치거나 스트레스가 쌓이거나 아니면 반대로 요즘은 너무 좋다고 할 때도 쓰고요.

avoid the traffic vs. beat the traffic

차 막히는 걸 피한다는 것 외에 뭐가 다르죠?

생각대로 되지 않아 화가 나고 진이 빠지는 상황 중에, 차가 밀리는 상황도 있을 거예요. 상대방에게, 길 막히기 전에 일찍 출발하라고 할 때, **You'd better leave now to beat the traffic.**이라고 하는데요, 길 막히는 것을 피한다는 걸 **avoid the traffic**이라고도 생각하실 수 있죠. 그런데 **beat**와 **avoid**를 쓰는 게 의미는 약간 다릅니다. **beat the traffic**은 차가 밀리기 시작하기 전에 일찍, 미리 출발한다는 말이고요, **avoid the traffic**은 차가 밀리는 시간을 피해서 전후로 나선다는 말이에요. **beat**는 뭔가 대상을 '이기다'라는 뜻이라서 미리 출발한다는 말이 되고, **avoid**는 '피한다'는 말이니까 미리 가든 늦게 가든 막히는 것만 피하면 되는 거죠.

CHAPTER 2

LEVEL UP
EXPRESSIONS

어쩜 이 상황이 이렇게 오래 갈 수가 있을까.
I can't believe this situation has lasted this long.

금방 끝날 거라고 생각했던 상황이나, 어떤 상황이나 일이 더 이상 참을 수가 없다고 느껴질 때, **I can't believe this situation has lasted this long.**이라고 할 수 있어요. **last**는 '계속된다, 지속된다'는 뜻이에요. **this long**은 '이렇게 오래'라는 뜻이고요.

코로나와 같은 시국이 오래 지속될 때

A	어쩜 이 상황이 이렇게 오래 갈 수가 있어. 우리가 할 수 있는 게 있을까?	A	I can't believe this situation has lasted this long. Is there anything we can do?
B	안전하도록 하는 수밖에 없지.	B	We should just try to be safe.

오래 싸우고 있는 사람들을 보며

A	어쩜 이렇게 오래 저런 대니?	A	How could this situation last this long?
B	그러게. 며칠째 싸우고 있네.	B	I know. They've been fighting for days.

UNIT 15

개념 없는 사람들 때문에 화가 날 때

저런 인간들 참을 수가 없어 / 사생활이 좀 있었으면 좋겠다 / 나한테 소리를 지르더라구

TRY IT IN ENGLISH

누구더러 치우라는지 산에 쓰레기를 버리고, 룸메이트는 자기 좋을 대로만 하고, 보스는 나를 사람 취급도 안 하고, 남들은 안중에도 없는 무개념 인간들은 반면교사로 삼는 수밖에요.

강의 15

(등산 중에)

주디 저 사람 좀 봐. 쓰레기를 놓고 가네.

닉 아니, 저런. 저런 인간들 참을 수가 없어.

주디 쓰레기 버리는 건 아주 이기적인 거야, 더구나 자연에다가.

닉 쓰레기 주워서 가방에 넣자.

주디 좋아. 산에 쓰레기 좀 없었으면 좋겠다.

닉 우리 자원봉사단 만들어야 할까 봐. 여기 와서 일요일마다 쓰레기 줍게.

SITUATION 1 저런 인간들 참을 수가 없어

산에서 쓰레기를 버리는 사람을 보고 화가 났습니다. 우리말 대화를 보고 영어로 생각해본 다음에 영어 대화문을 보세요.

음원 15-1

(While hiking)

Judy Look at that guy. He's **leaving** his trash **behind.**

Nick Oh, no. **I can't stand people like that.**

Judy Littering is so selfish, especially doing it in nature.

Nick Let's **pick up** his **trash** and put it in our bag.

Judy Okay. **043** **I hope there's no more** litter on the mountains.

Nick Maybe we should organize a volunteer group.
We could pick up trash here every Sunday.

CHAPTER 2

VOCABULARY

trash 쓰레기 **stand** 참다 **littering** 쓰레기 투기 **organize** 조직하다

KEY EXPRESSIONS

1 **놔두고 가다**

leave behind

실수든 고의로든 뭔가를 놔두고 가는 걸 말해요. 지갑을 두고 온 것 같다면, I think I left my wallet behind.라고 하고, 기차에서 내릴 때 잊으신 물건 없도록 하라는 말은, Do not leave anything behind when you get off the train.이라고 해요.

2 **저런 인간들 참을 수가 없어.**

I can't stand people like that.

사람이나 사물 혹은 어떤 상황이 싫을 때 쓰는 표현이에요. 쉽게 선을 넘는 사람들이 싫다면, I can't stand people who always cross the line.이라고 하고, 밥 먹는데 담배 피는 사람들이 질색이라면, I can't stand people smoking nearby when I'm eating.이라고 하죠. 사무실에서 일하는 게 내 체질에 안 맞으면, I can't stand working in an office.라고 할 수 있어요.

3 **쓰레기를 줍다**

pick up trash

쓰레기를 줍는 걸 가리키는 이 말은 깨끗하게 치운다는 의미도 있어요. 그래서 잠자기 전에 방을 치우라고 할 때, Pick up your room before you go to bed.라고 하기도 하죠.

SITUATION 2 사생활이 좀 있었으면 좋겠다

음원 15-2

프라이버시를 존중하지 않는 룸메이트 때문에 기숙사 생활이 지겨워진다는 대화 내용입니다.
우리말 대화를 보고 영어로 생각해본 다음에 영어 대화문을 보세요.

다니엘 기숙사 생활이 지겨워진다.
룸메이트가 내 프라이버시를 존중하질 않아.
트레이시 같이 산 지 얼마나 됐지?
다니엘 겨우 석 달 됐어. 더 이상은 못 참겠어.
제발 내 사생활 좀 있었으면 좋겠다고.
트레이시 그럼 아파트를 구하는 건 어때?

Daniel **I'm getting sick of dorm life.**
My roommate doesn't **have** any **respect for** my privacy.
Tracy How long have you guys roomed together?
Daniel It's only been three months.
I just **can't stand** it anymore.
044 I really miss my privacy.
Tracy Then why don't you get an apartment?

VOCABULARY

dorm 기숙사 **privacy** 사생활 **you guys** 너희들 **miss** 그리워하다

KEY EXPRESSIONS

1 **기숙사 생활이 지겨워지네. I'm getting sick of dorm life.**

sick of, tired of, sick and tired of 무엇은 무언가가 지겹다는 말이에요. 앞에 be동사를 쓰면 이미 지겨워진 거고, be getting을 쓰면 슬슬 지겨워진다는 말입니다. 늘 핑계를 대는 상대방에게, I'm sick of your excuses.라고 할 수도 있고, 네 핑계가 슬슬 지겨워지기 시작한다고 한다면, I'm getting sick of your excuses.라고 해요. 물론 sick이나 tired 뒤에 of를 안 쓰면 sick은 아프다는 거고, tired는 피곤하다는 거죠.

2 **무엇을 존중하다 have respect for + 무엇**

이 말은 문맥에 따라 존중이나 존경, 혹은 고려, 배려를 뜻해요. 어떤 분의 업적이 존경스러워 보인다면, I have the greatest respect for his work.라고 하고, 제발 내 사생활을 좀 존중해달라고 할 때 Can you please have a little bit of respect for my privacy?라고 할 수도 있죠.

3 **무엇을 참을 수가 없어 can't stand + 무엇**

뭔가를 못 견딘다는 말이에요. 예의 없는 걸 못 봐주겠다면, I can't stand bad manners.라고 하고, 어떤 상황에서 내가 더 이상은 못 참겠다 싶으면, I can't stand it anymore.라고 해요.

SITUATION 3 나한테 소리를 지르더라구

음원 15-3

보스가 나를 안 좋아하는 것 같다고 하소연하는 상황입니다. 우리말 대화를 보고 영어로 생각해본 다음에 영어 대화문을 보세요.

에디 우리 보스가 나를 안 좋아하는 것 같아.
민 너한테 왜 화 나셨어?
에디 사실은, 나도 왜 그러는지 모르겠어.
그 사람 머리속에서 무슨 생각하는지 알고 싶어.
민 물어보려고는 했어?
에디 말하기가 두려워. 저번에 얘기를 하는데, 나한테 소리를 지르더라구.

Eddy It seems like my boss is not happy with me.
Min Why is he upset with you?
Eddy To tell you the truth, I have no idea why.
I wish I understood what was going on in his head.
Min Have you tried asking him?
Eddy 045 I'm afraid of talking to him.
The last time we talked, he yelled at me.

CHAPTER 2

VOCABULARY

upset 화가 난 **truth** 사실 **idea** 지식 **try to** ~해보려고 하다

KEY EXPRESSIONS

1 **솔직히, 솔직히 말해서 to tell you the truth**

솔직하게 뭔가를 말할 때 쓰는 말이에요. 별로 나가기 싫은 게 내 속마음이라면, I don't really want to go out, to tell you the truth.라고 할 수 있고, 누군가가 해주는 음식이 사실은 맛이 없다면, To tell you the truth, I can't stand her cooking.이라고 하죠.

2 **왜 그러는지 모르겠어. I have no idea why.**

idea에는 '지식' 또는 '앎'이라는 뜻이 있어요. 그래서 I have no idea.라고 하면 어떤 것에 대해 전혀 모르겠다는 말이고, I have no idea why.라고 하면 왜 그런 건지 이유를 도통 모르겠다는 거죠. I have no idea why he does that to me.라고 할 수도 있어요.

3 **그 사람 머리속에서 무슨 생각하는지 알고 싶어.**
I wish I understood what was going on in his head.

I wish를 쓰는 건, 가능성이 별로 없는, 현실과 정반대인 희망 사항을 나타내는 거예요. 출근해야 하지만 출근하기 싫을 때는, I wish I didn't have to go to work today.라고 하고, 차 살 돈이 있었으면 좋겠다는 건, I wish I could afford a new car.라고 해요. 그리고 뭔가가 is/was going in 누구's head라고 하면 누군가가 무슨 생각을 하고 있는 건지를 가리켜요.

핵심 패턴 043 ~가 더 이상 없었으면 좋겠어. I hope there's no more ~.

산에 쓰레기가 더 이상 없었으면 좋겠다.
I hope there's no more litter on the mountains.

그 사람들 이제 갈등이 없으면 좋겠어.
I hope there's no more issues between them.

더 이상 연기되는 일이 없으면 좋겠어.
I hope there's no more delay.

괴롭고 불편한 일이 더는 없었으면 좋겠다거나, 사람들이 버리는 쓰레기 같은 사물, 갈등이나 오해 같은 인간관계, 회의나 상품 출시 지연 등이 없기를 바랄 때 다 쓸 수 있어요.

핵심 패턴 044 나도 ~가 좀 있었으면 좋겠다. I really miss ~.

사생활이 좀 있었으면 좋겠다.
I really miss my privacy.

그때 그 친구들이 정말 보고 싶다.
I really miss those friends from back then.

어린 시절이 정말 그리워.
I really miss my childhood.

뭔가가 너무 그리울 때, 제발 내게도 이게 좀 있었으면 좋겠다 싶을 때 쓸 수 있는 패턴이에요.

핵심 패턴 045 ~하기가 두려워. I'm afraid of -ing.

그 사람한테 말하기가 두려워.
I'm afraid of talk**ing** to him.

이메일 열기가 두렵네.
I'm afraid of open**ing** the email.

그녀에게 데이트 신청하기가 두려워.
I'm afraid of ask**ing** her out.

뭔가를 하기가 두렵고 겁날 때 쓰는 패턴이에요. afraid보다 더 심하게 두려운 건 무서운 건데요, 그럴 때는 scared를 쓰면 됩니다.

To tell you the truth

이렇게 속을 터놓게 하려면 뭐라고 말할까요?

상대방에게 뭔가 할 얘기가 있어 보이거나 속을 터놓게 하고 싶으면 하고 싶은 이야기를 털어 놓으라고 하면서 **Spill it.**이라고 할 수 있어요. **spill**은 '뭔가를 쏟다, 흘리다'라는 뜻 외에도 뭔가를 털어 놓는 것, 숨기지 않고 비밀 같은 얘기를 하는 것을 말하거든요. 쉽게 말하면 **Say it.**이라는 거죠. **spill the beans**라는 표현도 있는데요, 이것도 역시, '비밀 같은 것을 털어놓다'라는 말입니다.

CHAPTER 2

LEVEL UP
EXPRESSIONS

그거 좀 불쾌했어.

I found it a little off-putting.

어떤 것 때문에 기분이 나빴다거나 당혹감을 느꼈다고 할 때, **I found it a little off-putting.**이라고 할 수 있어요. 기분이 안 좋아서 이메일에 답신을 하기 싫다는 느낌이 들 때도 이 말을 할 수 있어요.

이메일을 받고 기분이 상했을 때

A 부장님이 보내신 이메일이 무례하다고 생각한 거 나뿐인가?
B 나도 좀 불쾌했어.

A Am I the only one who thought the boss's email was rude?
B **I also found it a little off-putting.**

직원의 말투가 거슬렸을 때

A 회의에서 그 여자 말하는 스타일 어땠어?
B 난 좀 불쾌했어.

A How did you feel about the way she talked at the meeting?
B **I found it a little off-putting.**

UNIT 16

삶이 팍팍해져 힘들 때

이 집 가격은 미쳤어 / 그건 너무 심했다 / 이웃 때문에 미치겠어

TRY IT IN ENGLISH

단골집 자리에 생긴 식당은 형편없는 맛에 음식 값이 미쳤고, 집주인은 세를 하루 아침에 10%나 올려버리고, 그래서 이사를 가려니 그것도 여의치 않고. 우리네 삶은 너무나 팍팍한 것 같아요.

강의 16

루시 새 편의점 마음에 안 들어.

댄 맞아, 이전 집이 그립다.

루시 이 집 가격은 미쳤어.
근데 이 근처에 더 싼 데를 찾을 수가 있어야지.

댄 다른 데 어디 장 볼 데 없을까?

루시 그냥 일주일에 한 번 큰 마트로 가야할 것 같아.

댄 그래. 그럼 돈도 절약할 수 있겠네.

SITUATION 1 이 집 가격은 미쳤어

새로 생긴 편의점 가격이 너무 비싸 다른 데를 알아보자는 대화 내용입니다. 우리말 대화를 보고 영어로 생각해본 다음에 영어 대화문을 보세요.

음원 16-1

Lucy I'm not a fan of the new convenience store.

Dan Yeah, I miss our old one.

Lucy These prices are outrageous.
But 046 I'm having trouble finding anything cheaper nearby.

Dan Where else can we do grocery shopping?

Lucy I think we should go shopping at the big market once a week.

Dan Right. Then we can save money.

CHAPTER 2

VOCABULARY

old one 전에 있던 것 **trouble** 어려움 **nearby** 근처에서 **save** 아끼다, 절약하다

KEY EXPRESSIONS

1 **~를 별로 안 좋아하는**

not a fan of ~

어떤 대상을 별로 안 좋아한다는 말이에요. 맨날 나가서 사먹는 게 별로라면, I'm not really a fan of eating out all the time.이라고 하고, 가로 줄무늬는 별로라는 건, I'm not really a fan of horizontal stripes.라고 해요.

2 **가격이 미쳤어.**

These prices are outrageous.

outrage는 '화'라는 뜻인데요, 형용사형 outrageous는 '매우 놀라운', '엄청난', '터무니없는', '지나친'이라는 뜻으로 달라져요. 심한 욕설은, outrageous language, 부에 대한 지나친 욕망은, outrageous desire for wealth, 터무니없이 많은 돈은, outrageous amount of money라고 해요.

3 **~를 쇼핑하다, ~를 사러 쇼핑 가다**

do ~ shopping

shopping 앞에 다양한 단어를 넣어 말할 수 있어요. 장을 보는 건, do grocery shopping 혹은 do some grocery shopping, 옷을 사는 건, do clothes shopping이나 do some clothes shopping, 신발 사러 가는 건, do shoe shopping 혹은 do some shoe shopping이라고 해요. 문닫기 직전에 쇼핑을 해야 한다면, I've got to do some last-minute shopping.이라고 합니다.

SITUATION 2 그건 너무 심했다

아파트 주인이 월세를 10%나 올려서 어떡할지 룸메이트와 의논하는 상황입니다. 우리말 대화를 보고 영어로 생각해본 다음에 영어 대화문을 보세요.

음원 16-2

주디 아파트 주인이 월세를 10% 올렸어.
닉 뭐? 그건 심했다!
주디 그러게. 어떡하지? 그 돈 다 못 내 우리.
닉 새 집을 알아보자.
주디 하지만 이사 비용도 비싸고.
닉 보스한테 월급을 올려 달라고 해볼까?

Judy Our apartment owner just raised our monthly rent 10%.
Nick What? **That's too much!**
Judy I know. What should we do?
We can't afford it.
Nick Let's look for **a** new **place to** live.
Judy But even moving costs money, too.
Nick 047 How about I **ask** my boss **for** a raise?

VOCABULARY

raise 인상하다 **afford** 여유가 있다 **moving** 이사 **cost** 돈이 들다

KEY EXPRESSIONS

1 **그건 너무 심했다! That's too much!**

월세 인상이든 물가 인상이든 뭔가가 너무 심해서 받아들이기 힘들다는 말이에요. 내가 감당할 수 있는 수준을 넘었다, That's more than I can bear.라는 말이죠. 그런데 이 말이 너무 웃긴다는 뜻도 돼요. '하하, 그거 너무 웃기다. 웃고 나니까, 허리도 쑤시고 눈물이 다 난다.' Oh, that's too much. When I stopped laughing, my sides ached, and I had tears in my eyes. 이렇게도 말해요.

2 **~할 곳 a place to ~**

뭔가 특별한 목적으로 찾는 곳이라는 뜻이에요. 차 댈 곳이 안 보이면, I couldn't find a place to park.라고 하고, 차 잘 고쳐주는 좋은 서비스 센터를 알고 있다면, I know a good place to get your car serviced.라고 할 수 있어요.

3 **누구에게 ~해달라고 부탁하다/요청하다/요구하다 ask+누구+for ~**

사람에게 요청하거나 요구할 수 있는 건 많죠. 사장님한테 월급을 올려달라고 할 작정이면, I'll ask my boss for a raise.라고 하고, 부장님이 보고서를 제출하라고 했다면, My boss asked me for the report.라고 하겠죠. 그리고 도움 받는 걸 두려워 말라는 건, Don't be afraid to ask for help.라고 해요.

SITUATION 3 이웃 때문에 미치겠어

음원 16-3

매일 밤 파티를 하는 이웃 때문에 이사를 가야겠다고 하소연하는 상황입니다. 우리말 대화를 보고 영어로 생각해본 다음에 영어 대화문을 보세요.

다니엘 정말 이사 가야 할 것 같다.
트레이시 왜?
다니엘 이웃 때문에 미치겠어. 매일 밤 파티를 해.
트레이시 새 집 찾는 거 도와줄까?
다니엘 그럼 나야 좋지.
너네 집 근처로 갈까 생각 중이야.

Daniel I think I really need to move.
Tracy What makes you say that?
Daniel **My neighbors are driving me up a wall.**
They **throw a party** every night.
Tracy 048 **Do you want help finding a new place?**
Daniel **That would be great.**
I'm thinking about moving to a place near you.

CHAPTER 2

VOCABULARY

move 이사하다 **a new place** 새 집 **great** 좋은 **near you** 네 근처

KEY EXPRESSIONS

1 **이웃 때문에 미치겠어.**
My neighbors are driving me up a wall.
누군가가 나를 짜증날 정도로 화나게 한다는 말이에요. 누군가가 하도 비협조적이어서 돌아버리겠으면, He's so uncooperative. He's beginning to drive me up a wall.이라고 하겠고, 누군가와 휴가를 함께 보내며 스트레스를 엄청 받았으면, A week on vacation with them was enough to drive me up a wall.이라고 해요. 그런데 이 말을 drive me up the wall이라고도 합니다.

2 **파티를 하다 throw a party**
파티 열고 사람들을 초대하는 거예요. 그가 성대한 파티를 열었으면, He threw a huge party.라고 하고, 네가 그러고 싶다면 파티를 열 수는 있겠지만, 아무도 안 올지 모른다고 한다면, You can throw a party, but I don't know if anyone will come.이라고 하겠죠.

3 **그럼 좋지. That would be great.**
만약 어떻게 한다면 참 좋겠다는 의미예요. '놀이공원 데리고 가줄까?'라는 말을 듣고, '그럼 너무 좋겠다'라고 한다면, Would you like me to take you to an amusement park? That would be great.라고 할 수 있겠고, 누가 우리 동네로 와서 집을 얻을까 하는 걸 보고 그럼 정말 좋겠다 싶으면, I'm thinking of getting an apartment in your neighborhood. That would be great.라고 할 수 있어요.

핵심 패턴 046
~하기가 힘드네.
I'm having trouble -ing.

근처에서 더 싼 데를 찾기가 힘드네.
I'm having trouble find**ing** anything cheaper nearby.

적당한 사람 구하기가 쉽지 않아.
I'm having trouble recruit**ing** the right person.

그럴 듯한 구실이 안 떠오르네.
I'm having trouble mak**ing** a plausible excuse.

어떤 걸 하기가 수월하지 않을 때, 만만치 않을 때, 쉽지 않을 때 쓰는 패턴이에요.

핵심 패턴 047
내가 ~해볼까?
How about I ~?

보스한테 월급 올려달라고 해볼까?
How about I ask my boss for a raise?

해외 근무 지원해보는 거 어떨까?
How about I apply for a position abroad?

내가 반장 선거 나가볼까?
How about I run for class president?

내가 이렇게 해보면 어떨까 하고 말할 때 쓰는 패턴이에요. Why don't I ~?라고 해도 같은 뜻입니다.

핵심 패턴 048
~하는 거 도와줄까?
Do you want help -ing?

새 집 찾는 거 도와줘?
Do you want help find**ing** a new place?

프린터 고치는 거 도와줘?
Do you want help fix**ing** the printer?

비디오 편집하는 거 도와줘?
Do you want help edit**ing** the video?

help -ing는 무엇을 하는 걸 도와준다는 말이에요. 비슷하지만, help 뒤에 바로 동사원형을 쓰면 무엇 하는 데 도움이 된다는 말이고, 〈help+누구+with+무엇〉도 누가 무엇을 하는 걸 도와준다는 말입니다.

What should we/I do?
'어떻게 하지?'라는 뜻인가요?

네, 맞아요. 어떤 문제에 부딪혀서 어떻게 해야 할지 모를 때, **What should we do? What should I do?**라고 해요. 그리고 상대방에게 뭔가가 달라 보이거나 어떤 일이 있었던 것 같을 때, **What happened?** 혹은 **What happened to** 누구 혹은 무엇? **Something happened?**라고도 하고요. 그리고 **What's the matter?**나 **What's the problem?**이라고도 하죠. 그런데 **What's your problem?**이라고 가끔 실수하시는 분들이 계신데요, **What's your problem?**은 '뭐가? 왜? 뭐가 불만인데? 어쩌자고?'와 같이 상대방에게 뭔가 시비를 거는 느낌으로 들리는 말이니까 **What's the problem?**이라고 하시기 바랍니다.

CHAPTER 2

LEVEL UP
EXPRESSIONS

도망도 못 가잖아요.
We can't walk away from our problems.

할 수만 있다면 이 상황에서 도망치고 싶을 때, 벗어나고 싶을 때가 있죠? 그런 상황에서 벗어난다고 할 때 **walk away**라는 표현을 써요. 그래서 도저히 우리가 처한 문제에서 벗어날 수가 없다는 말을 **We can't walk away from our problems.**라고 하죠.

힘든 문제에 부딪혔을 때

A 요새 너무 힘들었죠.

B 맞아요, 근데 도망칠 수도 없잖아요. 해결할 수 있는 방법을 찾아야죠.

A Things have been really tough lately.

B Yeah, but **we can't walk away from this situation.** We need to find a way to deal with it.

피할 수 없는 일을 잘 처리하고 나서

A 너 고객 불만 건 처리하는 거 대단하더라.

B 뭐, 피할 수도 없는 거잖아?

A I was impressed by how you dealt with the complaint.

B Well, **we can't walk away from our problems, right?**

UNIT 17 속았거나 사기, 배신을 당해 울분이 터질 때

택시 기사가 바가지 씌운 것 같아 / 이건 너무하네요 / 도대체 왜 맨날 모든 걸 과장하는 거야

TRY IT IN ENGLISH

여행을 가도, 안 가도 문제는 계속돼요. 택시 기사는 바가지를 씌우고, 표를 미리 안 사면 두 배를 불러 버리고. 악의는 없겠지만 맨날 과장해서 맥 빠지게 하는 친구는 또 뭔지, 미치겠어요.

강의 **17**

데이브 택시 기사가 바가지 씌운 것 같아.

TY 왜?

데이브 보통 때보다 많이 나온 것 같아.
'심야 할증'을 매겼나 봐.

TY 사람들이 우리한테 저러는 거 정말 싫다.
기분이 진짜 나빠져.

데이브 그러게. 여행을 망치잖아.

SITUATION 1 택시 기사가 바가지 씌운 것 같아

음원 17-1

바가지 요금이 여행을 망친다고 친구에게 하소연하는 상황입니다. 우리말 대화를 보고 영어로 생각해본 다음에 영어 대화문을 보세요.

Dave I think the taxi driver charged us too much.

TY Why do you say that?

Dave It seemed higher than normal.
I think he charged us the "after-midnight" rate.

TY 049 I hate it when people do that to us.
It puts me in such a bad mood.

Dave Yeah. It sort of ruins the trip.

VOCABULARY

charge 요금을 물리다 **normal** 보통 **rate** 요금 **ruin** 망치다

KEY EXPRESSIONS

1 **심야**

after midnight

'자정 넘어서'라는 말인데요, after midnight만 부사로도 쓰고 뒤에 명사를 붙여서 형용사로도 써요. 자정 훨씬 넘어서까지 있었다면, We stayed there until way after midnight.이라고 하고, 심야 할증은 after-midnight rate라고 해요. 그리고 심야 할인은 after-midnight discount라고 합니다.

2 **사람들이 우리한테 저러는 거 정말 싫다.**

I hate it when people do that to us.

어떤 게 정말 싫다고 말할 때 쓰는 표현이에요. 상대방이 자꾸 거짓말을 하면 싫죠? 이럴 때, I hate it when you lie to me. 주말에 비가 오면 싫다는 건, I hate it when it rains on the weekend. 누군가 너무 바빠서 나 만날 시간도 없어서 싫다면, I hate it when you're too busy to meet me. 이 표현을 오죽 많이 쓰면 IHIW(= I Hate It When)라는 인터넷 슬랭까지 생겼을까요?

3 **조금은, 약간은, 좀**

sort of

kind of와 같은 말로, 딱 그렇다는 것보다는 조금, 어느 정도 그렇다는 뜻이에요. 그 사람이 마음에 좀 드는데, 딱히 왜 그런지는 모르겠다면, I sort of like him, but I don't know why. 상대방이 내 말을 알아듣고 있는지 물어보면, '뭐, 대충'이라고 할 때 있죠? You know what I mean? Sort of. 이렇게도 말해요.

SITUATION 2 이건 너무하네요

음원 17-2

기차를 타서 표를 사면 패널티까지 거의 두 배라는 말에 짜증 나는 상황입니다. 우리말 대화를 보고 영어로 생각해본 다음에 영어 대화문을 보세요.

역무원 표, 보여주세요.
로이 표를 미리 안 샀는데요. 지금 살 수 있을까요?
역무원 네, 하지만 패널티가 있어요.
로이 페널티가 얼마죠?
역무원 원래는 40유로인데요, 패널티까지 하면 70유로입니다.
로이 뭐라고요? 이건 너무하네요!

Ticket agent Tickets, please.
Roy 050 **We didn't buy our tickets ahead of time.**
Can we buy them now?
Ticket agent Yes, you can, but there's a penalty.
Roy How much is the penalty?
Ticket agent The **regular fare** is 40 euros.
But **with the penalty**, it'll be 70 euros.
Roy What? **That's such a rip-off!**

VOCABULARY

agent 직원 **ahead of time** 미리 **penalty** 벌금 **fare** 요금

KEY EXPRESSIONS

1 **정가 regular fare**
'일반 요금, 할인 전의 가격'이라는 뜻이에요. 어떤 종류의 할인이나 혜택이 없고, 동시에 제한도 없어요. regular fare가 아닌 건 특별 요금, special fare와 할인 요금, discounted fare 등이 있죠.

2 **페널티까지, 페널티를 포함해서 with the penalty**
여기서의 with는 including의 뜻으로 호텔에서도 많이 씁니다. 조식 포함 250달러라면, Two nights' accommodation with breakfast cost us $250.라고 해요.

3 **이건 너무하네요! That's such a rip-off!**
대놓고 말하면 '완전 바가지네' 정도가 되겠죠. 영어로 껍질을 벗긴다는 rip somebody off가 바가지를 씌운다는 뜻이 됐고 우리말의 슬랭에도 벗겨 먹는다는 표현이 있는 걸 보면 이건 거의 만국어 수준인 것 같습니다. 명사 rip-off는 바가지를 뜻해요. 음식은 바가지 요금에 서비스는 형편없었다면, The meal was a rip-off, and the service was appalling.이라고 해요. 조금 더 나가면 rip-off artist는 사기꾼을, a rip-off of a hit movie는 음악이나 미술, 영화에서 슬쩍 베낀다는 뜻이에요.

SITUATION 3 도대체 왜 맨날 모든 걸 과장하는 거야?

음원 17-3

사실대로 말하지 않고 과장하는 친구 생각만 하면 화가 난다는 대화입니다. 우리말 대화를 보고 영어로 생각해본 다음에 영어 대화문을 보세요.

민　난 케빈이 사실대로 말하는 걸 본 적이 없어.
　　걔가 이야기하는 건 걸러서 들어야 해.
에디　맞아. 하지만 악의는 없어, 사람들한테도 잘 하고.
민　도대체 왜 맨날 모든 걸 과장하는 거야?
에디　관종인 것 같아.
민　그런 인간들 도저히 이해할 수가 없어.

Min　I've never heard Kevin tell the truth.
　　I **take** everything he says **with a pinch of salt.**
Eddy　**I'll give you that.**
　　But he's harmless and nice to others.
Min　**051** **Why the heck does he always exaggerate everything?**
Eddy　I think he just wants attention.
Min　I'll never understand people like that.

VOCABULARY

truth 사실　**harmless** 악의 없는　**exaggerate** 과장하다　**attention** 관심

KEY EXPRESSIONS

1 **(~을) 감안해서 받아들이다** **take ~ with a pinch of salt**

누가 한 말을 한 꼬집 보태서 받아들인다는 건 곧이 곧대로 믿지 않는다, 걸러서 듣는다는 말이 돼요. 걔가 하는 말은 걸러서 들어, 걔 늘 과장하잖아, It's best to take what he says with a pinch of salt. He's always exaggerating. 이런 식으로 말합니다.

2 **인정해.** **I'll give you that.**

상대의 말이 일리는 있다고 인정한다는 말이에요, 꼭 100%는 아니라도요. 상대방의 말을 들어보니 거기 가서 살자는 말이 일리는 있지만 난 그다지 거기 살고 싶진 않다면, It's nice, I'll give you that, but I still wouldn't want to live there.라고 할 수 있어요.

3 **도대체 왜 맨날 과장하는 거야?** **Why the heck does he always exaggerate everything?**

'도대체, 어째서'라고 좀 화가 나서 말할 때, 의문사 뒤에 the heck을 써요. 대체 여기가 어디람? Where the heck is it? 도대체 어떻게 간 거야, 거길? How the heck did they get there? '도대체 누가…'는 Who the heck…? '도대체 왜…'는 Why the heck…? 이렇게 쓰고요, What the heck!이라고만 해도 '대체 무슨 소리야!'라는 말이에요. 젠장, 키가 없네! Oh, heck! I've lost my keys! 이렇게도 말을 합니다.

핵심 패턴 049
난 ~하는 게 너무 싫어.
I hate it when ~.

사람들이 우리한테 저러는 거 정말 싫다.
I hate it when people do that to us.

그렇게 사소한 문제로 왈가왈부하는 거 정말 싫어.
I hate it when we argue about such minor issues.

주말에 흐린 거 정말 싫어.
I hate it when it's cloudy on the weekend.

누구나 '난 이럴 때 싫어, 정말 싫어'라고 할 때 있죠? 그런 것을 표현하는 패턴이에요. When 뒤에 주어+동사를 쓰시면 됩니다.

핵심 패턴 050
~를 미리 안 했는데요.
We didn't ~ ahead of time.

표를 미리 안 샀는데요.
We didn't buy our tickets **ahead of time.**

자리를 미리 예약 안 했어.
We didn't book a table **ahead of time.**

미리 식당에 전화를 안 했네.
We didn't call the restaurant **ahead of time.**

뭔가를 미리 하지 않았다고 할 때 쓰는 패턴이에요. ahead of time 대신에 in advance를 쓸 수도 있어요.

핵심 패턴 051
도대체 저 사람은 왜 맨날 ~하는 거야?
Why the heck does he/she always ~?

그 사람은 도대체 왜 맨날 모든 걸 과장하는 거야?
Why the heck does he always exaggerate everything?

그 사람은 도대체 왜 맨날 집사람한테 트집 잡는 거야?
Why the heck does he always find fault with his wife?

그 사람은 도대체 왜 맨날 구차한 변명을 늘어놓는 거야?
Why the heck does she always come up with poor excuses?

어떤 사람이 하는 말이나 행동이 도대체 이해가 되지 않을 때, 그것 때문에 화가 날 때 쓸 수 있는 패턴이에요.

It puts me in such a bad mood.
bad mood는 내 기분이 나쁜 걸 가리키는 거죠?

네, 그렇습니다. 나를 기분 나쁘게 하면 ~ **puts me in (such) a bad mood.**라고 하고, 기분을 좋게 하면 ~ **puts me in (such) a good mood.**라고 해요. 대화문에서 각각의 주인공들이 기분이 안 좋아 보이는데, 이때 상대방은 **What made you upset?**이라고 할 수 있어요. 여기서 **make**는 누구의 기분을 어떻게 만든다는 뜻으로 쓰인 거예요. **What,** 무엇이, **made you upset,** 네 기분을 안 좋게 했냐, 기분을 나쁘게 했냐는 거죠. **Why are you upset?**이라고도 할 수 있죠. 기분이 좋아 보이는 상대방에게는 **What made you happy?**라고, 실망스러운 표정을 하는 상대방에게는 **What made you disappointed?** 그리고 슬퍼 보이는 누군가에게는 **What made you sad?**라고 할 수 있고, 피곤해 보이는 상대방에게는 **What made you tired?**라고 할 수 있어요.

CHAPTER 2

늘 정신 바짝 차리고 살아야지.
We've got to keep our minds sharp.

언제나 정신을 바짝 차리고 똑똑하고 현명하게 잘 살자고 할 때, **We've got to keep our minds sharp.**라고 할 수 있어요. **minds**는 우리의 정신이나 마음을 다 가리켜요. 그래서 정신을 똑바로 차린다고 할 때, **keep our minds sharp**라고 하죠.

나이 들수록 정신을 더 똑바로 차리자고 하면서

A	늘 정신 똑바로 차리고 살아야지.	A	We've got to keep our minds sharp.
B	전적으로 동감이야. 나이도 들어가는데 말이야.	B	I totally agree with you. We're getting a bit old.

명상으로 정신을 더 맑게 하라고 하면서

A	정신 바짝 차리고 살아야 해.	A	We've got to keep our minds sharp.
B	명상을 시작해보는 게 어때? 그거 큰 도움 될 거야.	B	Why don't you start meditating, then? It'll help a lot.

UNIT 18 고장이나 사고 등 문제가 생겨 답답할 때

아, 이런 무슨 일이야? / 어떤 사람이 갑자기 튀어나와서 내 차를 받았어 / 1분 전만 해도 자리가 있었는데

TRY IT IN ENGLISH

집에서는 고장, 밖에서는 사고의 연속이에요. 멀쩡하던 엘리베이터 고장, 난데없는 접촉 사고만이 아니에요. 잔뜩 벼르던 뮤지컬은 클릭하는 순간 매진이라니. 도대체 되는 일이 하나도 없어요.

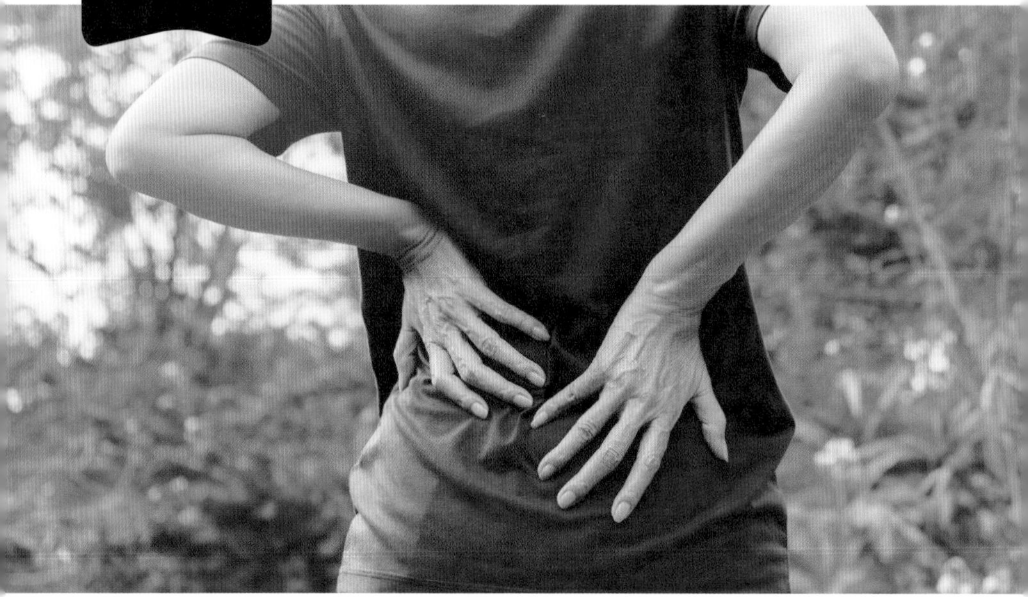

강의 18

(엘리베이터에서)

제시카 엘리베이터가 왜 멈췄지?

아르만 아 이런. 무슨 일이야?

제시카 인터폰으로 도와 달라고 하자.

(아르만이 인터폰에 대고 말한다.)

아르만 죄송한데요, 저희 엘리베이터에 갇혔어요. 움직이지를 않아요.

안전요원 몇 층에 계세요?

아르만 7층과 8층 사이에요.

SITUATION 1 아, 이런 무슨 일이야?

엘리베이터가 멈춰서 인터폰으로 도움을 요청하는 상황입니다. 우리말 대화를 보고 영어로 생각해본 다음에 영어 대화문을 보세요.

음원 18-1

(In an elevator)

Jessica Why did the elevator stop?

Arman Oh, my gosh. What's happening?

Jessica: 052 Let's call for help on the intercom.

(Arman talks on the intercom.)

Arman Excuse me, we're stuck in the elevator.
It's not moving.

Security What floor are you on?

Arman We're between the 7th and the 8th.

CHAPTER 2

VOCABULARY

happen 무슨 일이 일어나다 **call for** 요구하다 **intercom** 인터폰 **stuck** 갇힌

KEY EXPRESSIONS

1 **아, 이런.**

Oh, my gosh.

gosh는 놀랄 때 쓰는 표현이에요. Oh, my God.에 God이 들어가는 게 불편하다는 사람들도 있어서, Oh, my gosh, Oh, my. Oh, my goodness.처럼 쓰는 게 무난합니다. 우리말로는 어째 이런 일이, 헉, 헐, 대박, 혹은 젠장 등등의 느낌으로요. 너무너무 추우면, Gosh, it's cold.라는 말이 튀어나올 거고, 누군가의 새로운 모습을 봤다면, Oh, gosh, I didn't know that about him.이라고 하겠죠.

2 **무슨 일이야?**

What's happening?

안 좋은 일이 있을 때 많이 쓰죠. 이런, 무슨 일이야? Oh, my gosh. What's happening?이라고도 하고, 무슨 일이 있었길래 울어? What's happened? Why are you crying?이라고도 하죠.

3 **요구하다, 요청하다**

call for ~

요구할 건 많고 많아요. 도움을 청하면, call for help, 주의를 촉구하면, call for attention, 쌀 수입 금지를 촉구하면, call for a ban on imports of rice 등으로 말할 수 있습니다.

SITUATION 2 어떤 사람이 갑자기 튀어나와서 내 차를 받았어

접촉 사고로 회사에 늦겠다고 전화하는 상황입니다. 우리말 대화를 보고 영어로 생각해본 다음에 영어 대화문을 보세요.

음원 18-2

(아르만이 보험회사에 전화한다.)

아르만 여보세요. 메인 스트리트에서 5번가 쪽으로 중간에 있는데요. 접촉사고가 있었습니다.

직원 알겠습니다. 사람을 바로 보내드리겠습니다.

(아르만이 윤에게 늦는다고 전화한다.)

아르만 여보세요, 윤. 오늘 좀 늦을 것 같아.

윤 무슨 일 있어?

아르만 응. 접촉 사고야. 어떤 사람이 갑자기 튀어나와서 내 차를 받았어.

(Arman is calling his insurance company.)

Arman Hello. I'm in the middle of Main Street heading towards 5th. I've just had a **fender bender.**

Agent Alright. We'll send someone right away.

(Arman calls Yoon about being late.)

Arman Hi, Yoon. **053** I think I'll be a little late for work today.

Yoon **Did something happen?**

Arman Yeah, I had a fender bender. **This guy came out of nowhere and hit me.**

VOCABULARY

insurance 보험 **head towards** ~쪽으로 **call about** ~건으로 전화하다
a little bit 조금

KEY EXPRESSIONS

1 **가벼운 접촉 사고 fender bender**

가벼운 추돌 사고를 fender bender라고 해요. 접촉 사고의 주 원인은 급 차선 변경이라는 말은, Lots of fender benders occur due to sudden lane changes.이라고 해요.

2 **무슨 일 있어? Did something happen?**

궁금 반, 걱정 반으로 물어보는 말이에요. What's happened? 혹은 What's up?과 같은 뜻이죠. '무슨 일이야?', '무슨 일 있어?' 정도의 의미입니다.

3 **어떤 사람이 갑자기 튀어나와서 내 차를 받았어.**
This guy came out of nowhere and hit me.

운전하는데 누군가가 갑자기 내 차를 받으면 놀라고 화가 나겠죠. out of nowhere는 '불쑥, 뜬금없이, 느닷없이, 난데없이'라는 뜻이에요. 깜짝 청혼을 했다는 말은, From out of nowhere, he asked me to marry him!이라고 해요.

SITUATION 3 1분 전만 해도 자리가 있었는데

음원 18-3

잠깐 사이에 표가 매진되어 당황하는 상황입니다. 우리말 대화를 보고 영어로 생각해본 다음에 영어 대화문을 보세요.

민 타임즈에서 쇼를 찾아봤어.
오늘 볼 만한 뮤지컬이 하나 있네.
에디 너무 좋다! 고마워, 민.
아, 잠깐. 매진이래.
민 어떻게 그럴 수가 있지?
1분 전만 해도 자리가 있었는데.
에디 걱정 마. 다른 걸로 찾아보지 뭐.

Min I looked up the times for some shows.
Here's a musical we can see tonight.
Eddy That is awesome! Thanks, Min.
Oh, wait. It says they're all sold out.
Min How can that be?
It said there were seats a minute ago.
Eddy Don't worry. 054 Let's find another one to see.

CHAPTER 2

VOCABULARY

look up 찾아보다 **awesome** 멋진 **sold out** 매진 **another one** 다른 것

KEY EXPRESSIONS

1 **훌륭하네!, 너무 좋다! That is awesome!**

awesome은 너무너무 좋다는 뜻이에요. 경치가 끝내주게 좋았다면, The view was awesome.이라고 하고, 음식 맛이 그냥 죽음이었다면, The food was totally awesome.이라고 하겠죠. 반대로 음식 맛이 형편없었다면, The food was totally awful.이라고 할 거예요.

2 **매진 sold out**

다 팔렸다는 말이죠. 미국에서 한국 가수들의 공연은 자주 매진된다고 할 때, K-pop shows in the U.S. are frequently sold out.이라고 하고, 뭔가가 다 팔린 것, 매진된 것, 재고가 없는 건, sold out of something이라고 해요. 가게에 참치가 다 팔렸다면, The store was completely sold out of tuna fish.라고 합니다.

3 **어떻게 그럴 수가 있지? How can that be?**

놀라울 때 쓰는 표현으로 How is that possible? 정도의 느낌이에요. 내가 500달러에 가구를 다 들였다고 하니까 상대방이 놀란다면, I furnished my house with only $500. How can that be?라고 할 수 있죠. 막 도착한 것 같은데 벌써 11시라고? 언제 그렇게 됐지?라고 한다면, It's 11 pm. How can that be? It seems like we just got here.라고 하겠죠.

핵심 패턴 052
~를 해달라고 하자.
Let's call for ~.

인터폰으로 도와달라고 하자.
Let's call for help on the intercom.

도움을 청하자.
Let's call for assistance.

그녀의 사망에 대한 조사를 촉구하자.
Let's call for an investigation into her death.

어떤 것을 부탁하자고 할 때, 요청하자고 할 때 쓰는 패턴이에요.

핵심 패턴 053
~에 좀 늦을 것 같아요.
I think I'll be a little late for ~.

오늘 출근이 좀 늦을 것 같아.
I think I'll be a little late for work today.

미팅에 좀 늦을 것 같아.
I think I'll be a little late for the meeting.

행사에 좀 늦을 것 같아.
I think I'll be a little late for the ceremony.

회사에 지각을 하거나 학교나 학원에 늦을 때, 미팅에 늦거나 모임, 행사 등에 늦을 것 같다고 할 때 쓰는 패턴이에요. a little (bit)은 '약간, 좀'이라는 뜻입니다.

핵심 패턴 054
다른 ~를 찾아보지 뭐.
Let's find another ~.

다른 걸로 찾아보자.
Let's find another one to see.

텐트 칠 곳 다른 데서 찾아보자.
Let's find another place for a tent.

이 물건 넣을 다른 가방을 찾아보자.
Let's find another bag for the stuff.

원래 하려고 했던 것, 가려고 했던 곳, 사려고 했던 것 말고 다른 것을 찾아봐야 할 때 쓰는 패턴입니다.

SPEAKING GRAMMAR

We're stuck in the elevator.
be stuck이 '갇혔다'는 뜻인가요?

네, 그렇습니다. **be stuck**이라고도 하고 **got stuck**도 쓰는데요, 차가 밀려서 꼼짝 못한다는 말을 **I got stuck in traffic.**이라고 하셔도 돼요. 그리고 **get caught**라는 표현도 있는데요, 길을 걷다가 갑자기 쏟아지는 비를 맞았을 때, **I got caught in a shower.** 혹은 **I got caught in the rain. I got caught in the downpour.**라고 해요. 여기서 **got caught**는 수동태입니다. 비를 맞았을 때만이 아니라 차가 너무 밀려서 꼼짝 못하고 있을 때도, **I got caught in traffic.** 혹은 **I got caught in a traffic jam.**이라고 해요.

CHAPTER 2

LEVEL UP EXPRESSIONS

적신호가 꽤 있었어.
There were a lot of red flags.

그건(이건) 아니다 싶은 징조, 징후를 **a red flag**라고 해요. 그야말로 경고 카드, **red card**처럼요. 그래서 어떤 나쁜 일이 터지기 전에도 벌써 여러 번 많은 안 좋은 징조나 징후가 있었다고 할 때 **There were a lot of red flags.**라고 해요.

여친과 헤어진 친구에게

A 네가 왜 진작에 그 여자랑 안 헤어졌는지 도대체 이해가 안 간다.
B 그러게. 적신호가 꽤 있었는데, 그땐 그게 안 보이더라고.

A I can't believe you didn't leave her a long time ago.
B Yeah. There were a lot of red flags, but I didn't see them then.

미리 알아차리지 못한 것을 자책하며

A 내 잘못이야. 적신호가 꽤 있었어.
B 너무 심각하게 생각하지 마. 누구한테나 일어나는 일이야.

A It's my fault. There were a lot of red flags.
B Don't take it too seriously. It happens to everyone.

UNIT 19

하고 싶은 것을 못하게 되어 속상할 때

엄마가 이러실 수가 / 벤치 신세가 돼서 실망이야 / 우리 보스 최악이야

TRY IT IN ENGLISH

이유가 뭐든 1년을 기다리던 캠프를 못 가고, 다리를 다쳐서 운동 시합도 못 하고, 야근하느라 영화도 못 봐요. 스트레스 풀려고 취미 생활을 하는 건데 그걸 못 해서 또 스트레스라니.

강의 19

루시 겨울 캠프 기대되니?

라이언 저, 실은, 금년에 안 갈 거예요.

루시 하지만 우리 매년 가잖아!

라이언 엄마가 못 가게 하세요.
엄마가 하신 일 중에 제일 최악이에요.

루시 그러시는 이유가 있을 거야.

라이언 가을 학기 성적이 안 좋아서 그렇대요.

SITUATION 1 엄마가 이러실 수가

캠프를 못 가게 되어 선생님 앞에서 엄마를 원망하는 상황입니다. 우리말 대화를 보고 영어로 생각해본 다음에 영어 대화문을 보세요.

음원 19-1

Lucy 055 Are you excited for winter camp?

Ryan Actually, I won't be going this year.

Lucy But we go every year!

Ryan My mom won't let me go.
This is the worst thing she's ever done.

Lucy I'm sure she has her reasons.

Ryan She said my fall semester grades weren't good enough.

CHAPTER 2

VOCABULARY

excited 기대하는 **this year** 금년에 **reason** 이유 **semester grade** 학기 성적

KEY EXPRESSIONS

1 **엄마가 하신 일 중에 제일 최악이에요.**

This is the worst thing she's ever done.

어떤 사람이 '어쩜 그럴 수가 있담'이라고 할 때 쓰는 표현인데요, the worst 대신에 the best를 쓰면 '어쩜 그렇게 대단한 일을 할 수가…'라는 뜻이 되죠. 100명의 설문 응답자들이, 지금까지 한 일 중 최악이 뭔지 밝혔다면, 100 people reveal the worst things they have ever done.이라고 하고, 네가 여태 한 일 중 최악이 뭔지 묻는다면, What's the worst thing you've ever done?이라고 하죠.

2 **이유가 있을 거야, 이유가 있겠지**

have her/his reasons

어른이나 선생님, 혹은 친구가 별다른 설명 없이 어떤 행동을 하거나 조치를 취하면 우리 보통 그러죠, '에이, 무슨 이유가 있겠지'라고요. 더 자연스럽게 표현하려면, I suppose she has her reasons. 혹은 I'm sure he has his reasons.라고 할 수도 있어요.

3 **충분치 않아**

not good enough

뭔가 만족스럽지 않거나 마땅치 않을 때 씁니다. '이건 아니지, 한 시간이나 기다렸잖아'라는 의미로, It's not good enough. I've been waiting an hour.라고 할 수 있어요.

SITUATION 2 벤치 신세가 돼서 실망이야

음원 19-2

다리가 부러져서 경기를 할 수 없는 안타까운 상황입니다. 우리말 대화를 보고 영어로 생각해본 다음에 영어 대화문을 보세요.

민준 연우야! 여기 다 왔다.
잠깐… 너 다리 왜 그래?

연우 스노우보드 타다 부러졌어.
한동안 축구 못 해.

민준 괜찮아?

연우 이젠 안 아파.
근데 벤치 신세를 지게 돼서 실망이야.

Minjoon Yeonwoo! We're over here.
Wait... What happened to your leg?

Yeonwoo I broke my leg snowboarding.
056 I can't play soccer for a while.

Minjoon Are you okay?

Yeonwoo It doesn't hurt anymore.
But **I'm so bummed that I have to sit on the sidelines.**

VOCABULARY

snowboard 스노우보드를 타다 **soccer** 축구 **hurt** 아프다 **bummed** 실망한

KEY EXPRESSIONS

1 **한동안, 당분간, 길지 않은 시간 동안 for a while**

시간이 좀 걸린다고 할 때 a while이라고 해요. 이때 a while은 비교적 짧은 시간을 가리키기도 하고 좀 긴 시간을 가리키기도 하죠. 예를 들어, 수술 회복에는 시간이 좀 걸린다고 할 때, It takes a while to recover from the operation.에서 a while은 좀 긴 시간을 뜻하죠.

2 **벤치에 앉아 있게 돼서 실망이야, 기분이 좀 그래.**
I'm so bummed that I have to sit on the sidelines.

bum은 원래 '게으름뱅이, 건달, 부랑자'라는 뜻이어서, 이름 끝 자가 무슨 무슨 범인 분들이 영어 이름을 Bum으로 쓰면 모음을 바꾸라고 하는 원어민 선생님도 계신다고 해요. 아무튼 이 말의 과거분사형인 bummed는 '실망한, 낙담한, 기운이 빠진'이라는 말이죠. '걔한테 차여서 완전 기가 죽었어'라고 할 때, I was pretty bummed when she dumped me.라고 해요.

3 **사이드라인에, 벤치에 on the sidelines**

문맥에 따라 후보 선수나 응원단이 될 수도 있고 혹은 방관자가 될 수도 있어요. '언제까지 방관자일 수만은 없어. 너도 참여해'라는 뜻으로, You can't stay on the sidelines forever. It's time you got involved.처럼 말하기도 해요.

SITUATION 3 우리 보스 최악이야

음원 19-3

보스의 업무 지시 때문에 영화를 못 보게 돼 짜증난 상황입니다. 우리말 대화를 보고 영어로 생각해본 다음에 영어 대화문을 보세요.

에디 민, 갈 준비됐어?
민 못 갈 것 같아.
내일 발표할 작업 제안서 아직 못 끝냈어.
에디 영화 본 다음에 끝내면 안 돼?
민 안 돼. 우리 보스 최악이야.
1차 시안을 오늘 밤에 보여 달래.
에디 일과 후에는 일 안 한다고 말해.

Eddy Min, are you ready to go?
Min 057 **I don't think I'm going to be able to make it.**
I haven't finished the work proposal for tomorrow yet.
Eddy Can't you finish it after the movie?
Min No, **my boss is the worst.**
He says he wants my first draft tonight.
Eddy Tell him you won't do company work in your **spare time.**

CHAPTER 2

VOCABULARY

make it (어디에) 참석하다 **proposal** 제안(서) **the worst** 최악 **draft** 초안

KEY EXPRESSIONS

1 **참석하다, 늦지 않게 도착하다 make it**

누가 와줘서 기쁘다고 하면, I'm glad you could make it.이라고 하고, 내가 오늘 못 갈 것 같다고 한다면, I won't be able to make it today.라고 해요. 그리고 우리가 뛰어가면, 제시간에 도착하겠다는 말은, If we run, we should make it.이라고 할 수 있죠.

2 **우리 보스는 최악이야. My boss is the worst.**

'그 사람 최악이야'라고 할 때 the worst라고 할 수 있는데요, 사람만이 아니라 상황에도 써요. 최악의 상황이 지나갔다는 말은, The worst is over now.라고 하고, 도로 교통사고로는 작년이 최악이었다고 하면, Last year was by far the worst for road accidents.라고 합니다. 그리고 the worst possible (thing)은 이 이상 더 나빠질 수가 없는 최최악을 말해요.

3 **여가 시간 spare time**

여가 시간을 가리키는데요, spare time이라고도 하고, spare moment라고 하기도 합니다. 여가 시간에 뭐 하는지 물을 때, What do you do in your spare time? 혹은 What do you do in your free time?이라고 물어요. 난 시간 날 때마다 도서관에서 산다고 하고 싶으면, I spend every spare moment in the library.라고 해요.

핵심 패턴 055 ~가 기대 돼? Are you excited for ~?

겨울 캠프 기대 돼?
Are you excited for winter camp?

사파리 생각에 흥분 돼?
Are you excited for the safari?

BTS 콘서트 기대 돼?
Are you excited for the BTS concert?

상대방이 뭔가 기다리고 있거나 기대하고 있는 게 있을 때 이 패턴을 이용해서 말해 보세요.

핵심 패턴 056 나 한동안 ~못 해. I can't ~ for a while.

한동안 축구 못 해.
I can't play soccer **for a while.**

한동안 너 못 봐.
I can't see you **for a while.**

한동안 너한테 편지 못 해.
I can't write to you **for a while.**

어떤 이유나 사정이 있어서 당분간 뭔가를 못한다고 할 때 쓰는 패턴입니다.

핵심 패턴 057 아무래도 난 ~못 할 것 같아. I don't think I'm going to be able to ~.

나는 못 갈 것 같아.
I don't think I'm going to be able to make it.

결승까지 못 올라갈 것 같아.
I don't think I'm going to be able to advance to the final round.

아무래도 제시간에 못 끝낼 것 같다.
I don't think I'm going to be able to finish on time.

내가 뭔가를 못 할 것 같다고 말할 때 그냥 I can't ~.라고 하는 것보다는 I don't think I'm going to be able to ~.라고 하는 게 더 자연스럽습니다.

in your spare time
'시간 있을 때'라는 말을 또 어떻게 말하나요?

in your spare time 말고도 '너 시간 있을 때'라는 표현이 몇 가지 있어요. 먼저 **spare** 대신에 **free**를 써서 **in your free time**이라고도 합니다. '한가할 때 뭐하세요? 쉴 때 뭐하세요?'라는 말을 **What do you do in your spare time?** 혹은 **What do you do in your free time?**이라고 해요. 그리고 또 **when you're free**라고도 합니다. 여가 시간에 하는 일을 물을 때는 **What do you do when you're free?**라고 하고, 시간 될 때 전화해달라고 할 때는 **Can you call me when you're free?**라고 해요.

CHAPTER 2

현금이 쪼들려.
I'm strapped for cash.

'현금이 별로 없다, 현금이 부족하다'라고 할 때 **I don't have enough cash. I need more cash.** 외에도 **I'm strapped for cash.**라고 할 수 있으니 적절한 상황에서 써보세요.

저녁 먹을 돈을 빌릴 때

A 저기, **내가 현금이 쪼들려서.** 저녁 먹을 돈 좀 빌려줄 수 있어?
B 그럼, 물론이지.

A Hey, **I'm strapped for cash.** Can I borrow money for dinner?
B Sure, no problem.

돈이 부족해서 여행을 못 갈 때

A 이번 여행은 왜 우리랑 같이 못 가는 거야?
B **내가 현금이 좀 쪼들려서.**

A Why can't you join us on this trip?
B **I'm a little strapped for cash.**

UNIT 20 일을 해도해도 끝이 안 보여 막막할 때

도대체 네 보스는 왜 아침 8시에 회의를 소집해? / 왜 맨날 제일 안 좋을 때 이런 일이 생길까? / 끝이 없네

TRY IT IN ENGLISH

일은 정말이지 시작도 없고 끝도 없어요. 새벽이나 마찬가지인 8시 회의에 소집되고, 하필이면 휴가 복귀하자마자 일이 쏟아져서 바로 지쳐버리고. 우리 평범한 월급쟁이들의 비애인가요?

강의 20

제이크 도대체 너네 보스는 왜 아침 8시에 회의를 소집해?

폴라 너까지 참석하게 돼서 유감이다.

제이크 무슨 회의인지 알아?

폴라 아니, 하지만 좋은 일이면 좋겠어.

제이크 막판에 소집하는 회의가 좋은 일일 리가 없지.

폴라 가끔은, 우리 보스를 해고해버리고 싶어.

SITUATION 1 도대체 네 보스는 왜 아침 8시에 회의를 소집해?

음원 20-1

짜증나는 보스를 해고해버리고 싶다며 동료와 불평을 늘어놓는 상황입니다. 우리말 대화를 보고 영어로 생각해본 다음에 영어 대화문을 보세요.

Jake 058 Why in the world did your boss call a meeting at 8 a.m.?

Paula I'm sorry that you have to attend, too.

Jake Do you know what it will be about?

Paula No, but hopefully it's good news.

Jake Last-minute meetings never bring good news.

Paula Sometimes, I just wish we could fire our boss.

CHAPTER 2

VOCABULARY

call 소집하다 **attend** 참석하다 **hopefully** ~이면 좋겠다 **fire** 해고하다

KEY EXPRESSIONS

1 **도대체 너네 보스는 왜 아침 8시에 회의를 소집해?**

Why in the world did your boss call a meeting at 8 a.m.?

의문사 뒤에 쓰는 in the world는 부정문을 강조('조금도'라는 뜻)하거나 의문문을 강조('도대체'라는 뜻)해요. 대체 거기서 뭐하는 거니? What in the world are you doing there?, 대체 누가 그런 짓을 한 거야? Who in the world could do such a thing?, 대체 무슨 심산으로 주말 아침에 회의를 소집한 걸까? Why in the world did he call a meeting on a weekend morning? 이렇게 표현할 수 있어요.

2 **회의를 소집하다**

call a meeting

회의에 참석하는 것 혹은 회의가 있다고 할 때는, have a meeting이라고 하고, 회의를 소집하는 건, call a meeting이라고 해요. 이 회의는 누가 소집한 건지 물을 때는, Who called this meeting?이라고 해요.

3 **막판의, 막판에 (하는)**

last-minute

최종 순간에 뭔가를 하는 거죠. 마감 세일은 last-minute sale이라고 하고, 문 닫기 직전에 하는 심야 쇼핑은 last-minute shopping이라고 해요. 그리고 방송이나 연설 직전의 원고 수정은 last-minute changes to the script라고 하고, 막판 결정은 last-minute decision이라고 합니다.

SITUATION 2 왜 맨날 제일 안 좋을 때 이런 일이 생길까?

휴가 복귀하자마자 일이 겹치는 숨막히고 짜증나는 상황입니다. 우리말 대화를 보고 영어로 생각해본 다음에 영어 대화문을 보세요.

음원 20-2

윤 여행 갔다 오니까 처리할 게 잔뜩이네.
아르만 오늘 저녁 약속 아직 유효한 거지?
윤 아르만, 다음에 하면 안 될까? 이번 주는 일이 산더미야.
아르만 일정 다시 잡을 수가 없는데. 다른 팀이 내일 부산으로 복귀해.
윤 왜 맨날 제일 안 좋을 때 이런 일이 생길까?

Yoon 059 I've got a bunch of things to take care of after my trip.
Arman Are we still on for dinner tonight?
Yoon Arman, could I possibly take a rain check?
I'm swamped with work this week.
Arman We can't reschedule.
The other team is going back to Busan tomorrow.
Yoon Why do these things always take place at the worst times?

VOCABULARY

bunch 산더미 **swamped** 바쁜 **reschedule** 일정을 조정하다
the worst time 제일 안 좋을 때

KEY EXPRESSIONS

1 **아직 유효해? Are we still on for ~?**
무슨 변수가 생겼을 때, 전에 했던 식사나 미팅, 만나기로 한 약속이 유효한지 묻는 표현으로 Is our meeting still on ~?이라고 할 수 있어요. 이 말에 깔려 있는 속뜻은 이런 거죠. Has there been a cancelation? 혹시 우리 약속 취소된 건가?

2 **이번 주는 일이 산더미야. I'm swamped with work this week.**
swamp는 늪이고, swamped는 늪처럼 헤어 나오기 힘들 정도로 할 일이 많다는 걸 뜻해요. 안내가 나가고 나서 전화가 너무 많이 걸려와서 정신이 없었다면, They were swamped with calls after the announcement.라고 해요. 사물을 주어로도 쓰는데요, 라디오 프로가 항의 전화로 북새통이라면, The radio show was swamped with complaints.라고 하죠.

3 **왜 맨날 제일 안 좋을 때 이런 일이 생길까?**
Why do these things always take place at the worst times?
안 그래도 안 좋은 일이 제일 안 좋은 순간에 생기면 얼마나 안 좋은 일일까요? 그런데 그런 일은 왜 늘 나한테만 생길까 싶을 때 쓰는 말인데요, 같은 의미로, Why do these things always happen to me?라고도 해요.

SITUATION 3 끝이 없네

음원 20-3

일에 지쳐서 집중할 수가 없다고 동료에게 하소연하는 상황입니다. 우리말 대화를 보고 영어로 생각해본 다음에 영어 대화문을 보세요.

윤	일에 집중을 못하겠어.
아르만	지쳐 보인다. 뭐 하고 있는데?
윤	내일 회의에서 발표할 거야. 끝이 없네.
아르만	좀 쉬어. 내가 끝마치는 거 도와줄 수 있을 것 같아.
윤	정말? 고마워.

Yoon	I can't focus on my work anymore.
Arman	You look exhausted. What are you working on?
Yoon	It's the presentation for tomorrow's meeting. It's taking forever.
Arman	Just take a break. Maybe 060 I can help you get it done.
Yoon	Really? I appreciate that.

VOCABULARY

focus 집중하다 **exhausted** 지친 **presentation** 발표 **break** 휴식

KEY EXPRESSIONS

1 **일에 집중을 못 하겠어.** **I can't focus on my work anymore.**

focus는 뭔가에 집중한다는 뜻인데요, focus on 뒤에 목적어를 넣어 말하기도 하고, 자기 경력 쌓기에 더 열중해야 한다는 뜻으로, He needs to focus more on his career.처럼 말하기도 하고, focus somebody's attention/mind/efforts on+목적어의 형태로 쓸 수도 있어요. 자기 일에 관심을 더 쏟으려고 했다고, He tried to focus his attention on his work.라고 하거나, 이 사안에 대중의 관심을 더 끌어모아야 한다는 뜻으로, We need to focus public attention on this issue.라고 하기도 하죠.

2 **무슨 일을 집중해서 하다** **work on ~**

어떤 걸 만들어내거나 어떤 작업을 하는 것, 혹은 개선하려고 애쓰는 거예요. 책 쓰느라 2년을 보냈다면, He spent two years working on a book.이라고 할 거고, 주말마다 차를 손본다면, Every weekend he works on his car.라고 해요.

3 **끝이 없네.** **It's taking forever.**

take 뒤에 시간을 쓰면 얼마나 걸린다는 거니까, take forever는 영원히 계속되는 거죠. 그러니 지칠 수 밖에요. 끝이 안보이니까요. 집에 오는 데 꽤 오래 걸리네, 길이 막히던? You took forever to get home. Was there traffic?이라고도 하고, 음식이 왜 안 나와, 우리 잊어버렸나? Why is it taking forever for our food to come out? Did they forget about us?라고도 말하죠.

핵심 패턴 058 도대체 왜 ~한 걸까? Why in the world did ~?

도대체 너네 보스는 왜 아침 8시에 회의를 소집해?
Why in the world did your boss call a meeting at 8 a.m.?

도대체 너는 왜 그녀를 선택한 거니?
Why in the world did you choose her?

도대체 그들은 왜 그를 감독으로 뽑았지?
Why in the world did they pick him as head coach?

누군가가 어떻게 한 행동이 이해가 안 될 때 Why 뒤에 in the world를 넣어 강조하면서 이렇게 말해요.

핵심 패턴 059 ~할 게 엄청 쌓여 있네. I've got a bunch of things to ~.

여행 갔다 오니까 처리할 게 잔뜩이네.
I've got a bunch of things to take care of after my trip.

주말 전에 처리할 일이 쌓였어.
I've got a bunch of things to sort out before the weekend.

이번 주에 마무리할 게 많아.
I've got a bunch of things to finalize this week.

할 일이 많거나 처리할 사항들이 많이 밀려 있을 때, 일 볼 게 많거나 살 것이 많을 때도 다 쓸 수 있는 패턴입니다.

핵심 패턴 060 내가 너 ~하는 거 도와줄 수 있어. I can help you ~.

내가 너 일 끝마치는 거 도와줄 수 있어.
I can help you get it done.

적당한 주제 고르는 거 도와줄 수 있어.
I can help you choose a proper topic.

너 이사하는 거 도와줄 수 있어.
I can help you move.

상대방이 하는 일을 내가 도와주려고 할 때 이 패턴을 쓸 수 있습니다. I can help you 뒤에 동사원형을 쓰면 돼요. 명사를 쓰고 싶을 때는 I can help you with 명사.라고 합니다.

SPEAKING
GRAMMAR

a bunch of vs. a lot of
둘 다 '많은'이라는 뜻인가요?

네, 맞습니다. 저녁을 먹으러 가자는 동료에게, 자기도 같이 저녁을 먹으러 나가고는 싶지만 할 일이 많다고 할 때, **I wish I could, but I've got a bunch of things left to do.** 혹은 **I wish I could, but I've got a lot of things left to do.**라고도 해요. 그런데 이 말에서 **a lot**을 명사로 써서 **I wish I could, but I've got a lot left to do.**라고도 합니다. 여기서 **a lot**은 '많은 것, 많은 할 일'이라는 명사로 쓰인 거예요. 더 안 먹어? **Don't you want to eat more?**라는 말에, 이미 많이 먹었다고 하려면 **I've eaten a lot already.**라고 할 수 있어요.

LEVEL UP
EXPRESSIONS

내가 지금 일에 파묻힐 지경이야.
I'm up to my neck in work.

'내가 지금 일이 많아서 숨도 못 쉴 지경이다, 너무 바빠서 일에 파묻혀 죽을 지경이다'라고 할 때 쓰는 말이 **I'm up to my neck in work.**입니다. 우리말로는 '뭔가가 턱까지 찼다'라고도 하잖아요? 턱까지 찼다고 하는 거나 목까지 올라왔다는 거나 비슷한 느낌이죠?

일이 많아 못 만난다고 할 때

A	이번 주에 만날 수 있어?	**A**	Can you hang out this week?
B	미안해. **나 지금 일에 파묻혀 죽을 지경이야.**	**B**	I'm sorry. **I'm up to my neck in work.**

너무 바빠서 커피도 마실 수 없을 때

A	커피 한 잔 할 수 있니?	**A**	Are you free for a coffee?
B	미안. **나 일이 너무 많아서 죽을 지경이야.**	**B**	Sorry. **I'm up to my neck in work.**

CHAPTER

sad or down

희노**애**락

UNIT 21 실연했을 때, 상심했을 때

잊어야 하는데 잘 안 돼 / 걔 벌써 남자 친구가 있어 / 내 일부를 잃어버린 것 같아

TRY IT IN ENGLISH

스트레스 중에서도 가장 심한 게 사람과 이별하는 거죠. 사귀던 사람과 헤어져서 일에 집중도 잘 안 되고, 쉽게 잊혀지지도 않고, 내 일부를 잃어버린 듯한 아픔을 느껴보세요.

강의 21

다니엘 요 며칠 기분이 별로네.

트레이시 그래, 좀 우울해 보이더라.

다니엘 학교 공부에도 집중을 못하겠어.

트레이시 신경 쓰이는 게 뭐야?

다니엘 지난주에 여자 친구와 헤어졌어.
잊어야 하는데 잘 안 돼.

트레이시 내가 뭐 해줄 거 없어?

SITUATION 1 잊어야 하는데 잘 안 돼

여자 친구와 헤어져서 기분은 우울하고 집중도 잘 안 되는 상태입니다. 우리말 대화를 보고 영어로 생각해본 다음에 영어 대화문을 보세요.

음원 21-1

Daniel I've been so down lately.
Tracy Yeah, 061 I noticed you've been looking a bit sad.
Daniel I can't even focus on my schoolwork.
Tracy What is bothering you?
Daniel I broke up with my girlfriend last week.
I can't get over it.
Tracy Is there any way I can help?

VOCABULARY

lately 최근에 **notice** 알아채다 **bother** 신경 쓰이게 하다 **girlfriend** 여자 친구

KEY EXPRESSIONS

1 **요 며칠 기분이 별로야.**

I've been so down lately.

down은 '행복하지 않다, 슬프다'라는 뜻이에요. 우리말로도 기분이 별로일 때 다운된다고 하잖아요. 여기서 조금 더 심해지면 gloomy, disappointed, dejected하게 되죠. down 앞에 be 동사를 써서 I've been feeling down.이라고도 해요.

2 **~에 집중하다**

focus on ~

'일, 공부 등에 집중한다'는 말이에요. 상대방에게 경력 개발과 관리에 신경을 더 쓰라고 할 때, You need to focus more on your career.라고 하고, 중요한 일에 더 집중하라고 한다면, You have to focus more on important things.라고 해요.

3 **잊혀지지가 않아.**

I can't get over it.

get over는 '뭔가를 이겨내다, 극복하다'라는 뜻인데요, 대상은 다양합니다. get over the flu 독감을 이기고, get over the problem 문제를 해결하고, get over the death of her dog 강아지가 무지개 다리를 건넌 충격에서 벗어나기도 하고요. 시험을 망쳤지만 떨쳐버리라고 한다면, You failed the exam, but you should get over it.이라고 하고, 아무도 신경 안 쓰니까 잊어버리라고 할 때는, Get over yourself! Nobody cares.라고 해요.

CHAPTER 3

SITUATION 2 걔 벌써 남자 친구가 있어

음원 21-2

이미 남자 친구가 있다고 하는데도 그녀가 자꾸 생각나는 속이 시린 상황입니다. 우리말 대화를 보고 영어로 생각해본 다음에 영어 대화문을 보세요.

모니카 요새 데이트 잘 해?
제이크 예쁘고 재미있고 자연스러운 사람이 좋아.
모니카 좋네! 사귄 지 얼마나 됐지?
제이크 그게 문제야. 걔 벌써 남자 친구가 있어.
모니카 그 애 생각하느라 시간 낭비하지 마.
제이크 자꾸 생각 나.

Monica **How's your dating life** these days?
Jake 062 I like someone who is pretty, funny, and spontaneous.
Monica That's great! How long have you been dating?
Jake That's the problem.
She already has a boyfriend.
Monica Don't **waste your time** thinking about her.
Jake: I can't **get her out of my mind**.

VOCABULARY

date 데이트를 하다 **spontaneous** 자연스러운 **boyfriend** 남자 친구 **waste** 낭비하다

KEY EXPRESSIONS

1 **어떻게 지내? How is your life?**

별 일 없는지, 요즘 어떻게 지내는지 묻는 인사말이에요. 간단하게 How's life? 혹은 How's life been for you?라고도 하고 How is life treating you?라는 재미있는 표현도 있어요.

2 **시간 낭비하다 waste your time**

누군가의 시간을 낭비한다는 말이에요. 시간 낭비하지 말라는 말을, Stop wasting time. 이라고 하고, 그가 바로 답신을 주었다는 말을, He wasted no time in writing to me.라고 할 수 있어요. 이 일에 더 이상 시간 낭비하지 말자고 하고 싶으면, Let's not waste any more time on this.라고 하죠.

3 **마음 속에서 지워버리다**
get+누구/무엇+out of somebody's mind

어떤 사람이나 상황에 대한 생각을 마음 속에서 지운다, 그러니까 잊는다는 말이에요. 어떤 사람을 잊을 수가 없다면, I just can't get him out of my mind.라고 하고, 잊으려고 노력을 해보라는 말은, You should try to get him out of your mind.라고 하겠죠. 그리고 카일리 미노그의 노래 제목 중에 Can't get you out of my head라는 것도 있죠?

SITUATION 3 내 일부를 잃어버린 것 같아

음원 21-3

남자 친구랑 헤어진 상실감을 친구와 나누고 있습니다. 우리말 대화를 보고 영어로 생각해본 다음에 영어 대화문을 보세요.

민 남자 친구랑 결국 헤어졌어.
정직하지 않은 걸 어떻게 할 수가 없더라구.
에디 그렇다면 결정 잘 한 거야.
민 그래, 후회는 없어. 하지만 내 일부를 잃어버린 것 같아.
에디 일부를 잃어버렸지만 나쁜 일부야.
그래도 새롭고 특별한 게 그 잃어버린 일부를 대체할 거야.

Min I finally broke up with my boyfriend.
I couldn't deal with the dishonesty.
Eddy 063 **If that's the case, you made the right decision.**
Min Yes, no regrets at all.
But I still feel like I've lost a part of me.
Eddy You did lose a part of you: the bad part.
But something new and special will replace the part that you lost.

CHAPTER 3

VOCABULARY

finally 결국 **broke up** 헤어지다 **dishonesty** 부정직, 불성실 **replace** 대체하다

KEY EXPRESSIONS

1 **옳은 결정 the right decision**

결정 decision에도 여러 가지가 있죠. 중요한 결정은 an important decision이고, 힘든 결정은 a tough decision 혹은 a difficult decision, 그리고 안 좋은 결정은 a bad decision, 논란거리가 될 수 있는 결정은 a controversial decision, 잘못된 결정은 the wrong decision이라고 해요.

2 **후회 없어, 후회하지 않아 no regrets**

후회가 없다는 이 말은 단독으로도 쓰이고 문장 속에서도 쓰여요. 후회 없다는 말은, No regrets.라고만 해도 되고, 헤어진 것에 일말의 후회도 없다면, I have no regrets about the breakup.이라고 해요. 그리고 아무런 후회도 없다는 말을, I have no regrets, none whatsoever.라고도 해요. 프랭크 시나트라의 My way라는 노래 가사 중에, Regrets, I had a few라는 것도 생각나네요. '후회야 뭐 좀 있긴 하지만…'이라는 뜻이죠.

3 **나의 일부 a part of me**

정서적 유대관계를 상징하는 이 말에는 독특한 쓰임이 있어요. 뭐랄까 그 여자가 뭔가 좀 싫다고 할 때, Part of me hates her.라고 하기도 하고, 혼자 있고 싶다는 말을, Part of me wants to have me time.이라고 하기도 하죠. 그리고, 내 입장에선, '뭐가 문제겠어?'는 "What's the big deal?" a part of me thought.라고 하기도 합니다.

핵심 패턴 061 내가 보니까, ~하더라. I noticed ~.

좀 우울해 보이더라.
I noticed you've been looking a bit sad.

그 여자 손이 떨리더라고.
I noticed her hands were shaking.

그 사람 파티에서 일찍 나가던데.
I noticed him leaving the party early.

어떤 것을 눈치챘을 때, 외모에 대해서든 상황이나 일, 문제에 대해서든 뭔가를 알아차렸다고 할 때 이 패턴을 씁니다. notice 뒤에 주어+동사를 쓰기도 하고 목적어+-ing 형태로 쓰기도 해요.

핵심 패턴 062 난 ~한 사람이 좋더라. I like someone who ~.

예쁘고 재미있고 자연스러운 사람이 좋아.
I like someone who is pretty, funny, and spontaneous.

난 솔직하고 단도직입적인 사람이 좋아.
I like someone who is frank and straightforward.

목표를 위해 모든 걸 거는 사람이 좋아.
I like someone who gives everything for their goals.

내가 좋아하는 사람은 이러저러한 사람이라고 표현할 때 이 패턴을 쓸 수 있어요. who 뒤에 is를 쓰고 형용사를 넣거나, 다른 동사를 쓸 수도 있습니다.

핵심 패턴 063 그렇다면, ~야. If that's the case, ~.

그렇다면 결정 잘 한 거야.
If that's the case, you made the right decision.

그렇다면 가능성은 줄어들겠어.
If that's the case, the likelihood will decrease.

그렇다면 흥정이 쉽지 않겠네.
If that's the case, it won't be easy to make a deal.

상대방의 말을 듣고, 혹은 어떤 상황이라는 것을 파악한 후에, '그렇다면 뭐뭐하다'라고 말하는 패턴이에요. that's the case는 덩어리로 외우고, 뒤에 주어+동사를 이어서 말하면 됩니다.

break up with ~, a breakup
헤어진다는 표현, 또 어떤 게 있나요?

'누구와 헤어지다'라는 건 **break up with** 누구라고 하고, 우리가 혹은 그들이 헤어졌다고 할 때는 **break up**만 쓰죠. 예를 들어, 그 사람이랑 왜 헤어졌냐고 물을 때, **Do you mind if I ask you why you broke up with him?**이라고 할 수 있고, 걔네들 왜 헤어졌는지 아냐고 물을 때는, **Do you know why they broke up?**이라고 해요. '헤어짐'이라는 건 명사로 **a breakup**이라고 하는데요, 안 좋게 헤어진 건지 묻는 말은 **Was it a bad breakup?**이라고 해요. '헤어지다'라는 말로 **break up,** 〈**break up with** 누구〉 말고도 〈누구 **left** 다른 누구〉라고도 많이 써요. **break up**보다 좀 더 부드럽죠. 그리고 '누가 누구를 찼다'라는 느낌으로 **dump**도 씁니다. 어떤 남자가 나를 찼다면, 내가 차였다면, **He dumped me. I got dumped.**처럼 표현해요.

여긴 너 없으면 무척 허전할 거야.
It'll feel empty without you here.

식구나 가까운 친구, 동료 등이 떠난다면 섭섭하겠죠? 그럴 때 **It'll feel empty without you here.**라고 해요. 상대방이 떠나고 없는 이곳이 **feel empty,** 텅 빈 것처럼 느껴진다는 건데요, **open arms**라는 팝송의 가사에서도 연인이 떠난 이 집이 텅비고 춥게 느껴진다며 **This empty house seems so cold.**라고 하죠.

타 지역으로 가면서 섭섭해 하며

A	내가 내일 부산으로 가다니.	**A**	I can't believe I'm moving to Busan tomorrow.
B	여긴 네가 없으면 텅 빈 것 같을 거야.	**B**	**It'll feel really empty without you here.**

친한 친구와 헤어지며

A	여긴 너 없으면 무척 허전할 거야.	**A**	**It'll feel empty without you here.**
B	괜찮아, 늘 연락할 텐데 뭐.	**B**	Hey, take it easy. We'll always be in touch.

UNIT 22

질투가 날 때, 부러울 때

재미는 있었지만 데이트는 아니었어 / 사실 별로 가고 싶지도 않았어 / 그렇게 일찍 가?

TRY IT IN ENGLISH

질투와 실연은 아픔의 방향이 다르죠. 내 마음은 상대로 가득한데 그 사람의 마음에는 이미 다른 사람이 있고, 그 진실을 확인해야만 하는 상황. 어쩌면 질투가 실연보다 더 힘든지도 몰라요.

강의 22

트레이시 그래, 제니하고 저녁 먹었어? 데이트 어땠는데?

패트릭 재미는 있었지만 데이트는 아니었어.

트레이시 데이트가 아니었다니?

패트릭 나는 제니를 친구로 좋아해. 데이트하자고는 안 했어.

트레이시 왜?

패트릭 걔 벌써 남자 친구 있어. 글쎄 토마스랑 사귄다는 거 있지.

SITUATION 1 재미는 있었지만 데이트는 아니었어

음원 22-1

좋아하는 사람에게 이미 애인이 있어서 진전이 있을 수 없는 답답한 상황입니다. 우리말 대화를 보고 영어로 생각해본 다음에 영어 대화문을 보세요.

Tracy So did you and Jenny have dinner together? How was your date?

Patrick We had lots of fun, but it was not a date.

Tracy 064 What do you mean it wasn't a date?

Patrick I like Jenny as a friend. I didn't ask her out.

Tracy Why not?

Patrick She actually already has a boyfriend. I can't believe she's with Thomas.

VOCABULARY

fun 즐거운 일 **actually** 사실은 **already** 벌써 **believe** 믿다, 믿어지다

KEY EXPRESSIONS

1 **재미있었다**

had lots of fun/a lot of fun

재미있었다는 말은 I had lots of fun. We had a lot of fun.처럼 사람을 주어로 말하기도 하고, It was lots of fun. It was a lot of fun.이라고도 해요. It was fun. It was very fun. It was really fun.처럼 말하기도 하고요.

2 **~에게 데이트 신청을 하다**

ask+누구+out

'누구에게 데이트하자고 하다, 데이트를 신청하다'라는 말이에요. 사실은 ask 누구 out 뒤에 on a date가 있는 셈이죠. 데이트하자고 했는지 묻는 말은, Did you ask her out? Did you ask him out?이라고 하고, 아직 안 했으면, I haven't asked her out. I haven't asked him out.처럼 말하고, 때가 되면 데이트 신청할 거라는 말은, I'll ask her out when the time is right. I'll ask him out when the time is right.처럼 말해요.

3 **글쎄 토마스랑 사귄다는 거 있지.**

I can't believe she's with Thomas.

I can't believe는 '믿을 수 없다'가 직역이지만, '믿을 수 없을 만큼 놀랍다', '정말 그렇다고?'라는 감정을 표현하는 말이에요. '그런 줄 모르고 저녁을 같이 먹었는데, 알고 보니 토마스랑 사귀고 있더라니까'라고요. 좀 확대해서 해석하면 '그래서 정신이 번쩍 들더라', '그 이야길 듣는 순간 확 깨는 거야' 정도의 느낌입니다.

SITUATION 2 사실 별로 가고 싶지도 않았어

음원 22-2

좋아하는 사람한테 차여서 소개팅도 억지로 나가는 우울한 상태입니다. 우리말 대화를 보고 영어로 생각해본 다음에 영어 대화문을 보세요.

(모니카는 제이크의 친구이다.)

모니카 제이크, 소개팅 어땠니?
제이크 잘 안 됐어. 사실 별로 가고 싶지도 않았어.
모니카 근데 왜 갔어?
제이크 난 윤한테 끌리는데 지난주에 날 거절했어. 지금은 딴 거 뭐 할 기분이 아니야.
모니카 이 우울한 기분에서 벗어나자.

(Monica is a friend of Jake.)

Monica Jake, how was your blind date?
Jake It didn't go well.
Honestly, **065** I was not even interested in going.
Monica Then why did you go?
Jake I'm attracted to Yoon, but she **turned** me **down** last week.
I don't feel like doing anything anymore.
Monica We have got to **get** you **out of this funk**.

VOCABULARY

honestly 사실 **even** ~(하지)도 **anymore** 지금은 **funk** 우울감

KEY EXPRESSIONS

1 **누가 뭔가를 하자는 것을 거절하다 turn+누구+down**

turn down은 누군가의 제의, 데이트 신청, 제안 등을 어떤 핑계를 대면서 거절하는 걸 말해요. 내가 그녀에게 데이트 신청을 했는데 거절당했다면, I asked her out, but she turned me down.이라고 하죠. 또 turn down은 소리나 밝기 등을 '줄이다, 내리다'라는 뜻도 있어요.

2 **지금은 딴 거 뭐 할 기분이 아니야.**
I don't feel like doing anything anymore.

feel like는 평소에 어땠는지는 상관없이, 지금 혹은 그때 그 순간의 기분이 어떻다, 뭔가를 하고 싶은 기분이 든다, 혹은 들지 않는다고 할 때 써요. 지금 좀 쉬고 싶으면, I feel like taking a break.라고 하죠.

3 **우울한 기분에서 벗어나다 get out of a funk**

불행하고 희망도 없는 in a funk 상태에서 벗어난다는 말인데요, 누군가 혹은 무슨 일이 어떤 사람을 이런 상황에서 벗어나게 해준다면, get 누구 out of this/their funk처럼 말해요. 이 우울감에서 벗어나게 해줄 뭔가가 필요하다고 한다면, I need something or someone who can get me out of this funk.라고 하겠죠.

SITUATION 3 그렇게 일찍 가?

음원 22-3

좋아하는 사람이 다른 사람과 데이트를 한다고 해서 심란해요. 우리말 대화를 보고 영어로 생각해 본 다음에 영어 대화문을 보세요.

민 새 옷 고를 준비됐어?
에디 됐지. 쇼핑 같이 가줘서 고마워.
민 당근이지! 하지만 한 시간 후에는 가야 돼.
새로 누구 만나거든!
에디 일찍 가야 한다고?
우리 시간을 좀 더 함께 보낼 수 있을 거라고 생각했는데.

Min Are you ready to **pick out some new clothes**?
Eddy I am. Thanks for going shopping with me.
Min Of course!
But I have to leave **in an hour**.
I have a date with someone new!
Eddy 066 You've got to leave early?
I was hoping we could have spent more time together.

CHAPTER 3

VOCABULARY

ready 준비된 **leave** 떠나다 **in (시간)** ~후에 **someone new** 처음 만나는 사람

KEY EXPRESSIONS

1 **새로 살 옷을 고르다 pick out some new clothes**
마음에 드는 옷을 고른다는 말이에요. 둘러보다가 내가 결국 오렌지색 스커트를 골랐다면, I picked out an orange skirt.라고 해요. pick out에는 뭔가를 '선정한다'는 뜻도 있어서, 심사위원들이 그 사람의 스토리를 최고로 선정했다면, His story was picked out as the best one by the judges.라고 할 수 있죠.

2 **한 시간 후에 in an hour**
전치사 in 뒤에 시간을 나타내는 말을 쓰면 '~후에, ~지나서'라는 뜻이 돼요. 시합이 몇 분 있다가 시작할 거면, The game's due to start in a few minutes.라고 하고, 한 시간 후에 돌아올 거라는 말은, I'll come back in an hour.라고 해요.

3 **우리 좀 더 같이 있을 수 있을 거라고 생각했는데.**
I was hoping we could have spent more time together.
바라는 대로 안 되니 아쉬운 마음을 I was hoping ~.이라고 표현하는데요, 시제는 과거지만, 사실 지금의 감정을 돌려서 말하는 겁니다. spend time together는 직역하면 시간을 함께 보낸다는 거지만 자연스러운 쓰임으로는 같이 있는 것, 함께 있는 것을 말해요.

핵심 패턴 064 ~라니 (그게 무슨 말이야)? What do you mean ~?

데이트가 아니었다니?
What do you mean it wasn't a date?

문제가 안 된다니?
What do you mean it doesn't matter?

별 차이가 없을 거라니?
What do you mean it won't make any difference?

상대의 말을 언뜻 이해하지 못할 때도 쓰고, 놀랐을 때나 짜증이 날 때도 쓸 수 있는 패턴입니다.

핵심 패턴 065 난 ~에 관심도 없었어. I was not even interested in ~.

별로 가고 싶지도 않았어.
I was not even interested in going.

난 여자한테는 관심도 없었어.
I was not even interested in girls.

관광에는 관심도 없었어.
I was not even interested in sightseeing.

어떤 것을 하는 것 혹은 어떤 대상에 관심조차 없었다고 할 때 쓰는 패턴입니다. interested는 '흥미가 있는, 관심이 있는, 생각이 있는' 등의 뜻으로 다양하게 써요.

핵심 패턴 066 꼭 그래야 돼? You've got to ~?

그렇게 일찍 가?
You've got to leave early?

연기한다고?
You've got to delay it?

제안을 안 받는다고?
You've got to turn down the offer?

'꼭 그래야 해?'라는 뜻의 패턴인데요, 문맥에 따라 뜻이 달라지는 이 말에는 간절함이 좀 배어 있어요. '꼭 그래야 해? 안 그러면 안 될까?'라는 심정이죠.

SPEAKING
GRAMMAR

have a date with ~, date ~
with는 언제 쓰고, 언제는 안 쓰나요?

누구와 사귄다, 데이트를 한다고 할 때, **have a date** 뒤에는 **with** 누구라고 하고, **date**를 동사로 쓰면, 그냥 **date** 누구라고 해요. '너 마이크랑 데이트 있어?'는 **Do you have a date with Mike?**라고 하고, '너 마이크랑 사귀니?'는 **Are you dating Mike?**라고 하는 거죠. 누구와 결혼한다는 건 **marry** 누구라고 하거나 **get married to** 누구라고 하고, 이혼한다는 말은 **divorce** 누구 혹은 **get divorced from** 누구라고 해요. 그리고 만난다는 말도 **meet** 누구(넓은 의미로 '만나다') 혹은 **meet up with** 누구(놀러 만나다, **get together**의 의미), **meet with** 누구(초면이든 구면이든 공식적으로 '만나 뵙다'의 의미)라고 합니다.

LEVEL UP
EXPRESSIONS

질투심이 폭발한 것 같아.
I let jealousy get the best of me.

우리말로도 '질투심이 폭발하다, 질투심이 나를 휘어잡다'라는 표현이 있는데요, 질투심이 하늘을 찌르듯이 클 때, **I let jealousy get the best of me.**라고 해요. **get the best of me**는 뭔가가 나를 휘어잡는다는 말이거든요.

전 여친의 결혼식에서

A	그 여자 결혼식에서 왜 그렇게 그 여자한테 화가 나 있었던 거야?	A	Why did you get so angry at her on her wedding day?
B	몰라. **그냥 질투심이 폭발한 것 같아.**	B	I don't know. **I guess I let jealousy get the best of me.**

질투심에 친구 생일 파티에 안 가고

A	걔 생일 파티에 너 안 갔지. 왜 그랬어?	A	You skipped his birthday party. Why?
B	**질투심이 폭발해서.** 걔는 맨날 모든 관심을 독차지하니까.	B	**I let jealousy get the best of me.** He always gets all the attention.

CHAPTER 3

UNIT 23

실망했을 때

그럴 수가 / 더 이상은 안 돼요 / 다들 오징어게임 얘기만 해요

TRY IT IN ENGLISH

기대하던 걸 못하게 되면 실망이 이만저만이 아니에요. 날씨 탓에 투어나 소풍이 취소되고, 나이 때문에 영화를 못 본다면 누구 탓을 할 수도 없고. 대화문으로 실망스러운 상황을 경험해보세요.

강의 **23**

TY 오늘 열기구 빨리 타고 싶다!

데이브 소식 못 들었어?
날씨 때문에 취소됐어.

TY 그럴 수가!
오늘 아침까지만 해도 한다고 했는데.

데이브 오늘 걸어서 그 지역을 돌아다니는 게 어떨까?
내일은 열기구 탈 수 있을 거야.

SITUATION 1 그럴 수가

날씨 때문에 열기구 투어가 취소되어 실망스러운 상황입니다. 우리말 대화를 보고 영어로 생각해 본 다음에 영어 대화문을 보세요.

음원 23-1

TY I can't wait to go up in the hot air balloon today!

Dave You didn't hear the news?
It was canceled **due to** bad weather.

TY **That's impossible!**
They told me this morning that it **was still on**.

Dave Why don't we just explore the area on foot today?
067 **I'm sure we'll be able to** do the balloon ride tomorrow.

VOCABULARY

air balloon 열기구 **cancel** 취소하다 **bad weather** 안 좋은 날씨
explore 탐방하다, 돌아다니다

KEY EXPRESSIONS

1 **무엇 때문에**

due to ~

어떤 것의 이유, 원인을 표현하는 조금 딱딱한 말입니다. 식당의 성공에 새로 온 매니저 역할이 컸다면, The restaurant's success was due largely to its new manager.라고 해요.

2 **그럴 수가!**

That's impossible!

impossible은 불가능하다는 뜻 말고도 '있을 수 없는, 믿기 어려운, 견딜 수 없는'이라는 뜻도 있어요. 잔뜩 기대하고 있었는데 날씨 때문에 열기구를 못 탄다니 이게 무슨 날벼락인지요. 그래서 That's impossible.이라고 하는 거예요. 이 단어 하나로 받아들이기 힘들 정도로 실망했다는 게 표현되는 거죠.

3 **예정대로 진행되다**

be still on

on만 가지고도, 무슨 일이 (취소되지 않고) 진행된다는 뜻이에요. 행사는 무조건 강행될 거라고 한다면, The event is still on.이라고 하고, 그래도 퍼레이드는 한다더라, I heard that the parade is still on.이라고 해요.

SITUATION 2 더 이상은 안 돼요

이번에 소풍이 취소되면 세 번째라며 그런 일이 없기를 바라는 마음이에요. 우리말 대화를 보고 영어로 생각해본 다음에 영어 대화문을 보세요.

음원 23-2

(차 탄 후에)

미란다 비가 올 것 같아요. 먹구름 좀 보세요.
닉 또 그러면 안 되는데! 이번에 피크닉 취소하면 세 번째예요.
미란다 있잖아요, 이번에는 아니에요!
제가, 다리 밑에 피크닉 할 수 있는 데를 알아요.
닉 정말 좋은 생각이네요!

(After getting in the car)

Miranda It looks like it's going to rain. Look at those dark clouds.
Nick Not again! 068 This is the third time we've had to cancel our picnic outing.
Miranda You know what, not this time!
I know a spot under a bridge we can have a picnic.
Nick What a great idea!

VOCABULARY

cancel 취소하다 **outing** 소풍 **spot** 장소 **bridge** 다리

KEY EXPRESSIONS

1 **제발 또 이러지 말지! Not again!**
화가 날 때, 좌절할 때, 짜증날 때 내뱉는 일종의 감탄사예요. '아, 또야? 또 왜 이래?' 정도의 느낌입니다. 어제 고쳤는데 또 뭔가가 샌다면, Oh, not again! I just fixed that leak yesterday.라고 하고, '네트워크 또 다운이야, 미치겠네'라는 의미로는 The network crashed today. Not again.라고 해요.

2 **소풍, 나들이 (picnic) outing**
기간이 길지 않은, 평소의 위치를 벗어나서 하는 단체 액티비티의 총칭입니다. 소풍도 되고, 나들이도 되고, 단체로 야외활동을 하는 것도 가리켜요. 발레 참관 수업은 a class outing to the ballet, 걸스카우트 산행은 a Girl Scout outing in the mountains, 소풍은 a picnic outing이라고 해요. 피크닉을 한다고 할 때는 have를 써요. 우리 호숫가에서 피크닉 하기로 했어, We decided to have a picnic down by the lake.처럼요.

3 **있잖아요. You know what.**
놀랄 만한 소식이 있을 때, 혹은 기대를 불러일으키거나 자기 말에 집중하게 할 때 쓰는 말이죠. '있잖아, 이거 알아? 저기 말이야… 그 얘기 들었어?' 등의 의미로요.

SITUATION 3 다들 오징어게임 얘기만 해요

미성년자 관람 불가라는 현실을 받아들이기 싫은 마음을 표현하고 있어요. 우리말 대화를 보고 영어로 생각해본 다음에 영어 대화문을 보세요.

음원 23-3

준 엄마, 오징어게임 봐도 돼요?
엄마 안 돼. 그건 TV-MA야, 미성년자 불가.
준 아이, 엄마. 다들 오징어게임 얘기만 한단 말이에요.
엄마 안 된다고 했다!
어떤 부모가 애들한테 이런 영화를 보게 한다든?
준 그럼 대신에 이 영화 보면 안 돼요?

Jun Mom, can I watch *Squid Game*?
Mom No. That's TV-MA, which means "for mature audiences only."
Jun Come on, Mom.
Everyone is talking about *Squid Game*.
Mom I said no! 069 What parents allow their kids to watch these kinds of shows?
Jun Then how about I watch this movie, instead?

VOCABULARY

watch (TV, 영화를) 보다 **mature** 성숙한 **allow** 허락하다 **instead** 대신에

KEY EXPRESSIONS

1 **아이, 엄마. Come on, Mom.**

대화문의 상황을 조금 과장해서 말하자면 아이는 오징어 게임을 못 보는 이 현실을 받아들이기 힘들어요. 그래서, '아이 왜요, 엄마. 말도 안 돼요. 다른 애들은 전부 다 봤단 말이에요. 저만 못 보는 건 부당해요, 제발 보게 해주세요.'라고 조르는 겁니다.

2 **~에게만 해당됨, ~만 자격 있음 for + 무엇/누구 + only**

'무엇 혹은 누구한테만 적용된다, 해당된다'는 뜻이에요. 성인만 관람할 수 있는 것, 즉 미성년자 관람 불가라면, for mature audiences only라고 하고, 참고용으로만 이용하라는 건, for reference only라고 해요. 그리고 007시리즈에 나오는 노래 중에 for your eyes only라는 게 있죠? '당신만 보세요'라는 뜻입니다.

3 **~에 대해 이야기하다 talk about ~**

가벼운 주제에 대해서나 무거운 주제에 대해서나 다 쓸 수 있어요. 만나서 여행 얘기를 했다면, We talked about the trip.이라고 하고, 어떻게 하면 경비를 절감할 수 있을까에 대해 얘기를 나눴다면, We talked about cost reduction.이라고 해요. 강의 주제나 회의 안건에 대해서 말할 때도, talk about 무엇이라고 해요.

핵심 패턴 067 분명히 우리, ~할 수 있을 거야. I'm sure we'll be able to ~.

내일은 분명히 열기구 탈 수 있을 거야.
I'm sure we'll be able to do the balloon ride tomorrow.

다음에는 갈 수 있을 거야.
I'm sure we'll be able to make it next time.

해결 방안을 찾을 수 있을 거야.
I'm sure we'll be able to find a solution.

우리가 함께 뭔가를 하게 될 거라고 상대방에게 확신을 줄 때 쓰는 패턴이에요. be able to는 can과 같은 뜻인데, will 뒤에 can은 못 쓰고, will be able to라고 해야 해요.

핵심 패턴 068 이번에 ~하게 되면 세 번째예요. This is the third time we've had to ~.

이번에 피크닉 취소하면 세 번째예요.
This is the third time we've had to cancel our picnic outing.

우리가 양보하는 거 이번이 세 번째예요.
This is the third time we've had to compromise.

신상품 출시 연기하는 게 세 번째예요.
This is the third time we've had to delay launching the product.

뭔가를 하게 되는 게 이번으로 몇 번째라고 할 때 이 패턴을 쓸 수 있어요. 몇 번째라는 말은 the first time, the second time, the fifth time 등으로 다양하게 넣을 수 있죠.

핵심 패턴 069 어떤 ~가 누구한테 …를 하게 한다든? What ~ allow+누구+to …?

어떤 부모가 애들한테 이런 영화를 보게 한다든?
What parents **allow** their kids **to** watch these kinds of shows?

어떤 부모가 애들을 열두 시 넘어서까지 밖에 있게 해?
What parents **allow** their kids **to** stay out after midnight?

어떤 선생님이 교실에서 껌을 씹게 한대?
What teachers **allow** their students **to** chew gum in the classroom?

말도 안 되는 요구를 듣고, '세상에 어떤 부모가/선생님이/어른이 누구한테 그렇게 하게 하겠니?' 즉, 내가 아니라 누구라도 못하게 할 거라는 뜻이죠.

It looks like it's going to rain.
비가 올 거라는 다른 표현들이 궁금해요.

먼저 비예보가 있다, 일기예보에서 비가 온다고 한다는 말을 **The weather forecast calls for rain.**이라고 해요. '비가 예상됩니다'라는 뜻이죠. 그리고 **be likely to**라는 표현도 있는데요, 보아 하니 먹구름도 끼었고, 하늘이 어두운 게 꼭 곧 비가 쏟아질 것 같다는 느낌으로, **It's likely to rain.**이라고 해요. 반대로 그렇지 않아 보인다고 할 때는 **It's not likely to rain.**처럼 **be not likely to**를 넣어서 말하고요.

LEVEL UP
EXPRESSIONS

그런 일로 실망하지 마.
Don't let it get you down.

누군가 실망할 수 있을 것 같은 상황에서 그런 일로 실망하지 말라고 할 때, **Don't let it get you down.**이라고 할 수 있어요. **Don't let** 뭔가가 그렇게 하게 하지 말라, **it** (너를 실망시키는) 그것이, **get you down** 너를 실망시키게, 두지 말라. 이렇게 됩니다.

시험을 망친 상대방에게

A 어떻게 시험을 그렇게 못 봤을까.
B **그런 일로 실망하지 마.** 다음에 더 잘 볼 거야.

A I can't believe I did so poorly on the test.
B **Don't let it get you down.** You'll do better next time.

결과에 실망한 상대방에게

A 누구나 좋을 때도 있고 안 좋을 때도 있어. **그런 일로 실망하지 마.**
B 네가 잘 몰라서 그래.

A Everyone has their ups and downs. **Don't let it get you down.**
B You don't know the half of it.

UNIT 24

슬플 때, 처질 때

나 요새 좀 다운됐어 / 나 자신에 대해 실망했어 / 요새 잠 못 자고 뒤척여요

TRY IT IN ENGLISH

누가 나한테 기대하는 만큼 내가 못할 때, 정신을 어디 놓고 사는지 자꾸 뭘 잃어버릴 때, 밤에 잠을 잘 못 자서 쳐지는 기분을 대화문에서 느껴보세요. 물론 이 기분 오래 가면 안 되겠죠.

강의 24

(커피와 차를 마시며)

윤 아르만, 괜찮은 거야?
보통 때처럼 쌩쌩하지가 않네.

아르만 티나?
내가 요새 좀 다운됐어.

윤 왜 그런지 물어봐도 돼?

아르만 우리 보스가 나한테 너무 많은 걸 기대해.
이젠 애들도 그다지 많이 볼 수가 없어.

SITUATION 1 나 요새 좀 다운됐어

음원 24-1

회사 일 때문에 아이도 제대로 못 본다며 하소연하는 상황입니다. 우리말 대화를 보고 영어로 생각해본 다음에 영어 대화문을 보세요.

(Over coffee and tea)

Yoon Arman, is everything okay?
070 You're not as energetic as you usually are.

Arman You noticed?
I feel so overwhelmed these days.

Yoon Can I ask you why?

Arman My boss has been expecting too much out of me.
I don't even get to see my kids that much anymore.

VOCABULARY

energetic 활기찬 **usually** 보통 **notice** 알아차리다 **overwhelmed** 주눅 든

KEY EXPRESSIONS

1 **내가 요새 좀 다운됐어.**
I feel so overwhelmed these days.

overwhelmed를 쓰면 구체적이든 추상적이든 무게가 만만치 않다는 말이에요. 향수가 너무 깊었다면, He was overwhelmed by a feeling of homesickness. 아이들이 너무나 신이 나서 가슴이 벅찼다면, The children were overwhelmed with excitement.라고 해요. 이제 너 일에 치일 거라고 할 때, You'll be overwhelmed with paperwork.라고 하기도 하고, 너무 일이 많아서 넋이 나갔다면, I was overwhelmed by tons of work.라고 하겠죠.

2 **너무 많은 걸 기대하다**
expect too much out of (from) ~

어떤 대상에게서 너무 많은 걸 기대하는 건 결국은 괴롭히는 것도 되죠. '제게 너무 많은 걸 기대하시네요'라는 말을, You're expecting too much from me.라고 하고, '파트너 좀 그만 괴롭혀라'라고 할 때는, You expect too much of your partner.라고 해요.

3 **애들도 충분히 (못) 봐**
(don't even) get to see my kids that much

get to ~는 뭐뭐를 할 수 있는 기회를 갖는 혹은 그럴 시간 여유가 있는 거예요. 그녀가 일 때문에 여기저기 여행을 한다고 하면, She gets to travel all over the place with her job. 내가 너무 시간이 없어서 애 보기도 힘들다면, I don't even get to see my kids. 커피 한 잔 할 시간도 없다면, I don't even get to drink some coffee.라고 해요.

SITUATION 2 나 자신에 대해 실망했어

올해 들어 벌써 두 번째 지갑을 잃어버린 자기 자신에게 실망했어요. 우리말 대화를 보고 영어로 생각해본 다음에 영어 대화문을 보세요.

음원 24-2

에디 왜 그렇게 말이 없어?
민 어제 밤에 나갔다가 지갑을 잃어버렸어. 내 카드 전부랑 신분증이 들어 있었는데.
에디 다 취소했어?
민 응. 돈 걱정을 하는 게 아니야. 나 자신에 대해 실망해서 그러지.
올해 지갑 잃어버린 게 두 번째거든!

Eddy Why are you so quiet?
Min I lost my purse while I was out last night.
071 It had all my cards and IDs in it.
Eddy Did you cancel everything?
Min Yeah. I'm not worried about the money.
I'm just disappointed in myself.
This is the second time I've lost my purse this year!

VOCABULARY

quiet 조용한 **purse** 지갑 **out** 외출한 **cancel** 효력을 정지시키다

KEY EXPRESSIONS

1 **왜 그렇게 ~해? Why are you so ~?**

대화문에서는 (오늘따라) 왜 그렇게 조용하냐고 물었죠. 하지만 평소에 늘 같을 때도, Why are you so ~?라고 말할 수 있어요. 늘 부정적인 상대방에게, Why are you so negative all the time? 넌 왜 그렇게 늘 성질이 급하니? Why are you so impatient?라고 하는 것처럼요.

2 **나갔다가 while I was out**

여기서의 out은 집이나 회사에 없다, 즉 '외출했다, 외근 나갔다'는 뜻이에요. '나 외출한 사이에 누가 전화했어?'라고 할 때 Did anyone call while I was out?이라고 하고, '그분 한 시간 전에 외근 나가셨는데요'라는 말은 He went out to work about an hour ago.라고 해요.

3 **나 자신에게 실망했을 뿐이야. I'm just disappointed in myself.**

disappointed를 넣어서 쓸 수 있는 말은 다양해요. 상대방에게 실망했으면, I'm disappointed in you. 어떤 것에 실망했을 때는, They were disappointed at/with/about the decision.처럼 말하고, 뭔가를 듣거나 알게 되어 실망할 때는, Visitors were disappointed to hear the news.처럼 말하고요, 우리 팀이 져서 실망했다고 할 때 that 절을 넣어서, I was disappointed that our team lost.라고 하기도 해요.

SITUATION 3 요새 잠 못 자고 뒤척여요

몸도 마음도 별로 안 좋아서 기분 전환이 필요하다고 친구와 의논하고 있어요. 우리말 대화를 보고 영어로 생각해본 다음에 영어 대화문을 보세요.

음원 24-3

미란다 왜 그런지 요새 잠을 못 자고 뒤척여요.
닉 잠을 잘 못 주무세요? 혹시 요새 스트레스가 많으신가요?
미란다 아마도요. 요새 몸이 별로 안 좋아요. 생각이 아주 많아요.
닉 기분 전환할 게 있어야 할 것 같네요.
취미를 새로 가져볼 생각 해보셨어요?

Miranda I don't know why, but I **toss and turn** a lot at night these days.
Nick You can't sleep well?
Maybe you've been too stressed out recently?
Miranda Possibly. **I just haven't been myself lately.**
There's a lot **on my mind**.
Nick 072 Maybe you just need something to distract you.
Have you thought about starting a new hobby?

VOCABULARY

toss 뒤척이다 **possibly** 어쩌면 **distract** ~의 기분을 전환시키다 **hobby** 취미

KEY EXPRESSIONS

1 **뒤척이다 toss and turn**

잠자리에서 잠 못 이루고 뒤척이는 걸 말해요. 밤새 뒤척였으면, I've been tossing and turning all night.이라고 하고, 그 소리 때문에 계속 잠을 뒤척였다는 건, The sound kept me tossing and turning.이라고 해요. toss and turn하는 것의 반대는 sleep tight, sleep like a log, sleep like a baby처럼 말해요.

2 **요새 몸이 별로 안 좋아요.**
I just haven't been myself lately.

몸이나 기분이 안 좋든지, 혹은 그래서 행동 등이 평소와 다르다는 말이에요. '미안해, 오늘 몸이 안 좋네'라는 건, Sorry, I'm not myself this morning.이라고 하고, '울어서 미안해, 오늘따라 왜 이러지'라는 건, I'm sorry for crying. I'm not myself today.라고 해요. '무리하지 말고, 그냥 하던 대로 해'라는 말은, Don't try too hard. Just be yourself.라고 합니다.

3 **생각이 많다 on (my) mind**

마음 위에 어떤 게 있다는 거니까, 그게 계속 신경 쓰이게 하고 걱정이 된다는 말이죠. 걱정거리가 있어 보였다면, He looked as if he had something on his mind. 내가 걱정거리가 많다면, I've got a lot on my mind.라고 해요.

CHAPTER 3

핵심 패턴 070
너 보통 때처럼 ~하지 않아.
You're not as ~ as you usually are.

보통 때처럼 씩씩하지가 않네.
You're not as energetic **as you usually are.**

보통 때처럼 까다롭지가 않네.
You're not as picky **as you usually are.**

보통 때처럼 단호하지가 않네.
You're not as determined **as you usually are.**

상대방이 평소에 보이던 모습과 달라 보일 때 쓰는 패턴이에요. as와 as 사이에 형용사의 원급만 넣으면 됩니다.

핵심 패턴 071
그 안에 ~가 들어 있었어.
It had ~ in it.

그 안에 내 카드 전부랑 신분증이 들어 있었는데.
It had all my cards and IDs **in it.**

서류가 그 안에 다 들어 있었는데.
It had all the documents **in it.**

그 안에 일용품 정도만 들어 있었어.
It had just daily necessities **in it.**

뭔가가 어떤 것 안에 들어 있다고 할 때 쓰는 패턴이에요. There was a 무엇 in it. There were 무엇(복수형) in it.이라고 해도 같은 의미죠.

핵심 패턴 072
아무래도 ~할 게 뭐 좀 있어야겠네.
Maybe you just need something to ~.

기분 전환할 게 있어야 할 것 같네요.
Maybe you just need something to distract you.

웃을 일이 좀 있어야겠다.
Maybe you just need something to make you laugh.

읽을 거리가 있어야 할 것 같다.
Maybe you just need something to read.

상대방에게 뭔가가 필요해 보일 때 쓸 수 있는 패턴이에요. 상대방이 뭔가를 need한다는 건, 상대방에게 뭔가가 있어야 한다는 의미죠.

I just haven't been myself lately.

myself가 무슨 뜻인가요?

한 마디로 말하면 나다운 것을 말해요. 평소의 내 모습, 내가 늘 어땠는지 나다운 그 모습을요. 내일 첫 데이트를 한다는 상대방에게 '그냥 평소처럼 해, 그냥 너답게 굴어'라는 의미로 **Just be yourself!**라고 하죠? **be yourself, be myself**라는 건 너답게 구는 것, 나답게 구는 것을 말하는 거예요. 그래서 '내가 요즘 왜 이러지?' 싶을 때 **I don't know why, but I just haven't been myself lately.**라고 하시면 됩니다.

LEVEL UP
EXPRESSIONS

내가 요새 깊게 잠을 못 자.

I can't sleep soundly these days.

자다가 깨지 않고 푹 잤다고 할 때, **sleep soundly**라고 해요. 근데 요즘 잘 못자는 경우에는, **I can't sleep soundly these days.**라고 해요.

운동을 해도 잠을 잘 못 잔다고 하면서

A 난 요새 깊게 잠을 못 자.
B 자기 전에 운동을 좀 해봤어?
A 응, 근데 나한테는 효과가 없네.

A I can't sleep soundly these days.
B Have you tried working out before going to bed?
A Yes, but that doesn't work for me.

불면증이 오래 가면 병원에 가보라고 하면서

A 난 요새 깊게 잠을 못 자.
B 병원에 가보는 게 어때?

A I can't sleep soundly these days.
B How about seeing a doctor about that?

UNIT 25 피곤할 때, 지칠 때, 녹초가 되었을 때

날씨 탓인 것 같아 / 솔직히 말하면 커피 중독이야 / 좀 어지럽고 몸이 좀 아파요

TRY IT IN ENGLISH

몸과 마음이 피곤한 이유는 여러 가지예요. 날씨 탓일 수도 있고, 커피를 너무 마셔서 잠을 충분히 못 잔 탓일 수도 있고. 이유가 뭐든 의사도 만나보고 하면서 빨리 여기서 벗어나야겠죠.

강의 25

(회사에 도착해서)

윤 안녕, 아르만. 어때?

아르만 훨씬 나아졌어.
요새 잠을 잘 못 잤거든.

윤 정말? 아닌 게 아니라 너 피곤해 보인다.
무슨 고민 있어?

아르만 아니, 그냥 날씨 탓인 것 같아.

윤 공기청정기 하나 사는 거 생각해봤어?

SITUATION 1 날씨 탓인 것 같아

음원 25-1

잠도 잘 못 자고 피곤한 게 날씨 탓인 것 같다고 친구와 이야기하고 있습니다. 우리말 대화를 보고 영어로 생각해본 다음에 영어 대화문을 보세요.

(After arriving at work)

Yoon Good morning, Arman. How're you doing?

Arman **I've been better.**
I haven't been sleeping well lately.

Yoon Really? You do look **a little** tired.
Has something been on your mind?

Arman No, I think **it's just** the weather.

Yoon 073 Have you considered buying an air purifier?

VOCABULARY

work 직장 **lately** 요즈음 **consider** (~하는 것을) 고려하다 **purifier** 정화장치

KEY EXPRESSIONS

1 **훨씬 나아졌어.**

I've been better.

요새 몸이 좀 좋아졌거나, 덜 고통스러울 때도 쓰지만 완전히 다 나았을 때도 써요. '오늘은 좀 낫다고 의사가 말했어'라는 건, She is a little better today, the doctor said.라고 하고, '오늘은 좀 낫네'라는 말은, I'm feeling much better.라고 해요. '다 나으면 여행 계획 짤 수 있지'라고 할 때는, When you're better, we can see about planning a trip.이라고 할 수 있어요.

2 **조금, 약간**

a little

얼마 안 된다는 거예요. 프랑스어를 조금 한다면, He speaks a little French. 팀원들 반 조금 넘게 수영할 줄 안다면, A little over half the team can swim.이라고 하죠. 그리고 우린 좀 걷다가 돌아왔다는 말은, We walked a little and turned back.이라고 해요.

3 **그냥 ~인 것 같아.**

It's just ~.

누가 '~인 거 아니야?' 할 때 '그건 아니고 그냥 이것 때문에 그런가 봐'라고 말할 때 쓰는 표현이에요. It's just 뒤에 대화문에서처럼 명사도 쓰지만 주어+동사로 된 문장을 쓰기도 해요. 중국 음식 좋아는 하는데 지금 배가 안 고파서 그런다는 걸, No, I do like Chinese food. It's just that I'm not hungry.라고 해요.

SITUATION 2 솔직히 말하면 커피 중독이야

카페인이 과하면 불면증이 온다니까 자기는 괜찮다며 중독인 모양이라는 부부간의 대화입니다. 우리말 대화를 보고 영어로 생각해본 다음에 영어 대화문을 보세요.

음원 25-2

(밤 열 시경)

진우 당신, 이 시간에 커피를 마셔?

주원 응. 솔직히 말하면 커피 중독이야.

진우 카페인 너무 마시면 불면증 걸리는데. 카페인이 정신을 깨게 하잖아.

주원 글쎄, 난 괜찮던데.

진우 커피 너무 많이 마시면 머리 안 아파?

주원 아니, 안 그런 것 같은데.

(Around 10 p.m.)

Jinwoo Are you drinking coffee **at this time**?

Juwon Yes. I can honestly say I'm a coffee addict.

Jinwoo Too much caffeine can **lead to** insomnia because caffeine **keeps** us **awake**.

Juwon Well, it doesn't really affect me.

Jinwoo 074 Doesn't it give you headaches when you drink too much coffee?

Juwon No, I don't think so.

VOCABULARY

addict (어떤 습관에) 빠진 사람 **caffeine** 카페인 **insomnia** 불면증 **affect** 영향을 미치다

KEY EXPRESSIONS

1 **이 시간에 at this time**

'이 특별한 시간, 이 특정한 시점에'라는 말이에요. 그들이 취한 행동이 이 시점에 꼭 필요한 것이었다고 했다면, They said their action was the right one at that time.이라고 하고, 이 밤 중에 밖에서 뭐 하냐고 묻는다면, What are you doing out at this time of night?이라고 해요.

2 **~를 유발하다 lead to ~**

뭘 유발한다는 뜻으로 좋은 뜻, 나쁜 일에 다 쓰여요. 어떤 사건이 1차 대전을 촉발했다는 말을, It led to the start of the WWI.라고 하고, 학위가 있어서 그 분야에서 일할 수 있을 거라는 건, Your degree will lead to a career in that field.라고 할 수 있죠.

3 **깨 있게 하다 keep+누구+awake**

잠 안 자고 깨어 있게 한다는 표현이에요. 내가 잠을 잘 못 자서 비몽사몽이라면, I'm half awake. 우리가 밤을 꼬박 새웠다면, We laid awake half the night. 잠들지 않으려고 서로 이야기해줬다면, To keep ourselves awake, we told each other stories.라고 해요.

SITUATION 3 좀 어지럽고 몸이 좀 아파요

음원 25-3

병원에서 의사에게 증상을 이야기하는 상황입니다. 우리말 대화를 보고 영어로 생각해본 다음에 영어 대화문을 보세요.

진 마이클, 나 훨씬 나아졌어. 의사한테 안 가봐도 될 것 같아.
마이클 아니, 안 돼. 아무 문제없는지 확인해보자.
진 그래. 그럼 나 병원에 좀 데려다줄래?
마이클 당연하지, 여기서 세 시 반에 출발하자.
(진이 의사와 진료 중이다.)
의사 그러니까, 어지럽고 머리가 아프다구요?
진 아니요, 두통은 없어요. 좀 어지럽고 몸이 좀 아파요.

Jin Michael, **I feel much better** now.
Maybe I don't need to **go to a doctor**.
Michael No, no. 075 Let's just make sure everything is fine.
Jin Okay. Then, do you mind taking me to the hospital?
Michael Sure, let's leave here at 3:30.
(Jin is talking with the doctor.)
Doctor So, you feel dizzy and **have a headache**?
Jin No, I don't have a headache.
I just feel dizzy and my body aches.

CHAPTER 3

VOCABULARY

mind 마음 쓰다 **take** 데려다주다 **dizzy** 어지러운 **ache** 아프다

KEY EXPRESSIONS

1 **훨씬 낫다 feel much better**

기분이 좋은 건 feel good이라고 하죠? 기분이 더 좋으면 feel better, 이보다 훨씬 더 좋다는 건 better를 강조해서 feel much better라고 한 건데요, 훨씬 더 어떻다고 할 때 비교급 형용사 앞에 much 말고도 a lot, far, even, still, way 등을 쓸 수 있어요.

2 **진찰 받으러 가다 go to a doctor**

우리는 병원에 간다고 하는데 영어로는 의사에게 (진찰 받으러) 간다고 해요. go to a doctor 말고도 go see a doctor라고도 합니다. '머리가 아파서 진찰 받았어'라는 건, I went to the doctor because of headaches.라고 하고, '병원에 가 봤어?'는 Have you seen a doctor? Have you seen a doctor about it yet?이라고 할 수 있어요.

3 **머리가 아프다 have (got) a headache**

어딘가가 아프다고 할 때 통증 앞에 동사는 have나 have got을 써요. '걔 안 와, 머리 아프대'라고 할 때, She isn't coming. She's got a headache.라고 하죠.

핵심 패턴 073 ~할 생각해본 적 있어? Have you considered -ing?

공기청정기 살 생각해본 적 있어?
Have you considered buy**ing** an air purifier?

단독 주택에 살아볼 생각해본 적 있어?
Have you considered liv**ing** in a detached house?

우리 밴드에 들어올 생각해본 적 있어?
Have you considered join**ing** our band?

어떤 직업을 가질지에 대해, 지금 하는 일을 그만둔다든지 회사를 차린다든지 뭔가 선택하거나 결정하는 문제에 대해 진지하게 생각해봤냐고 질문할 때 쓰는 패턴입니다.

핵심 패턴 074 …하면 ~하지 않아? Doesn't it give you ~ when you …?

커피 너무 많이 마시면 머리 안 아파?
Doesn't it give you headaches **when you** drink too much coffee?

기회비용을 고려하면 다시 한 번 생각해봐야 하는 거 아니야?
Doesn't it give you a second thought **when you** consider the opportunity cost?

그 사람 이야기 읽으면 용기 나지 않아?
Doesn't it give you confidence **when you** read his stories?

뭘 하면 어떻게 되지 않느냐고 질문하는 패턴인데요, 두통 같은 물리적인 현상일 수도 있고 불편함이나 자신감 같은 심리적인 현상이 일어나는지도 물을 수도 있어요.

핵심 패턴 075 ~한지 확실히 해두자. Let's just make sure ~.

문제가 없는지 확인해보자.
Let's just make sure everything is fine.

문이 다 잠겼는지 확인해보자.
Let's just make sure every door is locked.

모두 다 탔는지 확인해보자.
Let's just make sure everyone got on board.

걱정이 되거나 혹시 그러면 어떡하지? 싶은 것에 대해 확실하게 확인을 하자고 할 때 이 패턴을 쓸 수 있어요. make sure 뒤에 주어+동사의 순서로 쓰면 됩니다.

pain vs. hurt
둘 다 아프다는 건 같죠?

네, 맞습니다. 어디가 아프다고 할 때 **pain**도 떠오르고 **hurt, ache** 등도 떠오르시죠? **pain**과 **ache**는 둘 다 통증을 뜻하는 말이에요. 심한 통증은 **severe pain**, 약한 통증은 **mild pain**이라고 하고, 어러 부위별 통증을 **body ache, headache, backache, toothache**처럼 말하죠. 그리고 어디가 '아프다' 혹은 '다쳤다'고 할 때는 **hurt**를 써요. '아파?'는 **Does it hurt?**라고 하고, **Are you hurt?**는 '다쳤니?'라는 뜻이에요. 우리말로는 다친 게 동사, 아픈 게 형용사인데, 영어로는 아파? **Does it hurt?** 많이 아프네. **It hurts a lot.** 많이 아프진 않아. **It doesn't hurt a lot.** 슬슬 아프기 시작하네. **It's starting to hurt.**처럼 동사로 쓰인 **hurt**가 아프다는 뜻이고, 다쳤어? **Are you hurt?** 나 안 다쳤어. 걱정 마. **I'm not hurt. Don't worry.**에서처럼 형용사로 쓴 **hurt**가 다쳤다는 뜻으로 쓰입니다.

LEVEL UP
EXPRESSIONS

CHAPTER 3

힘든 아침/날이었거든.
It's been one of those mornings/days.

정신없는 하루나 아침을 보내고 나서, 참 별의별 일이 다 생기는 그런 아침이었다, 힘든 아침이었다는 의미로 쓸 수 있는 말이 **It's been one of those mornings/days.**예요. 특히나 월요일 아침이나 월요일을 보내고 이 말을 많이 쓰겠죠?

너무너무 힘든 아침을 보내고

A 너 너무 지쳐 보인다. 무슨 일 있었어?
B **힘든 아침이었거든.**

A You look exhausted. What happened?
B **It's been one of those mornings.**

하루가 너무 힘들었을 때

A 너 괜찮아? 아파 보여.
B 나 녹초가 됐어. **힘든 날이었거든.**

A Are you okay? You look sick.
B I'm exhausted. **It's been one of those days.**

UNIT 26 미안할 때

정말 미안해요 / 그걸 잊어버리다니 / 도와주지 못해 미안

TRY IT IN ENGLISH

실수로 다른 사람의 물건을 깨트리고, 약속한 일정을 잊어버리고, 또 본의는 아니지만 내 도움이 필요할 때 도와주지 못하는 그 미안한 마음, 대화문에서 확인해보세요.

강의 **26**

닉　제가 커피 좀 만들어드릴게요.
아이고, 이런! 머그잔 하나가 이가 나갔어요.
왜 이렇게 칠칠치 못할까요?

미란다　걱정하지 마세요.
그냥 단순한 실수예요.

닉　정말 미안해요.

미란다　진짜 괜찮다니까요. 오래 돼서 더러워진 건데요 뭘.

SITUATION 1 정말 미안해요

친구 집에서 실수로 머그잔을 떨어뜨리고 사과하는 상황입니다. 우리말 대화를 보고 영어로 생각해본 다음에 영어 대화문을 보세요.

음원 26-1

Nick Let me make some coffee.
Oh, no! I chipped one of your mugs.
How could I be so clumsy?

Miranda Don't even worry about it.
It's just a silly mistake.

Nick I'm really sorry about that.

Miranda Really, it's fine. 076 It was old and dirty anyway.

VOCABULARY

chip 실수로 깨트리다 **mug** 머그잔 **clumsy** 서투른 **silly** 어처구니가 없는

KEY EXPRESSIONS

1 **왜 이렇게 칠칠치 못할까?**

How could I be so clumsy?

can/could는 뭘 잘못했거나 바보 같을 때 쓰는 말로 상대방이나 제3자는 물론 자기 자신에게도 써요. 대화문에서는 '내가 왜 그렇게 칠칠치 못했을까, 멍청했을까'라고 자책하는 거죠. 이외에도 How could I be so stupid?, How could I be so dumb?이라고도 하죠.

2 **바보 같은 실수**

a silly mistake

바보 같은 실수라는 말로 a stupid mistake라고도 해요. 그건 어처구니없는 실수도 아니고 단순한 부주의함도 아니었다는 말은, It wasn't a silly mistake, nor was it a simple oversight.라고 해요. 실수를 한다고 할 때는, make a mistake라고 하죠.

3 **오래 돼서 지저분한**

old and dirty

오래 돼서 낡고 지저분하다는 말이에요. 보석이 오래되고 낡았다면, The jewelry is old and dirty. 이 가방은 오래 돼서 지저분하긴 해도 안 버릴 거라는 말은, This bag is old and dirty, but I won't throw it away.라고 해요.

SITUATION 2 그걸 잊어버리다니

면접 시간을 새까맣게 잊어버리고 사과하는 상황입니다. 우리말 대화를 보고 영어로 생각해본 다음에 영어 대화문을 보세요.

음원 26-2

아르만 윤, 오후 두 시에 우리 면접 있어. 면접관으로 참석할 수 있어?
윤 어쩜 그걸 깜박하고 있었네.
미안해. 내가 참석하겠다고 약속했지.
아르만 괜찮아.
윤 고마운 거 나중에 갚을게. 이런 거 잊어버리는 일 다시는 없게 할게.

Arman Yoon, we've got an interview at 2 p.m.
Can you attend as an interviewer?
Yoon **I can't believe I forgot about it.**
I'm sorry. I know I promised I'd be there.
Arman It's not **a big deal.**
Yoon Let me **make it up to you** later.
077 I won't forget something like this again.

VOCABULARY

interview 면접 **attend** 참석하다 **interviewer** 면접관 **forget about** 까맣게 잊어버리다

KEY EXPRESSIONS

1 **그걸 잊어버리다니. I can't believe I forgot about it.**

잊을 게 따로 있지 그걸 잊어버리다니 하고 자기 자신에 대해 어처구니없어 하는 거죠. I can't believe ~.는 이렇게 못 믿을 정도로 놀랍고, 어이없을 때도 쓰고, 또 기쁠 때도 쓰면 좋은 말이에요. 그리고 forget about ~에는 뭔가에 대해서 까맣게 잊어버린다는 뜻이 있어요. 그러니까 지금 대화문에서 Yoon은 잊으면 안 되는 일을 까맣게 잊어버려서 너무나 황당한 거예요.

2 **별 일 (아니야, 괜찮아) a big deal**

별 일 아니라는 말이라고 할 때, It's not a big deal.이라고 해요. '그냥 게임인데 뭘. 져도 상관없어'라는 말은, It's just a game. If you lose, not a big deal.이라고 하고, '그게 무슨 대수야?'라는 건, What's the big deal?이라고 하고, '괜찮아, 다들 잘 잊어버려'라는 말은, It's no big deal. Everybody forgets things sometimes.라고 합니다. 간단하게 No biggie.라고도 해요.

3 **보충하다, 갚다 make it up to you**

잃어버린 시간이나 부분을 보충하다, 경제적으로 혹은 마음속으로 빚진 걸 갚는다는 말이에요. '되는 대로 모았고, 부족한 부분은 부모님께서 채워주셨어'라고 할 때, I saved as much as I could, and my parents made up the rest.라고 하고, '밀린 일, 내일 해도 될까요?'라는 말을, May I make the work up tomorrow?라고 합니다.

SITUATION 3 도와주지 못해 미안

필요한 때 돕지 못해서 미안하다고 사과하고 있습니다. 우리말 대화를 보고 영어로 생각해본 다음에 영어 대화문을 보세요.

음원 26-3

민	에디, 전화 못 받아서 미안.
에디	괜찮아. 조언이 좀 필요했어. 근데 해결했어.
민	진작 도움이 안 돼서 미안해. 불편하지 않았던 거면 좋겠어.
에디	사실은, 인터넷에서 좋은 해결책을 찾았어.
민	해결했다니 잘 됐네.

Min	Eddy, I'm sorry I missed your call.
Eddy	No problem. I just needed some advice. I **figured** it **out**, though.
Min	I'm sorry I couldn't be of any help earlier. **I hope it didn't cause you any trouble.**
Eddy	Actually, **078** I found some really good advice online.
Min	I'm glad it all **worked out**.

VOCABULARY

miss 놓치다 **though** 그래도 **cause** 초래하다 **trouble** 불편

CHAPTER 3

KEY EXPRESSIONS

1 **답을 찾다 figure out**

노력을 해서, 애써서 어떤 팁이나 답을 찾아내는 거예요. 지도 있으면 찾을 수 있어, If I have a map, I can figure it out. 해결책을 찾을 테니 걱정 마, Don't worry, we'll figure something out. (= We'll find a way to solve the problem.)처럼 말해요.

2 **불편하지 않았다면 좋겠다.**
I hope it didn't cause you any trouble.

희망 사항이라고 늘 현재나 미래에만 쓰는 건 아니에요. 방송 끝날 때 유익한 시간이었기를 바란다는 뜻으로, I hope you've enjoyed our show.라고 하고, 투어 가이드가, '투어 잘 즐기셨죠?'라는 의미로, I hope you enjoyed today's tour.라고도 하죠. '걔네들 화해했다면 좋겠네'라고, I hope they made up.이라고 해요. 대화문에서는 도와주지는 못했지만 해결됐기를 바란다는 말이죠. cause 누구 trouble은 (본의든 아니든) 불편하게 하는 거예요. 너 땜에 우리 쓸데없이 걱정 많이 했어, You've caused us all a lot of unnecessary worry. 어릴 땐 늘 속 썩였지, As children, we were always causing our parents trouble.처럼 말해요.

3 **해결하다 work out**

work out은 근력 운동을 한다는 뜻도 있고, 어떤 문제를 해결한다는 뜻도 있어요. 나아질 거라는 말을, Things will work out, you'll see.라고 할 수 있고, 바란 대로 풀리지 않았다는 말은, Things didn't work out as I had hoped.라고 해요.

핵심 패턴 **076**

~한 건데요 뭘.
It was ~ anyway.

오래 돼서 더러워진 건데요 뭘.
It was old and dirty **anyway.**

이제 더 이상 안 쓰는 건데 뭘.
It was something I don't use now **anyway.**

유효기간 지난 건데 뭘.
It was expired **anyway.**

방금 한 말, 방금 일어난 일은 별 거 아니라는 뉘앙스가 담겨 있는 패턴이에요. anyway 때문에 그런 느낌이 나는 겁니다.

핵심 패턴 **077**

~하지 않을게. ~하는 일 없게 할게.
I won't ~ again.

이런 거 잊어버리는 일 다시는 없게 할게.
I won't forget something like this **again.**

다시는 회의에 늦는 일 없을 거야.
I won't be late for a meeting **again.**

다시는 아침 거르지 않을게.
I won't skip breakfast **again.**

실수하거나 뭘 잘못한 후에 다시는 그런 일 없도록 노력하겠다고 다짐할 때 쓰는 패턴이에요. again은 대개 이렇게 문장이나 구절 끝에 씁니다.

핵심 패턴 **078**

인터넷에서 ~를 찾았어.
I found some ~ online.

인터넷에서 좋은 해결책을 찾았어.
I found some really good advice **online.**

온라인에서 중고품을 좀 찾았어.
I found some second-hand goods **online.**

온라인에서 대안을 좀 찾았어.
I found some alternatives **online.**

필요한 물건이나 해결책, 방법 등을 인터넷에서 찾았다고 할 때 쓰는 패턴이에요. online은 on the Internet이라고 써도 되고, online 대신에 앱이나 플랫폼을 가리키는 말을 넣어도 되죠.

careless vs. care
각각의 쓰임이 궁금해요.

대화문에서 실수로 머그잔의 이가 나가게 한 건 본인의 부주의함이라며 미안해 하는데요. 이렇게 조심스럽지 못하게 하는 것, 부주의한 것을 **careless**라고 해요. 그리고 사귀는 사람에게 문자에 답신을 늦게 하거나 한동안 답신을 못하거나 한다고 해서 너를 덜 중요하게 생각한다는 건 아니라는 의미로, **That doesn't mean I care about you less.**라고 할 수 있는데요, **care**는 **care**만 쓰기도 하고 **care for, care about**이라고도 써요. 그리고 명사로 **take care of** ~라는 형태로도 씁니다. 먼저 그냥 **care**라고 하면 '신경을 쓴다'는 뜻이에요. 가장 많이 쓰는 말이 **I don't care.**죠. '난 신경 안 써, 상관 안 해'라는 뜻이고요. **care for**를 넣어 가장 많이 쓰는 말은, 커피 마실래? **Care for some coffee?**, 차 마실래? **Care for some tea?**인데 **care for** 누구라고도 말해요. 그 사람을 좋아한다는 뜻이죠. 그리고 **care about** 뒤에 대상을 쓰면 그 대상을 신경 쓴다, 중요하게 여긴다는 뜻으로 **care for**보다는 살짝 약하게 좋아한다는 뜻이 됩니다.

LEVEL UP **EXPRESSIONS**

내가 잘못 생각한 것 같다.
I guess I was wrong.

지나고 보니 그때 내가 잘못 생각했거나 내가 틀렸다는 생각이 들 때 있죠? 이렇게 자신의 실수나 잘못을 깨달으며 할 수 있는 말이, **I guess I was wrong.**입니다. **I was wrong.**이라고만 하면 너무 단정적으로 '내가 틀렸어'라고 하는 거고, **I guess I was wrong.**이라고 하면 더 부드럽죠.

조언을 해준 게 틀렸다고 생각될 때

A 그 사람이 좋다고 할 거라며! 싫다잖아!
B **내가 잘못 생각한 것 같네.** 미안해.

A You said he would say yes! He said no!
B **I guess I was wrong.** Sorry.

하지 말았어야 할 말을 하고 나서

A 걔한테 왜 그 말을 했어?
B **내가 잘못한 것 같아.** 미안해.

A Why did you tell her that?
B **I guess I was wrong.** Sorry.

UNIT 27

걱정될 때

앗, 폰에 있는 보딩 패스를 삭제했네 / 제 가방이 안 나왔어요 / 어떻게 돌아다니지

TRY IT IN ENGLISH

우리가 하는 걱정의 대부분은 아직 일어나지 않은 어떤 상황을 만들어내고 그 속에 뛰어드는 거라고 하죠. 대화문의 걱정하는 마음 속으로 잠깐 들어갔다 올까요?

강의 27

(공항 보안검색대에서)

직원 안녕하세요. 탑승권 보여주세요.

로이 네. 여기 전화기에 있어요.
아, 안 돼! 실수로 전화기에 있는 보딩 패스를
삭제했어요. 어쩌죠?

직원 카운터에 다시 가셔서 종이 탑승권을 달라고 하세요.

로이 알겠습니다. 고맙습니다.
당장 가보겠습니다.

SITUATION 1 앗, 폰에 있는 보딩 패스를 삭제했네

음원 27-1

보안 검색 중 실수로 온라인 탑승권을 삭제한 걸 발견하고 직원 도움을 받는 상황입니다. 우리말 대화를 보고 영어로 생각해본 다음에 영어 대화문을 보세요.

(At airport security)

Agent Hello. Please show me your boarding pass.

Roy Okay. It's on my phone.
Oh, no! I accidentally deleted my boarding pass.
What should I do?

Agent Go back to the counter and ask for a paper boarding pass.

Roy Okay. Thank you.
079 I'll go do that right away.

VOCABULARY

security 보안 **show** 보여주다 **accidentally** 실수로 **delete** 삭제하다

KEY EXPRESSIONS

1 **어, 이럴 수가! 폰에 있는 보딩 패스를 삭제했어요.**

Oh, no! I accidentally deleted my boarding pass.

돌이킬 수 없는 상황에서 자연스럽게 쓸 수 있는 말이에요. Oh, no! 뒤에 I accidentally ~.라고요. 내 실수로 화분을 떨어뜨렸다면, Oh, no! I accidentally dropped the vase. 이런! 실수로 파일을 삭제했네, Oh, no! I accidentally deleted the file.처럼 말해요.

2 **어쩌지?**

What should I do?

조언이 필요하다는 뜻이죠. '어떡하면 좋을지 알려줘,' '좋은 방법이 없을까?'처럼요. should가 조언의 뜻으로 쓰인 문장으로는, '내가 그 사람을 믿어도 될까? 말 좀 해봐'라고 할 때, Should I trust him? 혹은 '이 제안을 받아들여야 할까? 어떡하면 좋겠어?'라는 의미로 Should I take this offer? 등이 있어요.

3 **요청하다**

ask for ~

도움이나 조언을 요청하는 말이에요. 도와 달라는 말 잘 못하는 사람들이 있다는 말은, Some people find it difficult to ask for help.라고 하고, 확실치 않으면 조언을 구하라는 의미로, If you're in any doubt, ask for advice.라고도 해요.

SITUATION 2 제 가방이 안 나왔어요

음원 27-2

수하물 신고 데스크에서 짐이 안 나왔다고 신고하는 상황입니다. 우리말 대화를 보고 영어로 생각해본 다음에 영어 대화문을 보세요.

(수하물 신고 데스크에서)

데이브 실례합니다. 캐루젤에 제 가방이 없는데요. 거기 들어 있는 서류, 꼭 필요한 거라서요.
에이전트 항공편명이 어떻게 되죠?
데이브 ES204입니다.
에이전트 4번 캐루젤 벌써 확인해보셨다구요?
데이브 네. 안 나왔어요.
에이전트 가방이 어떻게 생겼는지 알려주시겠어요?

*(At the **baggage claim desk**)*

Dave Excuse me. **I can't find** my luggage on the carousel.
I have to have the documents that are in there.
Agent What's your flight number?
Dave It's ES204.
Agent And you already checked carousel 4?
Dave Yes. It never **came out**.
Agent **080** Can you tell me what your bag looked like?

VOCABULARY

claim (자기 것이라고) 주장(하다) **luggage** 짐 **carousel** 회전식 컨베이어 **check** 확인하다

KEY EXPRESSIONS

1 **수하물 신고 데스크 baggage claim desk**
공항에서 짐을 못 찾을 때 신고하는 항공사 데스크예요. baggage claim이라고만 하면 항공사 데스크와 캐루젤이 있는 지역을 총칭하는 말이고요. 이 데스크는 대개 도착 층인 1층에 있죠.

2 **~가 없는데요. I can't find ~.**
find에는 '열심히 찾아보다' 혹은 '찾았다'라는 뜻이 있어요. 자동차 키가 안 보여, I can't find the car keys. 전화기 찾았어? Did you find your phone? 걱정 마. 전화기 찾을 수 있을 거야, Don't worry. We'll find your phone.처럼 말해요.

3 **나오다 come out**
말 그대로 뭐가 나온다는 말이에요. 눈에 보이는 가방 등이 나왔다는 것 말고도, 결혼사진 잘 나왔어, The wedding photos came out well. 새 앨범이 나왔어, His new album came out. 본의 아니게, 말이 잘못 나왔어, That didn't come out the way I meant it to.처럼 다양하게 씁니다.

SITUATION 3 어떻게 돌아다니지

음원 27-3

현지인들이 영어를 잘 못해서 어떻게 해야 할지 고민입니다. 우리말 대화를 보고 영어로 생각해본 다음에 영어 대화문을 보세요.

데이브 여기 사람들은 영어를 잘 못하는 것 같아.
TY 그렇네. 여기 사는 사람들은 대부분 한 가지 언어만 써.
데이브 어떻게 하지?
어떻게 돌아다녀야 할지 모르겠어.
TY 괜찮아. 나 고등학교 때 불어 배웠어.
잘 하지는 못해도 의사소통 할 정도는 돼.
데이브 너랑 같이 있어서 다행이다.

Dave I don't think they speak English very well here.
TY Yes. Most of the people who live here only speak one language.
Dave **What are we going to do?**
I don't know how I'll be able to get around.
TY It's okay. I took French in high school.
I'm not fluent, but I can **get by**.
Dave 081 I'm so lucky you're here with me.

VOCABULARY

language 언어 **take** (어떤 과목을) 듣다 **fluent** 유창한 **lucky** 다행한

KEY EXPRESSIONS

1 **어떻게 할까? 어떻게 해결할지를 모르겠네.**
What are we going to do? I don't know how I'll be able to get around.
곤경에 처했을 때 하는 말이죠. 큰 일이 나서 어떻게 모면해야 할지 모르겠는데 아무 생각이 안 나면 그 다음 문장도 이어서, What are we going to do? I don't know how I'll be able to get around.라고 말해요.

2 **돌아다니다, 해결하다 get around**
get around에는 '어디를 돌아다니다' 혹은 '어려운 상황을 피해가다, 해결하다'라는 뜻도 있어요. 어떤 사람이 규칙을 요리조리 잘도 피한다면, He's very clever at getting around the rules.라고 하고, 이런 장애물을 피해갈 수 있는 방법이 있지 않을까 물을 때는, Isn't there any way of getting around these obstacles?라고 해요.

3 **그럭저럭 ~하다 get by**
필요한 만큼은 한다, 그러니까 그럭저럭 해낸다는 뜻이에요. 꼭 필요한 영어는 대충 알게 됐다는 말은, Within a few weeks, I knew enough English to get by.라고 하죠.

CHAPTER 3

핵심 패턴 079 당장, 바로 가서 ~할게요. I'll go ~ right away.

당장 가보겠습니다.
I'll go do that **right away.**

지금 바로 가서 좀 자야겠어.
I'll go get some sleep **right away.**

당장 온라인 검색해봐야겠다.
I'll go look it up online **right away.**

지금 당장 어디로 가서 뭔가를 하겠다는 의미의 패턴인데요, go 뒤에 바로 동사원형을 쓰면 됩니다. right away 대신에 immediately를 써도 돼요.

핵심 패턴 080 ~가 어떻게 생겼는지 알려주시겠어요? Can you tell me what ~ looked like?

가방이 어떻게 생겼는지 알려주시겠어요?
Can you tell me what your bag **looked like?**

건물이 어떻게 생겼는지 알려주시겠어요?
Can you tell me what the building **looked like?**

그 사람이 어떻게 생겼는지 알려주시겠어요?
Can you tell me what he **looked like?**

사람의 외모에 대해 물을 수도 있고, 가방이나 건물 등 어떤 사물에 대해서도 다 물을 수 있는 패턴입니다. look like가 생김새를 뜻해요.

핵심 패턴 081 ~해서 다행이야. I'm so lucky ~.

너랑 같이 있어서 다행이다.
I'm so lucky you're here with me.

운 좋게 그 사람 싸인 받았어.
I'm so lucky I got his autograph.

스승 자리를 물려받다니 행운이야.
I'm so lucky to take over my mentor's position.

어떤 이유로 참 다행이다, 운이 좋다는 생각이 들 때 쓸 수 있는 패턴입니다. I'm lucky라고도 하고 I got lucky라는 표현도 써요.

get around vs. get by
둘의 뜻이 완전히 다르죠?

네, 그렇습니다. **get** 뒤에 오는 말과 한 덩어리가 되어 아예 다른 뜻으로 쓰이는 거예요. **get around**는 '돌아다니다'라는 뜻이고 **get by**는 '그럭저럭 살아가다, 어떻게든 용케 헤쳐나가다, 억지로 애를 써서 최악은 면하다' 등의 뜻이에요. 요새 일은 잘 되는지, 벌이는 괜찮은지 누가 물었을 때, '그럭저럭 버티는 중이지 뭐'라는 의미로 **I'm just getting by.**라고 많이들 말합니다. **get up**은 기상하다, 일어나다, **get together**는 모인다, **get something back**은 뭔가를 되돌려 받는다는 뜻이죠.

LEVEL UP
EXPRESSIONS

뭐 땜에(무슨 고민이나 문제로) 그러는데?
What's been on your mind?

무슨 일 때문에 그런지, 어떤 고민을 하고 있는지 등을 묻는 유용한 문장이 **What's been on your mind?**예요. 지금 무슨 고민이 있는지 물을 때는 **What's on your mind?**라고 하는데요, 그동안 계속 어떤 고민이 있어 보이면 **What's been on your mind?**라고 해요.

기운이 없어 보이는 상대방에게

A 뭐 땜에 그러는데?	**A** What's been on your mind?
B 아, 아무것도 아니야. 그냥 기분이 좀 가라앉아서.	**B** Oh, nothing. I have just been feeling a little down.

얘기 좀 하자는 상대방에게

A 저기, 내가 너랑 하고 싶은 얘기가 있는데.	**A** Hey, there's something I wanted to talk to you about.
B 그래. 뭔데?	**B** Sure. What's been on your mind?

CHAPTER 3

UNIT 28 후회될 때

진작 영어를 배워둘 걸 / 누구랑 같이 올 걸 그랬네 / 난 투자의 기초도 몰라

TRY IT IN ENGLISH

걱정이 미래에 사는 거라면 후회는 과거에 사는 거죠? 진작 공부할 걸, 어떻게 할 걸 등등. 후회투성이 인생이지만 사는 동안은 늘 방향을 조정하고 실수를 바로잡는 게 현재를 사는 거겠죠?

t learn headteach highschool tor lish psychological bring electronic

강의 28

데이브 내 친구 하나가 외국에서 일하고 있어.
진작 영어를 배워둘 걸.

TY 외국에서 근무하면서 영어를 배우지 그랬어?

데이브 내 영어 실력이 모자랐어.
자리가 하나밖에 없었는데 그 친구가 가게 된 거야.

TY 영어를 더 배우는 계기로 활용하면 되지 뭐.
분명히 기회가 더 많이 있을 거야.

SITUATION 1 진작 영어를 배워둘 걸

영어 실력 부족으로 좋은 기회를 놓쳤다고 후회하는 상황입니다. 우리말 대화를 보고 영어로 생각해본 다음에 영어 대화문을 보세요.

음원 28-1

Dave 082 One of my friends is living and working abroad.
I wish I learned how to speak English earlier.

TY Why didn't you get a job abroad and learn English that way?

Dave My English ability wasn't good enough.
There was only one opening, and he got the job.

TY Maybe you can use that as motivation to learn more English.
I'm sure there will be more opportunities.

VOCABULARY

abroad 해외에서 **opening** 비어 있는 일자리 **motivation** 자극 **opportunity** 기회

KEY EXPRESSIONS

1 **진작 영어를 배울 걸 그랬어.**

I wish I learned how to speak English earlier.

현재 사실에 반대되는, 불가능한 걸 가능했으면 하고 가정하는 말이에요. 이미 사랑에 빠져 버렸으면, I wish I were not in love with her.라고 하고, 내가 네가 아니니까, I wish I were you.라고 하죠. 그리고 이미 젊지 않다면, I wish I were younger.라고 하고, 너랑 같이 가고 싶으니까, I wish I could go with you.라고 하죠.

2 **비어 있는 (일)자리**

one opening

비어 있는 일자리, 즉 사람을 그 자리에 뽑을 거라는 건데요, vacancy와 같은 말이에요. 일자리가 귀해서인지 '일자리가 딱 하나 있다, 별로 없다'라는 의미로 one opening, few openings이라고 많이 써요.

3 **활용하다**

use A as B

A를 B로 활용한다는 말이에요. 부모님은 그 집을 휴가철에 계시는 용도로 쓰셨어, My parents use the house as a holiday home. 내 책을 접시로 쓰지 마, Please don't use my book as a coaster.처럼 말할 수 있죠.

CHAPTER 3

SITUATION 2 누구랑 같이 올 걸 그랬네

음원 28-2

여행지가 혼자 보기 아까울 정도로 아름다워서 혼자 온 걸 후회하는 상황입니다. 우리말 대화를 보고 영어로 생각해본 다음에 영어 대화문을 보세요.

(터키 동굴 호텔 앞에서)

TY 와, 여기 아름답다. 누구랑 같이 왔으면 좋았을 걸.

직원 혼자 오셨어요?

TY 네, 혼자예요. 여기서 일하세요?

직원 네, 그리고 투어 가이드도 하지요. 내일 제 투어에 오시겠어요? 혼자 오신 좋은 분들이 좀 계세요.

(In front of a cave hotel in Turkey)

TY Wow, it's beautiful here. **I wish I could've come here with someone.**

Employee Are you traveling **on your own**?

TY Yes, I am. **Do you work here?**

Employee Yes, and I'm also a tour guide. Why don't you join my tour tomorrow? 083 There are some wonderful people who are also here on their own.

VOCABULARY

front 앞면 **cave** 동굴 **guide** 안내인 **join** 참여하다

KEY EXPRESSIONS

1 **누구랑 같이 올 걸 그랬네.**
I wish I could've come here with someone.

과거에 실제로 있었던 일에 반대되는 걸 가정하는 말이에요. 그랬으면 좋았을 걸 안 그래서 서운하다는 감정이 묻어 있습니다. 젊었을 때 공부를 열심히 안 해서 후회가 된다면, I wish I had worked harder in my youth.라고 하고, 스페인어를 배울 수가 없었으니까, I wish I could've learned Spanish.라고 하고, 또 그녀 얼굴을 볼 수가 없었으니까, I wish I could've seen her face.라고 하죠.

2 **혼자 on your own**

'홀로' 또는 '누구 도움 없이'라는 뜻이에요. 그녀는 아무도 도와주는 이 없이 홀로 남았어. She was left on her own with no one to help her. 홀로 남기 싫었어. I did not want to be left on my own.이라고 하죠.

3 **직원이세요? Do you work here?**

가게에서 도움이 필요할 때, 유니폼을 입었거나 차림새가 직원인 듯한 사람한테 묻는 말이죠. '여기서 일하세요?, 직원이세요?'라고 묻고 싶을 때 Do you work here?라고 하고, '저 여기 직원 아닌데요(손님인데요)'라고 한다면 I don't work here.라고 해요.

SITUATION 3 난 투자의 기초도 몰라

음원 28-3

젊어서 투자를 안 한 게 후회된다며 친구에게 팁을 달라고 부탁하는 상황입니다. 우리말 대화를 보고 영어로 생각해본 다음에 영어 대화문을 보세요.

아르만 이 주가 좀 봐.
크게 후회되는 게, 더 젊었을 때 투자를 안 한 거야.

윤 투자하기에 너무 늦은 때는 없어.
지금은 비싸 보여도 20년 후면 훨씬 더 비쌀 거야.

아르만 사실 난 투자의 기초도 몰라. 팁 좀 줄 수 있겠어?

윤 물론이지. 기초부터 해보자.

Arman Look at these stock prices.
One of my biggest regrets is not investing when I was younger.

Yoon **084** It's never too late to start investing. They might seem high now, but they'll be much higher in 20 years.

Arman I actually don't know the first thing about investing.
Do you think you can give me some tips?

Yoon Sure. Let's start with the basics.

CHAPTER 3

VOCABULARY

stock 주식 **invest** 투자하다 **tip** 조언 **basics** 기초

KEY EXPRESSIONS

1 **크게 후회되는 게 더 젊었을 때 투자 안 한 거야. One of my biggest regrets is not investing when I was younger.**

영어 특유의 표현이죠. 최상급이 여럿 있고 그 중의 하나라고 강조하는 거요. 우리말로 이해할 때는, 말 그대로 제일 큰 후회 중 하나라고 해도 되고, 대화문에서처럼 크게 후회되는 것이라고 해도 됩니다. regret는 명사로도 쓰고 동사로도 써요. 후회가 없다면, I have no regrets.라고 하고, 후회할 일 하지 말라는 건, Don't do anything you might regret.라고 해요.

2 **기본, 기초적인 것, 기본 개념 the first thing**

어떤 일을 할 때 필요한 '기본 개념'이라는 뜻이에요. 식당 운영에 대해서는 1도 모른다는 말은, I don't know the first thing about running a restaurant.이라고 하고, 도와주고 싶지만 정원 일에 대해서는 내가 아는 게 없다는 건, I'd like to help you, but I don't know the first thing about gardening.이라고 해요.

3 **기초부터 시작하다 start with the basics**

이 말은 구체적인 경우, 추상적인 경우 다 써요. 축제의 시작이 불꽃놀이부터라면, The festival started with fireworks. 기본기부터 시작해보자는 말은, Let's start with the basics.라고 해요.

핵심 패턴 082 친구 하나가 ~해. One of my friends is ~.

내 친구 하나가 외국에서 일하고 있어.
One of my friends is living and working abroad.

내 친구 하나가 우리 경쟁사에서 일해.
One of my friends is working for our competitor.

내 친구 하나가 오늘 파티 해(열어).
One of my friends is throwing a party tonight.

내 친구 하나를 가리킬 때 그냥 My friend라고 하기보다는 One of my friends라는 표현을 아주 많이 씁니다. 내 친구가 딱 그 사람 한 명일리는 없잖아요?

핵심 패턴 083 …하는 ~한 사람들이 좀 계세요. There are some ~ people who …

혼자 오신 좋은 분들이 좀 계세요.
There are some wonderful **people who** are also here on their own.

기꺼이 우리를 도와줄 좋은 사람들이 더러 있어.
There are some good **people who** are willing to help us.

자기 자신의 이익에는 별 관심 없는 너그러운 사람들이 가끔 있지.
There are some generous **people who** aren't interested in only helping themselves.

어떤 사람들이 몇 명 있는데 그 사람들이 이러저러하다고 부가적인 정보를 줄 때 쓸 수 있는 패턴이에요.

핵심 패턴 084 ~하기에 너무 늦은 때는 없어. It's never too late to ~.

투자하기에 너무 늦은 때는 없어.
It's never too late to start investing.

미안하다고 하기에 너무 늦은 때는 없어.
It's never too late to say you're sorry.

(누구와) 화해하기에 너무 늦은 때는 없어.
It's never too late to make up (with someone).

'진작 할 걸…'이라고 후회하는 사람을 격려하는 말이죠. 지금이라도 늦지 않았으니 뭐든 시작해도 된다는 의미의 패턴입니다.

I wish I could've come here with someone.

I wish I could've ~의 쓰임이 궁금해요.

'그럴 수 있었으면 좋았을 걸…'이라고 가정해서 바람을 나타낼 때, **I wish I could've** 뒤에 과거분사를 넣어서 말해요. 그리고 '어렸을 때 여행을 더 많이 할 걸…' 하고 후회를 할 때는, **I wish I had done more traveling when I was younger.**라고 합니다. '그럴 수 있었으면 좋았을 걸, 그랬으면 좋았을 걸'이라고 할 때, **I wish** 뒤에 과거완료 시제 **had p.p.**나 **could've p.p.**를 써서 말해요. '내가 그때 그랬으면 좋았을 걸…'이라고 할 때는 **I wish** 뒤에 과거완료를 쓰고, '그럴 수 있었으면 좋았을 걸'이라고 할 때는 **I wish** 뒤에 **could've p.p.**를 쓰죠.

LEVEL UP
EXPRESSIONS

그럴 줄은 몰랐지.
I didn't see it (that) coming.

어떤 상황이 전혀 예상 밖이었을 때, 생각지도 못한, 예상하지 못한 일이 벌어졌다, 그럴 줄은 꿈에도 몰랐다고 할 때 **I didn't see it (that) coming.**이라고 해요.

절친이 갑자기 이민을 간다는 걸 알고

A 네 절친이 칠레로 이민 간다고?
B 응, **전혀 예상하지 못한 일이야.** 걔가 너무 보고 싶을 거야.

A Your best friend is moving to Chile?
B Yeah, **I didn't see that coming.** I'm going to miss her so much.

갑작스런 이별을 겪고

A 헤어지고 나서 너 너무 우울해졌어.
B 응. 솔직히, **그렇게 될 줄 몰랐거든.**

A You got so depressed after the breakup.
B Yeah. To be honest, **I didn't see it coming.**

UNIT 29

초조할 때, 긴장이 될 때

내가 이렇게 긴장한 적이 있나 싶다 / 실수하면 어떡하지? / 알아, 알아. 가고 있어

TRY IT IN ENGLISH

사람들 앞에서 발표하고, 노래나 연주를 하는 건 나의 모든 것을 보여주고 일종의 평가를 받는 셈이어서 긴장할 수밖에 없죠. 더구나 부모님께서 보고 계시다면 보통 진땀 나는 게 아니에요.

강의 29

(윤과 아르만이 전화 통화 중이다.)

윤 아르만, 어디야?

아르만 밑에 카페에서 일하고 있어.

윤 이메일 확인 안 했어?
3분 후에 6층에서 회의 시작해.

아르만 알아. 지금 발표 준비하는 거야.
내가 이렇게 긴장했던 적이 없는 것 같아.

윤 괜찮을 거야. 넌 할 수 있어!

SITUATION 1 내가 이렇게 긴장한 적이 있나 싶다

음원 29-1

(학교나 회사에서) 몇 분 후 발표를 해야 하는 긴장된 상황입니다. 우리말 대화를 보고 영어로 생각해본 다음에 영어 대화문을 보세요.

(Yoon and Arman are talking on the phone.)

Yoon Arman, where are you?

Arman I'm just working downstairs at the café.

Yoon Didn't you **check your email**?
We have a meeting on the 6th floor in 3 minutes.

Arman I know. 085 I'm just preparing for my presentation.
I don't think I've ever been this nervous before.

Yoon You'll be fine. **You got this!**

VOCABULARY

downstairs 아래층에서 **check** 확인하다 **presentation** 프레젠테이션 **nervous** 긴장한

KEY EXPRESSIONS

1 **이메일을 확인하다**

check your email

이메일은 보통 몇 통의 이메일이든 그냥 email이라고 하는데요, 하나하나의 이메일, 몇 통의 이메일을 복수로 표시해야 할 때는 emails라고 하기도 해요. 그리고 우리말로는 이메일도 그냥 메일이라고 하지만 영어로는 email이라고 e를 붙여야 해요.

2 **이렇게 긴장한 적이 없는 것 같아.**

I don't think I've ever been this nervous before.

뭐뭐하지 않다고 할 때 영어로는 부정의 뜻을 앞에 놓는 편이어서, I don't think 뒤에 문장을 써요. this nervous에서 this나 that은 '이 정도로, 이렇게까지, 그 정도로, 그렇게까지'라는 뜻으로 쓰인 겁니다. '이렇게 행복했던 적은 없었어'라고 한다면, I don't think I've ever been this happy.라고 하는데요, 나도 모르는 새에 말하려는 말의 의미가 은근히 강조되는 느낌이죠.

3 **넌 할 수 있어!**

You got this!

격려하는 말이에요. '살 뺄 수 있어, 할 수 있다니까!'는 I know you can lose weight! You got this! 그리고 비슷한데 다른 의미로는, '알겠어, 바로 해줄게'라고 할 때 You got it.이라고 하거나, '모르겠어, 당했네, 들켰네'라고 할 때 You got me.라고 하는 표현이 있어요.

CHAPTER 3

SITUATION 2 실수하면 어떡하지?

음원 29-2

엄마 아빠가 처음으로 내 공연에 오시게 돼서 너무나 긴장됩니다. 우리말 대화를 보고 영어로 생각해본 다음에 영어 대화문을 보세요.

민 오늘 저녁 공연 전에 집에 가야 할 것 같아.
노래 연습을 충분히 못했어.

에디 하지만 기타를 아주 잘 치잖아. 연습 더 안 해도 돼.

민 엄마 아빠가 처음으로 내 공연을 보러 오셔. 실수하면 어떡해?

에디 에이, 민. 부모님은 네가 실수하는 거 신경 안 쓰실 거야.

Min 086 **I think I should go home before the show tonight.**
I haven't practiced enough for my songs.

Eddy But you're **such a great guitarist**.
You don't need any more practice.

Min My parents are coming to my show **for the first time**.
What if I make a mistake?

Eddy Oh, Min. I don't think your parents care if you make a mistake.

VOCABULARY

practice 연습하다 **enough** 충분히 **mistake** 실수 **care** 마음 쓰다

KEY EXPRESSIONS

1 **꽤 실력 있는 기타리스트 such a great guitarist**

뭔가를 참 잘하는 사람이라고 추켜세울 때 such a 뒤에 형용사와 명사를 이어서 써요. 남의 얘기를 참 잘 들어주는 사람이라면 such a good listener라고 하고, 노래를 너무 잘 부르면 such a great singer라고 하죠.

2 **처음으로 for the first time**

전에는 한 번도 그런 일이 없었는데 '생전 처음으로'라는 말이에요. 난생 처음 진정으로 행복했다면, For the first time in my life, I felt truly happy.라고 하고, 그 팀이 처음으로 결승에 진출했다면, They made it to the playoffs for the first time.이라고 해요.

3 **실수하면 어떡하지? What if I make a mistake?**

'썩 유쾌하지 않은 일이 생기면 어떻게 하지? 그럼 결과가 어떻게 되지?' 하는 불안함, 초조함, 간절함을 나타낼 때 What if ~?라고 해요. 내일 (우리 피크닉 가는데) 비 오면 어떡하지? What if it rains tomorrow? 버스가 늦게 오면 어쩌지? What if the bus is late?처럼요. 그리고 이 말은 간혹 제안하는 말로도 쓰여요. 소파 이리로 옮길까? What if we move the sofa over here?처럼요.

SITUATION 3 알아, 알아. 가고 있어

음원 29-3

회의 시간에 늦지 않으려고 허겁지겁 달려가는 상황입니다. 우리말 대화를 보고 영어로 생각해본 다음에 영어 대화문을 보세요.

(아르만이 윤에게 전화한다.)

아르만 윤, 어디야? 5분 후에 회의 시작해. 지금쯤이면 여기 와 있어야지.
윤 (숨을 헐떡이며) 알아, 알아. 가고 있어. 제시간에 도착해야 되는데.
아르만 시간을 좀 끌어볼게. 옷 매무새 좀 가다듬고.
윤 알았어. 로비에 막 도착했어.

(Arman is calling Yoon.)

Arman Yoon, where are you? The meeting starts in five minutes.
087 You're supposed to be here by now.
Yoon *(Panting)* **I know, I know.** I'm on the way.
I really hope I can make it there on time.
Arman I'll stall a little bit.
Just make sure you look presentable.
Yoon Okay. I just arrived in the lobby.

CHAPTER 3

VOCABULARY

in (시간) ~후에 **supposed** 예정된 **make it** 도착하다 **presentable** 보기 흉하지 않은

KEY EXPRESSIONS

1 **알아, 알아. I know, I know.**

우리말을 할 때도 그렇죠? '알아, 안다고'라고 하면 상대방이 더 이상 말을 안 할 테니까 빨리 말하는데요. I know.라고만 하거나 I know, I know.라고 반복해서 말하는 건 내 말을 끊을 틈을 안 주겠다는 뉘앙스가 있죠. '알아, 알아, 서둘렀어야 해.' I know, I know, I should've hurried up.처럼요.

2 **제시간에 도착해야 되는데.**
I really hope I can make it there on time.

우리말로 '할 수 있으면 좋겠다'라기보다는 '해야 되는데'라는 간절함(?)을 나타낼 때 쓰는 표현이에요. hope를 넣어서 몇 가지 형식으로 다음과 같이 쓸 수 있어요. 먼저 hope 뒤에 문장을 넣어서 [절] I hope everything goes well. 모든 게 잘 되면 좋겠다, hope to 동사원형으로 [to부정사] She's hoping to study law in the US. 법을 공부하고 싶어해, hope for 무엇의 형태로 [for] We're hoping for good weather. 날씨가 좋기만 바라고 있어, He decided to hope for the best. 결과가 좋기만을 기대하기로 했어.

3 **정시에 on time**

'정시에'라는 뜻이에요. 시간 맞춰 오라는 말을, Please arrive on time.이라고 해요. 반면에 in time은 '충분히 여유 있게'라는 뜻이라서, 이런 식으로 쓰죠. 그 사람이 저녁 먹게 늦지 않게 왔다, He arrived in time for supper.처럼요.

핵심 패턴 085
나 지금 ~를 대비해 준비하는 중이야.
I'm just preparing for ~.

지금 발표 준비하는 거야.
I'm just preparing for my presentation.

지금 콘서트 준비하는 거야.
I'm just preparing for the concert.

그냥 면접 준비하는 거야.
I'm just preparing for the interview.

발표나 시험, 면접 등을 앞두고 그것에 필요한 뭔가를 준비한다고 할 때 이 패턴을 써보세요.

핵심 패턴 086
나 ~해야 할 것 같아.
I think I should ~.

오늘 저녁 공연 전에 집에 가야 할 것 같아.
I think I should go home before the show tonight.

그 회사에 한 번 더 지원해야 할 것 같아.
I think I should apply to the company one more time.

오늘 회사에 병가 낸다고 전화해야 할 것 같아.
I think I should call in sick.

아무래도 내가 이렇게 해야 할 것 같다고 말하는 패턴입니다. I should ~.라고 말하면 단정적으로 '내가 ~해야 해'라는 뜻이고, I think를 쓰면 좀 더 부드러워져요.

핵심 패턴 087
~해야지.
You're supposed to ~.

지금쯤은 여기 와 있어야지.
You're supposed to be here by now.

11시까지는 체크아웃 해야 돼.
You're supposed to check out by 11 o'clock.

역할극에서 네가 맡을 역할은 고객이야.
You're supposed to be the customer in the role-play.

상대방이 당연히 해야 할 일, 그래야 하지 않나 싶은 것을 알려줄 때 이 패턴을 써보세요.

SPEAKING
GRAMMAR

check your email vs. check your mail
이메일을 그냥 메일이라고 해도 되나요?

아니요. 우리말로는 이메일을 그냥 메일이라고 자주 쓰죠? 이메일을 보냈다고 하면서도 "메일 보냈어."라고 하거나 이메일 받았느냐는 말도 "메일 받았어?"처럼 말하는데요, 영어로 **email**과 **mail**은 다릅니다. **email**이 우리가 말하는 이메일, 전자우편이고, **mail**은 우편물, 소포 등을 말해요. 그래서 영어로 말할 때 전자우편은 **email**이라고 해야 하고, 우편물이나 소포 등을 **mail**이라고 해야 합니다.

LEVEL UP
EXPRESSIONS

누구나 처음에는 다 초보인 거야.
Everyone was a beginner at one point.

처음부터 완벽하게 잘하는 사람이 어디 있겠어요? 처음엔 아무 것도 모르고 하나씩 배워가면서 익숙해지고 능숙해지고 프로가 되는 거겠죠? 이렇게 누구나 다 처음에는 초보라는 말을 영어로 **Everyone was a beginner at one point.**라고 해요.

스케이트를 배우는 사람에게

A 너무 어렵네.
난 스케이트를 잘 타기는 힘들 것 같아.
B 포기하지 마. **누구나 한때는 다 초보인 거라고.**

A It's so hard. I'll never be great at skating.
B Don't give up. **Everyone was a beginner at some point.**

프레젠테이션을 망친 동료에게

A 나 프레젠테이션 망쳐버렸어.
B **누구나 처음에는 다 초보인 거야.**

A I bombed my presentation.
B **Everyone was a beginner at one point.**

CHAPTER 3

UNIT 30

기운이 없을 때, 의욕상실이 되었을 때, 삶의 의미가 안 느껴질 때

이 일 그만둘까 봐 / 멍하고 있네 / 집에 가서 좀 자야겠어

TRY IT IN ENGLISH

일하다 보면 과로도 하게 되죠. 그런데 과로가 누적되면 누가 오는 줄도 모르고 멍하게, 심하면 의욕을 상실하고 삶의 의미마저 잃어버리게 돼요. 이 상황을 영어로는 어떻게 표현하는지 볼까요?

강의 **30**

트레이시 어, 다니엘이구나, 안녕. 오는 소리 못 들었어.

다니엘 생각에 깊이 잠겨 있는 것 같더라.

트레이시 응, 맞아. 내 미래에 대해 생각하고 있었어.

다니엘 어떤 생각?

트레이시 일을 너무 해서 녹초가 됐어.
이 일 그만둬야 할까 봐.

다니엘 그만두지 마! 살면서 휴가는 한 번 써 봐야지.

SITUATION 1 이 일 그만둘까 봐

음원 30-1

일 때문에 녹초가 돼서 회사 다닐 의욕도 안 생기는 상황입니다. 우리말 대화를 보고 영어로 생각해본 다음에 영어 대화문을 보세요.

Tracy Oh, hi, Daniel. I didn't **hear you approaching**.

Daniel You were really **lost in thought**.

Tracy Yes, I was. I was thinking about my future.

Daniel What are you thinking about?

Tracy **I'm just so burnt out from working too hard.**
088 I feel like I need to leave this job.

Daniel Don't leave! Just take a vacation for once in your life.

VOCABULARY

approach 다가오다 **lost in** 깊이 빠진 **leave** 떠나다 **once** 한 번은

KEY EXPRESSIONS

1 **네가 다가오는 소리를 듣다**

hear you approaching

지금 막 벌어지는 일을 듣는다는 건데요. hear 뒤에 대상을 쓰고 이어서 -ing 형태를 쓰는 게 중요해요. 거기서 그들이 다투는 소리를 들었다면, She heard them arguing there.라고 하겠죠. -ing 대신에 동사원형을 쓰면 조금 정적인 느낌이 됩니다. 올라가는 소리를 들었다면, I heard her go upstairs. 이렇게요.

2 **생각에 잠겨 있는**

lost in thought

생각에 잠겨서 옆에서 무슨 소리가 나는지도 모를 때 있죠? 그런 상태를 말해요. 그녀가 생각에 잠긴 채 앉아 있다면, She's sitting at the bar lost in thought.라고 하고, 누군가가 멍하게 창 밖을 내다봤다면, He's looking out the window, lost in thought.라고 해요.

3 **일을 너무 해서 녹초가 됐어.**

I'm just so burnt out from working too hard.

기계도 무리하게 가동하면 뜨거워지다가 타버리죠. be burnt out은 기계처럼 과열로, 즉 과로로 녹초가 된다는 말이에요. 스트레스가 많은 일이라, 젊어서 진이 다 빠질 거야, It's a high-pressure job, and you could burn out young.이라고 하거나, 그 사람 잘못하다간 뻗을 걸, She's in danger of burning herself out. 스물 한 살에 이미 끝났어, He was already burnt out by the time he was 21.처럼도 말해요.

CHAPTER 3

SITUATION 2 멍하고 있네

음원 30-2

공부도 지치니 쉬엄쉬엄 하라고 엄마가 조언하고 있어요. 우리말 대화를 보고 영어로 생각해본 다음에 영어 대화문을 보세요.

엄마 준, 너 멍하고 있네. 괜찮은 거니?
준 저 공부를 너무 많이 한 것 같아요. 그만하고 싶은데 시험이 코앞이에요.
엄마 공부 하루쯤 쉬어도 돼.
준 그럼 지금 컴퓨터 게임해도 돼요?
엄마 아니. 머리를 온전히 쉬게 할 필요가 있어.

Mother Jun, you look a little **out of it**.
Is everything okay?
Jun **I think I've been working too hard.**
I want to stop, but exams are right **around the corner**.
Mother 089 It's okay to take a day off from studying.
Jun So can I play some computer games now?
Mother No.
You need to let your mind completely relax.

VOCABULARY

exam 시험 **off** (일, 공부 등을) 쉬는 **completely** 완전히 **relax** 쉬다

KEY EXPRESSIONS

1 **멍하고 있는 out of it**

뭔가 정신줄을 좀 놓은 것 같은 느낌이나, 너무 피곤하거나 힘들어서 멍하고 있는 것을 가리켜요. 예를 들어, 눈을 보니 (술/피로/약 기운 등으로) 정신이 안 돌아온 것 같았다고 할 때, You could see from his eyes that he was out of it.이라고 할 수 있어요.

2 **공부를 너무 많이 한 것 같아요.**
I think I've been working too hard.

work는 사무실에서 하는 일이나, 육체 노동, 살림, 공부에 다 써요. 대화문에서는 공부한다는 말로 쓰였고요. 지금 상태가 이런 이유가 공부 때문인지 긴장 탓인지, 어쨌든 정색하고 공부 때문이라고 말하기는 쑥스러울 때 보통 I think로 시작합니다. 데이트하자고 할까 봐 (그래도 될까?) I think I'm going to ask her out.처럼이요.

3 **곧, 머지 않아 around the corner**

생일, 주말, 휴가 등이 곧 다가온다고 할 때나 곧 머지않아 어떻게 될 거라고 할 때 쓰는 말이에요. 네 생일이 다가오는구나, Your birthday is (just) around the corner. 경기회복은 시간 문제야, Economic recovery is just around the corner.처럼요. 물론 말 그대로 위치를 말할 때 '근처에'라는 뜻도 있죠.

SITUATION 3 집에 가서 좀 자야겠어

음원 30-3

채용 면접까지 마쳤으니 이젠 하늘의 뜻에 맡기고 지친 몸과 마음을 편하게 해야겠죠. 우리말 대화를 보고 영어로 생각해본 다음에 영어 대화문을 보세요.

(토니가 폴라에게 채용 면접에 대해 물어본다.)

토니 면접 어땠어?

폴라 모르겠어. 그냥 할 수 있는 만큼 했어. 이제 결정은 그 사람들의 몫이야.

토니 너 이 면접 준비 정말 많이 했어.

폴라 집에 가서 좀 자야겠어.

토니 그래. 그냥 24시간 자버려.

폴라 내일 아침 알람도 안 맞춰 놓을 거야.

(Tony is asking Paula about the job interview.)

Tony How did the interview go?

Paula **I have no idea.** I just did my best. The decision is **in their hands** now.

Tony You did so much to prepare for this interview.

Paula **I think I just need to go home and crash.**

Tony Yes. You should just sleep for the next 24 hours.

Paula 090 I'm not even going to set an alarm for tomorrow morning.

VOCABULARY

decision 결정 **prepare** 준비하다 **interview** 면접 **crash** (피곤해서)쓰러지듯 잠자리에 들다

KEY EXPRESSIONS

1 **모르겠어. I have no idea.**

I don't know.와 같은 뜻이지만 느낌은 달라요. 누가 길을 물어보는데 I have no idea.라고 하면 무뚝뚝하게 들립니다. 이럴 때는, Sorry, I'm a stranger here.라고 하는 게 훨씬 부드럽죠. 이 말은 뭔가 엄청나게 좋거나 안 좋을 때도 써요. 내가 얼마나 걱정했는지 넌 몰라. (내가 얼마나 걱정을 했다고.) You have no idea how worried I was.처럼 말하거든요.

2 **그들 손에 달린 in (their) hands**

이제 내가 할 건 없는 상황에서 씁니다. '내가 할 건 다 했으니 이제 그들 손에 달렸어, 하늘의 뜻에 맡겨야지'라는 의미로요. '아버지 돌아가시고, 이제 회사는 아들 손에 달렸어'라는 의미로 With his father gone, he has the company's future in his hands.라고도 해요.

3 **집에 가서 좀 자야겠어. I think I just need to go home and crash.**

너무너무 기운이 빠지고 지쳤으니까 집에 가서 쓰러져야겠다는 건데요, 무슨 일이 있어도 이렇게 하겠다가 아니라 웬만하면 그래 보겠다는 거죠. I think 자체가 완곡한 표현이고 just need to 역시 그냥 이 정도만 하겠다는 거니까요. 사실 알람까지 꺼놓고 자는 게 '반드시' 할 일은 아닌 거죠.

핵심 패턴 088

~해야 할까 봐.
I feel like I need to ~.

이 일 그만둬야 할까 봐.
I feel like I need to leave this job.

집에 있어야 할까 봐.
I feel like I need to stay home.

월급을 올려달라고 해야 할까 봐.
I feel like I need to ask for a pay increase.

왠지 어떻게 해야 할 것 같은 느낌이 들 때 있죠? 그럴 때 이 패턴을 써보세요. 그렇게 해야 할 것 같은 나의 느낌을 표현하는 말입니다.

핵심 패턴 089

~해도 돼.
It's okay to ~.

공부 하루쯤 쉬어도 돼.
It's okay to take a day off from studying.

지금 집에 가도 좋아.
It's okay to go home now.

항상 좋을 수는 없어.
(괜찮아 그럴 때도 있어.) ('사이코지만 괜찮아'의 영어 제목)
It's okay to not be okay.

동의하거나 허락을 하며 상대의 마음을 편안하게 해주는 말이에요. 그렇게 해도 별 문제 안 되고 받아들일 만하다는 뜻이에요.

핵심 패턴 090

나, ~도 안 할 거야.
I'm not even going to ~.

내일 아침 알람도 안 맞춰 놓을 거야.
I'm not even going to set an alarm for tomorrow morning.

상한선을 정해 놓지도 않을 거야.
I'm not even going to set an upper limit.

미안하단 말도 안 할 거야.
I'm not even going to say I'm sorry.

보통 이 말을 하기 전에 '뭔가를 안 할 거다' 혹은 '어떻게 할 거다'라는 말을 먼저 하죠. 그리고 '덧붙여, 더해서, 이것도 안 할 거야'라고 말할 때 쓰는 패턴입니다.

leave this job vs. leave the office
leave의 뜻이 다르게 쓰인 거죠?

네, 맞습니다. **leave this job**은 이 일에서 떠난다, 즉 이 일을 그만둔다는 말이고, **leave the office**는 사무실에서 나가다, 즉 퇴근한다는 말이에요. 퇴근한다고 할 때는 **I'm leaving.**이라고 많이 말하죠. 그만둔다고 할 때 **I'm thinking about leaving this job.**이라고 하거나 **I think I should quit. I want to quit this job.**처럼 말할 수 있어요.

나아지는 게 없어.
I am going nowhere.

도무지 나아지는 것도, 발전도, 진전도 없어 보이고 희망도 없어 보이는 상황에서 쓸 수 있는 좋은 표현이 **I am going nowhere.**예요. 그야말로 **nowhere**로 향해 가는 거니까, 도대체 어떻게 되는 건지도 모르겠고 어떻게 흘러가는 건지도 모르겠다는 거죠?

삶에 발전이 없을 때

A 왜 고향을 떠나고 싶은 거야?
B 내 인생이 **별 진전이 없어** 보여서.

A Why do you want to leave your hometown?
B I feel like **I am going nowhere** in life.

밴드에 희망이 안 보일 때

A 밴드를 왜 그만두는 거니?
B **발전이 없잖아!** 아무도 우리 음악에 관심이 없다고.

A Why are you quitting the band?
B **We are going nowhere!** No one cares about our music.

CHAPTER 3

CHAPTER

happy or pleasant

희노애락

UNIT 31

좋아하는 취미생활을 하며 즐거울 때

우리 밴드 관심 있어? / 어떻게 행복에 상한선을 둬? / 그럼 복식 하면 되지

TRY IT IN ENGLISH

즐거움 중에서도 으뜸은 역시 취미죠. 친구들과 함께 하는 악기 연주나 운동, 커피나 차 같은 기호식품의 희열과 쾌감 등. 이런저런 책임감에서 자유로운 취미 생활의 기쁨을 느껴보세요.

강의 **31**

에디　너 릭 맞지?

릭　안녕, 에디. 네 얘기 많이 들었어.

에디　안녕, 릭. 만나서 반가워.

릭　너 밴드에서 기타 친다고 하던데.
나는 드럼 쳐, 그냥 취미로.

에디　저기, 우리 밴드 관심 있어?

릭　그거 진짜 재미있겠다.

SITUATION 1 우리 밴드 관심 있어?

기타를 치는 친구에게 자기 밴드에 들어오라고 권하는 상황입니다. 우리말 대화를 보고 영어로 생각해본 다음에 영어 대화문을 보세요.

음원 31-1

Eddy You must be Rick?
Rick Hi, I've heard a lot about you, Eddy.
Eddy Hi, nice to meet you, Rick.
Rick I heard you play guitar in a band.
I play the drums, but it's just for fun.
Eddy Hey, 091 are you interested in playing in our band?
Rick That sounds like a lot of fun.

VOCABULARY

meet (처음으로) 만나다 **drums** 드럼 **interested** 관심 있는 **band** 밴드(악단)

KEY EXPRESSIONS

1 **누구에 대해 많이 듣다**

hear a lot about+누구

누군가를 처음 만나 인사할 때, '말씀 많이 들었어요' 할 때 자주 쓰는 표현이에요. 누구에 대해 말해준 그 사람을 주어로 해서 말하기도 해요. 톰한테서 말씀 많이 들었어요, Tom told me a lot about you.처럼이요.

2 **(그냥) 취미로**

(just) for fun

뭔가를 하는 이유가 돈을 벌기 위한 게 아니고 취미나 재미로 할 때, for fun 혹은 just for fun이라고 해요. 그걸 왜 하고 싶은 건데? Why do you want to do that? 재미로! For fun! 돈 벌려고 이거 만드는 거야? Do you make these things for a living? 아니, 취미로. No, just for fun. 이렇게요.

3 **그거 참 재미있겠다.**

That sounds like a lot of fun.

뭔가가 아주 재미있을 것 같을 때 하는 말이에요. 응용해서 이렇게도 말합니다. 좋은 생각 같아, It sounds like a good idea. 괜찮은 사람 같은데, He sounds like a good guy. 숨소리가 크더라, Her breathing sounded very loud. 불꽃놀이 같은 소리를 들었어, I heard what sounded like fireworks. 목소리 들으니 피곤한가 봐, You sound tired. 네 목소리, 우리 엄마랑 똑같아, You sound just like my mom. 이렇게요.

SITUATION 2 어떻게 행복에 상한선을 둬?

뭘 좋아하는 데는 상한선이 없다며 커피에 대해 이야기하고 있습니다. 우리말 대화를 보고 영어로 생각해본 다음에 영어 대화문을 보세요.

음원 31-2

주원 막 갈은 커피 냄새를 맡으면 마음이 차분해져.
진우 난 커피 타입은 아니지만 모닝 커피 냄새 좋은 건 인정. 근데 너 커피 너무 많이 마시는 거 아니야? 하루에 커피 몇 잔이나 마셔?
주원 대여섯 잔?
진우 많이 마시네.
주원 그래도 어떻게 행복에 상한선을 둬!

Juwon 092 I feel at peace when I smell freshly ground coffee beans.
Jinwoo I'm not **a coffee person**, but I admit that I do like that smell in the morning. But don't you think you drink too much coffee? How many cups of coffee do you drink a day?
Juwon Five or six cups?
Jinwoo That's a lot.
Juwon But how can you **put a limit on** happiness!

VOCABULARY

peace 평화 **freshly** 신선하게 **bean** 콩 **limit** 한도

KEY EXPRESSIONS

1 **~하면 마음이 차분해져. I feel at peace when I ~.**

뭔가를 할 때, 어떨 때 마음이 편안하다는 말이죠. 이런 음악을 들으면 마음이 편안해, I feel at peace when I listen to this kind of music. 비슷한 의미로 어떤 게 좋거나 싫다고 할 때, I like it when I ~. I hate it when I ~.라고도 하는데요, when ~ 대신 with 명사를 써도 돼요. 난 내 자신이 편안해, I feel at peace with myself. 이렇게요.

2 **커피를 좋아하는 타입 a coffee person**

커피 타입은 커피를 좋아하는 사람이죠. 보통 티와 비교해서요. 그리고 티를 더 좋아하는 사람이라면 a tea person이라고 하고, 강아지냐, 고양이냐 할 때 강아지가 더 좋으면 a dog person이라고 하고, 고양이를 더 좋아하면 a cat person이라고 해요. 그리고 아침형 인간은 a morning person이고, 저녁형 인간은 a night owl이라고 합니다.

3 **뭔가에 제한을 두다 put a limit on + 무엇**

뭔가에 제한을 두거나 상한선을 둔다고 할 때 on을 쓰고 제한을 받는 대상을 써요. 참석자 수를 제한해야 돼, We have to put a limit on the number of participants. 그 회사, 광고비 한도가 있어. The company set limits on how much to spend on advertising. 이렇게 쓸 수 있습니다.

SITUATION 3 그럼 복식 하면 되지

사람이 늘어나면 복식을 할 수 있어서 좋다는 신참 배드민턴 매니아입니다. 우리말 대화를 보고 영어로 생각해본 다음에 영어 대화문을 보세요.

음원 31-3

트레이시 다니엘, 오후에 배드민턴 치자. 요새 배드민턴에 푹 빠졌어.
다니엘 좋은 생각이네! 라켓 하나 더 가져왔어?
트레이시 응. 메리랑 잭도 같이 쳐도 되지?
다니엘 그럼. 복식 하면 되지. 지는 팀이 저녁 사고.
트레이시 더 재미있겠다!

Tracy Daniel, let's play badminton this afternoon. I'm really into badminton **these days**.
Daniel **That's a wonderful idea!**
093 Did you bring an extra racket?
Tracy Yes. Do you mind if Mary and Jack join us?
Daniel Sure. We can **play doubles**. The losing team can buy dinner.
Tracy That will make it more fun!

VOCABULARY

idea 제안, 생각 **extra** 여분의 **join** ~와 같이 하다 **doubles** 복식

KEY EXPRESSIONS

1 **요새, 최근 these days**

these days는 '요즘에, 최근에'라는 뜻이지만, 문맥에 따라서 몇 년이 될 수도 있어요. 요즘은 정규직도 많이 못 벌어. These days, even permanent jobs don't pay well. 요즘은 그런 건 별로 필요 없는 것 같아. That kind of thing hardly seems necessary these days.처럼요.

2 **좋은 생각이야! That's a wonderful idea!**

생각을 가리키는 idea는 쓰임에 따라 의미가 조금씩 달라요. That's a wonderful idea.에서 idea는 제안을 뜻하고, It's a good idea to leave now.에서는 출발한다는 계획을 뜻하죠. 그리고 It was her idea to move.에서 her idea는 이사하자고 한 그녀의 제안을 가리켜요. You must have some idea of what happened.라고 하면 왠지 네가 알고 있을 것 같다는 의미이고요. Give me a rough idea of how much it will cost.라고 하면, 대충 얼마나 들지 말해보라는 정보, 지식을 뜻하고, The idea is to teach them to save money.에서 idea는 절약을 가르치려는 취지를 나타냅니다.

3 **복식 경기하다 play doubles**

탁구, 테니스 등에 복식 경기가 있죠. 복식 경기를 한다는 걸 play doubles라고 해요. 여기서 복식 경기 doubles는 반드시 복수로 씁니다. 남자 복식은 men's doubles, 여자 복식은 women's doubles, 그리고 혼합 복식은 mixed doubles라고 해요.

핵심 패턴 091 ~에 관심 있니? Are you interested in+무엇/-ing ~?

우리 밴드 들어올 생각 있어?
Are you interested in playing in our band?

소개팅해볼 생각 있어?
Are you interested in a blind date?

중고차 관심 있어?
Are you interested in used cars?

뭔가에 관심이 있거나 하고 싶은 생각이 있는지 물을 때 쓰는 패턴이에요. 자주 쓰는 말이 interested이고 뭔가에 아주 푹 빠져 있다고 할 때는 interested in 말고 into를 쓸 수도 있어요.

핵심 패턴 092 난 ~하면 마음이 차분해져. I feel at peace when I ~.

막 갈은 커피 냄새를 맡으면 마음이 차분해져.
I feel at peace when I smell freshly ground coffee beans.

난 너랑 둘이 있으면 마음이 편안해.
I feel at peace when I am alone with you.

마라톤 뛸 때 내 마음은 평화야.
I feel at peace when I run a marathon.

사람마다 기분을 차분하게 가라앉혀주는 상황이나 이유가 다 다르겠죠? 나는 이럴 때 기분이 차분해진다는 말을 할 때 이 패턴을 쓸 수 있는데요, 사람의 기분을 나타낼 때 feel at peace 혹은 be at peace를 씁니다.

핵심 패턴 093 ~ 가져왔어? Did you bring ~?

라켓 하나 더 가져왔어?
Did you bring an extra racket?

뭐 적을 노트 가져왔어?
Did you bring a notebook to write on?

우산 갖고 왔어?
Did you bring an umbrella with you?

보통 '가지고 오다'라는 건 bring이라고 하고, '가지고 가다'는 take라고 해요. 그래서 뭔가를 가지고 왔는지 물을 때 Did you bring 뒤에 무언가를 넣어서 말하면 됩니다.

SPEAKING GRAMMAR

SPEAKING GRAMMAR

I feel at peace when I smell freshly ground coffee beans.

평화롭다고 할 때 peaceful이라고 하면 안 되나요?

사람이 평화로움을 느낀다고 할 때는 **peaceful**을 쓰지 않고 **feel at peace**라고 해요. **peaceful**은 분위기나 장소가 평화롭다고 할 때 쓰죠. 평화로운 분위기 **peaceful atmosphere,** 평화로운 삶 **a peaceful life,** 평화로운 사회 **peaceful society** 이렇게요. 그리고 내 마음이 편안하다는 건 **feel at ease**라고 하는데요, 좋은 친구들과 같이 있으면 편안하다는 말을 **I feel at ease when I'm with my good friends.**라고 할 수 있죠.

LEVEL UP EXPRESSIONS

이건 내가 늘 해보고 싶었던 일이야.

It's something I've always wanted to do.

새로 뭔가를 배우거나 시도하면서 할 수 있는 말이 있어요. 정말 기회가 된다면 해보고 싶었는데 이제서야 하게 되었거나, 이걸 해볼 수 있는 기회도 오네…라는 생각이 들 때 **It's something I've always wanted to do.**라고 말해보세요.

커피를 배워보고 싶다고 하면서

A 왜 커피를 배우는 거니?
B 이건 내가 항상 해보고 싶었던 일이야.

A Why are you learning how to make coffee?
B **It's something I've always wanted to do.**

춤을 배워보고 싶다고 하면서

A 댄스 수업 등록했다고?
B 응. 늘 해보고 싶던 거거든.

A You signed up for a dance class?
B Yes. **It's something I've always wanted to do.**

UNIT 32 꿈이 이루어졌거나 승진, 월급 인상으로 기분이 날아갈 때

나한테 좋은 소식? 무슨 소리야? / 너한테 안 맞는다고 생각했어 / 그 집 음식은 진리지

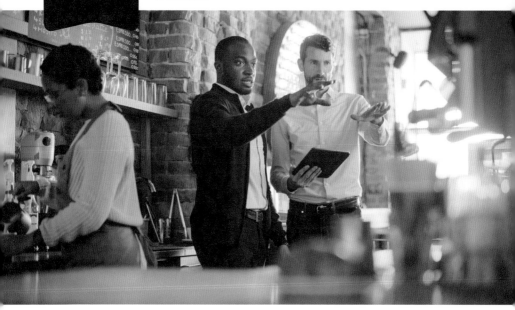

TRY IT IN ENGLISH

같은 즐거움이지만 내게 맞는 일 찾기, 승진, 월급 인상 등은 책임과 의무가 따라오는 즐거움이죠. 그래서 보상도 물리적으로 하는 거구요. 취미와는 또 다른 묵직한 즐거움을 느껴보세요.

강의 **32**

아르만 회사에 큰 변화가 있을 거라는데.

윤 응. 너한테 좋은 소식도 있을 것 같아.

아르만 나한테 좋은 소식? 무슨 소리야?

윤 조만간 승진할 것 같아.

아르만 정말? 야, 그 말 들으니 기분 좋은데!

윤 승진할 만하지!
지난 몇 년 정말 열심히 일했잖아.

아르만 그 말 들으니 기분이 좋아진다.

SITUATION 1 나한테 좋은 소식? 무슨 소리야?

음원 32-1

조만간 내가 승진할 것 같다는 말을 동료로부터 전해 듣는 상황입니다. 우리말 대화를 보고 영어로 생각해본 다음에 영어 대화문을 보세요.

Arman I heard that there will be some big changes at our company.

Yoon Yes. And 094 I think there'll be good news for you.

Arman Good news for me? What do you mean?

Yoon It seems like you'll get promoted soon.

Arman Really? Wow, **I'm happy to hear that!**

Yoon **You deserve it!**
You've worked so hard the last few years.

Arman You saying that really **puts a smile on my face.**

VOCABULARY

change 변화 **get promoted** 승진하다 **deserve** ~할 자격이 있다
the last few years 지난 몇 년간

KEY EXPRESSIONS

1 **그 말 들으니 기분 좋다!**

I'm happy to hear that!

그 말을 들으니 기분이 어떻다고 할 때 happy 자리에 다양한 형용사를 써서 감정을 표현할 수 있어요. 그 말을 듣고 기분이 좋으면, I'm happy to hear that. 그 사람이 그 말을 듣고 기뻤다면, He was pleased to hear that.이라고 하고, 내가 어떤 말을 듣고 상처를 받았다면, I was hurt to hear that.이라고 해요.

2 **그럴 자격이 있어!**

(You) deserve it / 무엇!

deserve는 문맥에 따라 좋을 일, 안 좋은 일에 다 써요. 아내나 남편, 친구가 승진을 하는 등 좋은 일이 있을 때도, You deserve it.이라고 하고, 반대로 어떤 사람이 늘 교통법규를 안 지키다가 벌금을 내게 되었을 때 그래도 싸다는 의미로, He got fined. He deserves it.이라고 할 수 있어요. 좋은 일에는 You've earned it.이라고도 해요. 승진을 했다고? 그럴 만하지, 그럼. You got promoted? You've earned it. 이렇게요.

3 **~하니 기분이 좋아진다.**

~ puts a smile on somebody's face.

기분 좋게 해주는 뭔가를 주어로 써서 말할 수 있어요. 깜짝 생일 파티에 엄마가 환하게 웃으셨다는 말은, The surprise birthday party really put a smile on mom's face. 애들이 공원에서 노는 걸 볼 때 미소가 끊이질 않는다면, Nothing puts a smile on my face like watching my kids play together at a park.라고 하죠.

CHAPTER 4

SITUATION 2 너한테 안 맞는다고 생각했어

음원 32-2

일자리 제안을 거절한 사촌 동생을 자랑스러워하는 상황입니다. 우리말 대화를 보고 영어로 생각해본 다음에 영어 대화문을 보세요.

아르만 피오나, 결정했어?
피오나 응, 이번엔 안 한다고 했어.
아르만 그 일 거절한 네가 자랑스럽다. 너한테 안 맞는다고 생각했어.
피오나 난 지금 일이 꽤 만족스러워.
이 일 관두려면 정말로 좋은 제안이 와야 할 것 같아.
아르만 사촌 동생이 이렇게 성숙하게 클 줄은 몰랐네!

Arman Fiona, did you make up your mind?
Fiona Yes, I said I couldn't **take that job** this time.
Arman **095** **I'm proud of you for turning down that job.**
I don't think it was right for you.
Fiona **I'm quite content with my current job.**
I would need **a** really **good offer** for me to leave.
Arman I can't believe how mature my little cousin is becoming!

VOCABULARY

mind 생각 **take** (일자리 제안을) 받아들이다 **turn down** 거절하다 **right** 적합한

KEY EXPRESSIONS

1 **일자리 제안을 수락하다 take the/that job (offer)**

어떤 일자리 제안을 받아들이는 걸 take that job이라고 해요. 일자리 제안이든 후보 제안이든 결정은 본인이 하는 거니까, 일자리 제안을 받아들이는 건 accept/take the/that job (offer), 후보 지명을 받아들이면 accept the nomination이라고 해요.

2 **지금 일이 꽤 만족스러워.**
I'm quite content with my current job.

어떤 일이나 상황에 만족한다고 할 때 content를 써요. 그녀가 월급 인상을 마음에 들어 할 거라는 말은, She'll be content with the pay increase.라고 할 수 있어요. content를 넣어서 부정문으로 쓰면 불만족을 조금 강조하는 느낌이에요. 자전거를 새로 사고는 마음에 안 드니까 이제 차를 갖고 싶어한다는 말은, Not content with her new bike, Jane now wants a car.라고 할 수 있어요.

3 **(조건이) 좋은 제안 a good offer**

대개 업무와 일자리와 관련해서 급여나 복지 등 조건이 좋은 것을 a good offer, a really good offer라고 해요. 또, 좋은 물건을 경쟁력 있는 가격에 제시하는 것도 a good offer라고 합니다.

SITUATION 3 그 집 음식은 진리지

늘 즐겨 가던 식당에 가서 맛있는 것을 먹을 생각에 부풀어 있는 상황입니다. 우리말 대화를 보고 영어로 생각해본 다음에 영어 대화문을 보세요.

음원 32-3

(민과 에디가 카페에 있다.)

에디　뭐가 당겨?
민　아무거나. 근데 오늘 아무 것도 안 먹었더니 배가 많이 고프네.
에디　좋은 생각이 있어.
　우리가 제일 좋아하는 그 소고기 식당에 가자.
민　최고네. 그 집 음식을 먹으면 늘 기분이 좋아져.

(Min and Eddy are at a café.)

Eddy　What are you craving?
Min　**Nothing in particular.**
　But I'm really hungry since I haven't eaten anything today.
Eddy　I've got an idea.
　Let's go to our **all-time favorite** beef restaurant.
Min　**Perfect choice.**
　096 Their food **always puts me in a better mood.**

VOCABULARY

crave 뭔가가 당기다, 먹고 싶다　**perfect** 완벽한, 아주 좋은　**choice** 선택　**mood** 기분

KEY EXPRESSIONS

1 **딱히 뭐 생각나는 게 없어. Nothing in particular.**

먹을 것이든 하고 싶은 일이든 주말에 가고 싶은 곳이든 뭐 하나 딱 떠오르는 게 없을 때 있죠? 그럴 때 Nothing in particular.라고 말해요. in particular가 우리말로 '딱히, 특별히' 정도의 표현이에요.

2 **늘 즐겨 찾던, 역대급 all-time favorite**

언제 가도 맛있게 먹을 수 있는 내 최고의 단골집, 비가 오나 눈이 오나 늘 생각하는 그 카페. 자주 가는 곳인데 또 가고 싶고 그리운 그곳, 어떤 것에도 all-time favorite을 붙여 말할 수 있어요. all-time favorite food, all-time favorite song, all-time favorite café 등 다양하게 말해보세요.

3 **최고네. Perfect choice.**

별 생각없이 들어가서 음식을 시키고 먹었는데 "앗! 이거 뭐지? 너무 맛있잖아!"싶을 때 너무 신나고 좋아서, 정말 잘 골랐다는 말이 나오죠? 그럴 때 Perfect choice.라고 할 수 있고, 올해 휴가 때 여행을 어디로 갈까 하다가 정한 목적지가 너무나 마음에 들었을 때도 Perfect choice.라고 할 수 있어요.

핵심 패턴 094 ~가 있을 것 같다.
I think there'll be ~.

너한테 좋은 소식도 있을 것 같아.
I think there'll be good news for you.

더 이상 지연은 없을 거야.
I think there'll be no more delays.

오늘 밤에 폭풍우가 몰려올 것 같아.
I think there'll be a storm tonight.

어떤 일이 생길 것 같을 때, 어떤 상황이 일어날 것 같을 때, 어떤 소식이 들려올 것 같을 때 모두 이 패턴을 쓸 수 있어요.

핵심 패턴 095 난 네가 ~한 게 자랑스러워.
I'm proud of you for -ing.

그 일 거절한 네가 자랑스럽다.
I'm proud of you for turn**ing** down that job.

포기하지 않는 네가 자랑스러워.
I'm proud of you for never giv**ing** up.

정의를 위해 물러서지 않는 네가 자랑스러워.
I'm proud of you for stand**ing** up for justice.

상대방이 뭔가를 했는데 그게 내가 볼 때 참 흐뭇하거나 뿌듯할 때, 자랑스러울 때 있죠? 그럴 때 이 패턴을 써서 말해보세요.

핵심 패턴 096 ~ 때문에 언제나 기분이 좋아져.
~ always puts me in a better mood.

그 집 음식 먹으면 항상 기분이 좋아져.
Their food **always puts me in a better mood.**

그들의 음악을 들으면 언제나 기분이 좋아져.
Their music **always puts me in a better mood.**

이 향은 언제나 기분이 좋아지게 해.
This scent **always puts me in a better mood.**

음식이든 음악이든 뭐든, 어떤 것이 내 기분을 늘 좋게 만들어준다고 할 때 쓰는 패턴이에요. 여기서 mood는 기분, 감정을 가리켜요.

I'm not interested. vs. I have no interest.

둘 다 똑같이 관심이 없다는 건가요?

비슷하긴 한데 약간은 다릅니다. 만약에 내가 프로그래밍에 관심이 아주 많다고 할 때는 **I'm really interested in programming.**이라고 하겠고, 관심이 없다면 **I'm not interested in programming.**이라고 하거나 **I have no interest in programming.**이라고 할 수 있을 텐데요, 뉘앙스가 약간 다릅니다. **I'm not interested in programming.**은 그냥 내가 프로그래밍에 관심이 없다는 의미라면, **I have no interest in programming.**은 나는 프로그래밍에 관심이 전혀 없다, 관심이 하나도 없다는 뜻으로 좀 더 강한 느낌이 되요. 그러니까 **be not interested in**보다 **have no interest**가 더 센 느낌인 거죠.

LEVEL UP
EXPRESSIONS

좋아하지 않을 이유가 있겠어?
What's not to like?

누군가가, 어떤 것 혹은 누구에 대해서 물을 때 '안 좋아할 이유가 있나? 다 좋지'라고 할 때 **What's not to like?**라고 해요.

어떤 나라가 좋은 이유를 물을 때

A 포르투갈이 뭐가 좋아?
B 안 좋아할 게 있어야지!

A What do you like about Portugal?
B **What's not to like!**

선생님이 좋은 이유를 물을 때

A 새로 오신 선생님, 어떠니?
B 아주 좋으세요! 안 좋아할 이유가 없거든요?

A How do you feel about your new teacher?
B She's great! **What's not to like about her?**

CHAPTER 4

UNIT 33

설렐 때, 기대가 될 때, 궁금할 때

드디어 해외여행 갈 수 있게 됐어 / 이 순간이 드디어 오다니 말이야 / 그게 내가 보고 싶은 거야

TRY IT IN ENGLISH

즐거움 중에서도 설렘, 또 그 중에서도 여행을 앞둔 설렘만한 것이 있을까요? 코로나 때문에 **3**년째 여행이 자유롭지 않은 지금, 대화문으로나마 여행의 설렘을 느껴보시자구요.

강의 **33**

데이브 드디어 해외여행 갈 수 있게 됐네!

TY 마지막으로 해외여행 간 게 언제였나 기억도 안 나.

데이브 여행가는 그 단순한 게 그리웠어.

TY 뭐가 제일 그리웠는데?

데이브 이상하게 들릴지 모르겠지만, 공항에서 마시는 커피. 출발 시간 기다리며 커피 마시는 기분이 참 좋거든.

SITUATION 1 드디어 해외여행 갈 수 있게 됐어

워낙 오랜만이라 여행을 떠날 수 있다는 것만으로도 가슴이 설레네요. 우리말 대화를 보고 영어로 생각해본 다음에 영어 대화문을 보세요.

음원 33-1

Dave **097** We're finally able to travel abroad!

TY I don't remember **the last time** I went abroad.

Dave I've missed the **simple things** about traveling.

TY What did you miss the most?

Dave I know this might sound strange, but airport coffee.
I love the feeling you get when sipping a coffee while waiting for your flight.

VOCABULARY

finally 드디어 **miss** 그리워하다 **sound** 어떻게 들리다 **sip** 홀짝홀짝 마시다

KEY EXPRESSIONS

1 **마지막(으로 ~한 것), 가장 최근(에 ~한 것)**

the last time

마지막으로 뭔가를 하거나 어디에 가본 것 등을 말할 때 쓰는 표현인데요, the last time 뒤에 주어+동사를 넣어서 마지막으로 누가 뭐뭐한 것이라는 뜻이 돼요. 마지막으로 그녀를 본 게 2년 전이라면, The last time I saw her was two years ago. 우리가 마지막으로 만나서 논 게 언제냐고 한다면, I don't remember the last time we hung out.이 되죠.

2 **단순한 것, 별거 아닌 것**

simple things

요즘 같은 미니멀리즘 시대의 화두죠. 가장 단순한 것, 별거 아닌 것, 간단한 것이 simple things예요. 단순한 것이 행복을 주고, The simple things can bring happiness. 제일 중요한 건 단순한 것들이죠, It's the simple things that matter most.

3 **~하는 기분이 좋아.**

I love the feeling you get when ~.

어떤 것을 할 때 기분이 너무 좋다는 감정을 표현하는 말인데, 여기서 you는 보통 일반적인 사람들, 전체를 가리켜요. 아침에 일어나자마자 맡는 커피향이 너무 좋다면, I love the feeling you get when smelling coffee in the morning.이라고 해요.

CHAPTER 4

SITUATION 2 이 순간이 드디어 오다니 말이야

음원 33-2

평생을 기다린 그랜드 캐니언 투어 전날 밤, 친구와 설레는 마음을 나누고 있습니다. 우리말 대화를 보고 영어로 생각해본 다음에 영어 대화문을 보세요.

TY 내일 아침 몇 시에 우리 픽업하지?
데이브 여섯 시로 알고 있는데.
TY 그렇게 일찍? 알람 하나 더 맞춰 놔야겠다.
데이브 그래, 알람 소리 못 듣고 자버리면 안 되지. 이 순간이 드디어 오다니.
TY 그러게 말이야. 그랜드 캐니언 가는 건 평생을 기다렸어!

TY What time do they **pick** us **up** here tomorrow morning?
Dave **As far as I know,** at 6.
TY That early? I think I should set a backup alarm.
Dave Yeah, 098 **we don't want to sleep through the alarm.**
I can't believe this moment is finally here.
TY You can say that again.
I've been waiting to visit the Grand Canyon **my whole life!**

VOCABULARY

that 그렇게(까지) **backup** 예비(의) **finally** 드디어 **whole life** 평생

KEY EXPRESSIONS

1 **누군가를 픽업하다 pick someone up**

(기다리는) 사람을 차에 태우고 가는 것, 차로 누군가를 데리러 가는 게 pick someone up이에요. 이따 다시 와서 태우고 갈까?라고 하려면, Do you want me to come back and pick you guys up?이라고 하고, 수업 끝나고 저희 좀 태워달라고 할 때는, Could you pick us up after the class?라고 해요.

2 **내가 알기론, ~인 걸로 아는데 as far as I know**

정확히는 모르지만, 나는 이렇게 알고 있다고 할 때, as far as I know를 넣어서 말해보세요. 이 표현을 응용해서, 내 기억으로는, 내가 기억하기로는, as far as I can remember, 나로서는, 내 생각은, as far as I'm concerned, 어느 정도는, as far as it goes라고도 합니다.

3 **평생 my whole life**

지금까지 내내, 내 평생이라는 말이 my whole life예요. 지금까지 살면서 뭔가를 평생 기다려왔다면, I've been waiting 무엇 my whole life.라고 해요. 상대방에게, 앞으로 살 날이 창창하다고 할 때는, You have your whole life ahead of you.라고 합니다.

SITUATION 3 그게 내가 보고 싶은 거야

전부터 보고 싶은 걸 친구가 먼저 이야기하니 이렇게 설레고 좋을 수가 없습니다. 우리말 대화를 보고 영어로 생각해본 다음에 영어 대화문을 보세요.

음원 33-3

로이 오하이오에서 할 만한 거 있어?
미란다 물론이지! 우선, 아름다운 공원들을 봐야 돼. 남쪽 주 경계선 근처에 멋진 폭포가 있어.
로이 근데 폭포 구경하는 건 지겹지 않을까?
미란다 기가 막힌 하이킹 코스도 있어. 그리고 야경도 구경해야지.
로이 바로 그게 내가 보고 싶은 거야.

Roy Is there anything **worth doing** in Ohio?
Miranda Sure! **For one thing,** we should check out the beautiful parks. There's a gorgeous waterfall near the southern border.
Roy But won't we get bored just looking at a waterfall?
Miranda There's a spectacular hiking trail, too. And we should stay the night to see the beautiful night sky.
Roy Now 099 **that's something I would love to see.**

VOCABULARY

gorgeous 멋진 **waterfall** 폭포 **border** 국경 **spectacular** 장관인

KEY EXPRESSIONS

1 **할 만한, 해볼 만한 worth doing**

할 만하거나 해볼 만한 가치가 있다는 말을 worth doing이라고 해요. worth 뒤에 다양한 동사의 -ing 형태를 붙여서 말할 수도 있어요. 파리가 가볼 만하다면, Paris is worth visiting. 이 영화가 진짜 볼 만하다면, This movie is well worth seeing.이라고 하고, 어떤 가수의 앨범을 사려고 기다린 보람이 있다면, Her new album was worth waiting for.라고 해요.

2 **우선 for one thing**

몇 가지 얘기할 게 있는데 그 중에서 어떤 이유를 제일 먼저 댈 때 for one thing이라고 해요. 우리말로는 '우선, 먼저, 첫번째로' 등의 뜻입니다. '이 소파 괜찮지 않아? 왜 사지 말자는 거야?'라고 했을 때, '우선, 우리 집에 놓기에는 너무 커'라고 한다면 Well, for one thing, it's too big for our home.이라고 할 수 있죠.

3 **내가 정말 보고 싶은 게 바로 그거야.**
That's something I would love to see.

그걸 정말 보고 싶다는 찐한 감정을 표현하는 말이에요. see말고 다른 동사를 넣어서도 말하죠. 그 사람들이 왜 그랬는지 정말 궁금하다면, I'd love to know why they did that. 같이 수영하러 가자고 할 때는, Would you like to come swimming with us?

CHAPTER 4

핵심 패턴
097 드디어 ~할 수 있게 되었네! We're finally able to ~!

드디어 해외여행 갈 수 있게 됐네!
We're finally able to travel abroad!

드디어 휴가를 갈 수 있게 됐어!
We're finally able to go on a holiday!

드디어 그 사람을 직접 만나게 됐어!
We're finally able to meet him in person!

손꼽아 기다리던 뭔가를 드디어 하게 되었을 때 쓰는 패턴이에요. 여기서 are able to는 can과 같은 의미죠.

핵심 패턴
098 ~할 수는 없잖아, ~하면 안 되잖아. We don't want to ~.

알람 소리 못 듣고 자버리면 안 되지.
We don't want to sleep through the alarm.

그 사람들 공연을 놓칠 수는 없잖아.
We don't want to miss their performance.

결승에서 지면 안 되지.
We don't want to lose the final.

'그럴 수는 없잖아,' '그러면 후회할 거야'라는 뜻이에요. We 대신에 You도 쓸 수 있어요.

핵심 패턴
099 그게 바로 내가 정말 ~하고 싶은 거야. That's something I would love to ~.

그게 정말 내가 보고 싶은 거야.
That's something I would love to see.

그게 바로 내가 공유하고 싶은 거야.
That's something I would love to share.

그게 내가 한번 해보려는 거야.
That's something I would love to try.

뭔가가 딱 내가 보고 싶은 것, 하고 싶은 것이라고 할 때 쓸 수 있는 패턴입니다. something이 바로 그것의 느낌이에요.

set a backup alarm vs. back up

backup과 back up은 같은 뜻인가요?

먼저 **set a backup alarm**에서 **backup**은 '추가의, 하나 더'라는 의미죠. 우리말로는 보조 알람 정도가 되고요. 동사 **back up**은 '차를 후진하다'라는 뜻도 있고, 일을 할 때 동료나 팀원을 '도와주다'라는 뜻도 있어요.

길을 잘못 들어서 내가 후진을 해야 했다면, **I had to back up.**이라고 하고, '걱정 마, 내가 도와줄게'라고 할 때는, **Don't worry. I'll back you up.**이라고 할 수도 있어요.

LEVEL UP
EXPRESSIONS

드디어 그 날이 왔네.
It's finally here.

기다리고 고대하던 어떤 날이 되었을 때 할 수 있는 말이 **It's finally here.**예요. 꼭 보고 싶던 콘서트 날짜가 다가왔다든지, 졸업식을 손꼽아 기다렸는데 드디어 그 날이라든지, 오랫동안 준비하던 행사 날짜가 다가왔다든지 할 때 다 쓸 수 있습니다.

CHAPTER 4

고대하던 콘서트를 보러 갈 때

A 내일이 콘서트인데, 신나?
B 드디어 그 날이 왔구나. 믿어지지가 않아!

A Are you excited for their concert tomorrow?
B It's finally here. I can't believe it!

졸업식이 다가오자

A 너 내일 졸업이구나. 기분이 어떠니?
B 믿을 수가 없어요. 드디어 졸업을 하다니요!

A You're graduating tomorrow. How do you feel?
B It's unbelievable. It's finally here!

UNIT 34 안심할 때, 다행이다 싶을 때, 안도할 때

아, 제 거… 네! 제 거예요 / 나으셨다니 다행이에요 / 고마워! 살았다!

TRY IT IN ENGLISH

걱정거리만 있다면 우린 명대로 살기 힘들 거예요. 잃어버린 물건을 찾고, 부모님 건강이 나쁘지 않은 걸 확인할 때마다 명이 늘어나는 셈이죠. 천만 다행, 안도하는 그 마음을 느껴보세요.

강의 **34**

TY 여권이 있네? 이거 누구 거지?
실례합니다. 혹시 지갑 잃어버리셨어요?

행인 아, 제 거… 네! 제 거예요. 정말 감사합니다.
이걸 저에게 가져다주시다니.

TY 당연히 그래야죠! 신용카드랑 신분증 잃어버리면
난리 나죠.

행인 이제 살았네요.
세상에 선생님처럼 좋은 분들이 계셔서 너무 행복해요.

SITUATION 1 아, 제 거··· 네! 제 거예요

떨어뜨린 줄도 몰랐는데 지나가는 사람이 지갑을 주워주는 상황입니다. 우리말 대화를 보고 영어로 생각해본 다음에 영어 대화문을 보세요.

음원 34-1

TY A passport? I wonder whose it is?
Excuse me. Did you **happen to** lose your wallet?

Stranger Oh, my… Yes! That's mine. Thank you so much.
I can't believe you returned it to me.

TY **Of course!** 100 It's terrible when we lose our cards and IDs.

Stranger **I'm so relieved.**
It makes me so happy to know there are kind people like you in this world.

VOCABULARY

lose 잃어버리다 **wallet** 지갑 **mine** 내 것 **terrible** 끔찍한, 난리 나는

KEY EXPRESSIONS

1 **혹시 ~하다(의문문), 우연히 ~하다(평서문)**

happen to ~

혹시 뭐뭐하느냐고 물어볼 때, 우연히 뭐뭐했다고 말할 때 happen to를 넣어서 말할 수 있어요. 오늘 우연히 마이크를 봤다면, I happened to see Mike today.라고 하고, '혹시 마이크 씨인가요?'라고 묻는다면, Do you happen to be Mike?라고 할 수 있죠. happen이 '어떤 일이 생기다'라는 뜻으로 쓰일 때는 What happened? Something happened.처럼 말하고, 누구에게, 어디에 무슨 일이 생겼는지는 to 뒤에 명사를 써서 표현합니다. 나 없는 사이에 그녀에게 무슨 일이 생겼어? What happened to her during my absence?처럼요.

2 **당연히 그래야죠! 뭘요!**

Of course!

상대방이 Thank you.라고 했을 때 Of course.라고 답할 수 있는데요, '물론'이라는 뜻이 아니라 '뭘요', '당연히 그래야죠', '누구나 다 그렇게 하겠죠' 정도의 의미예요. No problem, My pleasure, Sure, Sure thing, Anytime, Not at all 등과 같은 의미로 쓰인 겁니다.

3 **이제 살았어요.**

I'm so relieved.

문제가 해결돼서 더 이상 걱정하지 않아도 된다고 할 때, I'm so relieved.라고 해요. 기다려도 오지 않는 어떤 사람이 알고 보니 벌써 도착했다는 걸 알고 안도할 때, 마음 놓이는 그 감정을 조금 더 강조해서, I'm so relieved. It makes me so happy to know that he already arrived.라고 할 수 있어요.

CHAPTER 4

SITUATION 2 나으셨다니 다행이에요

음원 **34-2**

등이 아프신 아빠가 침 맞고 좋아지셔서 마음이 놓입니다. 우리말 대화를 보고 영어로 생각해본 다음에 영어 대화문을 보세요.

(전화로)

진 아빠, 등 아프신 건 좀 괜찮으세요?

아빠 응, 한의원에서 침 맞았어. 지금은 안 아프다.

진 다행이에요. 정말 걱정했어요.

아빠 걱정하지 마라. 무거운 거 다시는 안 들을게

진 주말에 마이클하고 갈게요. 그이가 아빠 드릴 건강 보조식품을 좀 샀어요.

(On the phone)

Jin Dad, is your backache getting better?

Dad Yes, I got **acupuncture treatment** at the Oriental medicine clinic. I feel no pain now.

Jin **I'm relieved** to hear that. **I was really worried.**

Dad Don't worry. **101** I won't lift anything heavy again.

Jin Michael and I will visit you this weekend. He bought some health supplements for you.

VOCABULARY

backache 등 통증 **clinic** 의료원 **lift** 들어올리다 **supplement** 보조식품

KEY EXPRESSIONS

1 **침술 치료, 침 치료 acupuncture treatment**

침을 맞아서 치료하는 것을 acupuncture treatment라고 해요. 침을 놓을 때 쓰는 침은 acupuncture needle이라고 하고 경혈, 혈자리는 acupuncture point라고 합니다.

2 **다행이에요. I'm relieved.**

어떤 이유로 '안심이다, 다행이다'라고 할 때 I'm relieved.라고 하는데요, I'm relieved 뒤에 to 동사원형을 써서 그가 다시 행복한 걸 보고 마음이 놓였어. She was relieved to see him happy again.처럼 말하거나, 누구 was relieved 뒤에 when 주어+동사를 써서 그녀가 소식을 듣고 마음이 놓인 듯했어. She looked relieved when she heard the news.처럼 말하기도 합니다.

3 **정말 걱정했어요. I was really worried.**

상대방 때문에 걱정을 많이 했다고 할 때 '당신 때문에'를 뜻하는 about you를 생략하고 I was really worried.라고 할 수 있어요. 걱정의 정도가 이것보다 좀 약하면 a little worried라고 하고, 좀 강하면 deeply worried라고 하죠.

SITUATION 3 고마워! 살았다!

음원 34-3

없어진 줄 알았던 전화기가 백팩 밑에 있는 걸 보고 안도하는 상황입니다. 우리말 대화를 보고 영어로 생각해본 다음에 영어 대화문을 보세요.

다니엘 어디 있지? 내 폰 못 봤어?
트레이시 아니. 어디다 놨는데?
다니엘 의자에 놓은 것 같은데.
트레이시 찾았다! 네 백팩 밑에 있었어.
다니엘 고마워! 살았다!
그래서 진동 소리를 못 들었구나. 밧데리가 나갔네.

Daniel Where is it? Have you seen my smartphone?
Tracy No. Where did you leave it?
Daniel I thought I left it on the chair.
Tracy Found it!
It was under your backpack.
Daniel Thanks! What a relief!
102 No wonder I couldn't hear it vibrate.
The battery died.

VOCABULARY

leave (물건을 어디에) 놓다 **backpack** 백팩 **relief** 다행 **vibrate** 진동하다

KEY EXPRESSIONS

1 **찾았다! Found it!**

뭔가를 찾았을 때 Found it!이라고 할 수 있어요. find에는 열심히 찾아서 발견했다는 뜻도 있고 뭔가를 우연히 찾았다는 뜻도 있어요. 열쇠가 안 보이면, I can't find the car keys.라고 하고, 괜찮은 카페를 발견했을 때, I found a nice café here.라고 할 수 있죠.

2 **살았다! What a relief!**

다행이라고 할 때 I'm so relieved. 말고 What a relief!라고도 할 수 있는데요, That's a relief.라고도 할 수 있어요. 정말 다행이라는 말에 부연 설명을 하고 싶으면, to see/have/know 등을 이어서, 이런 말하기 좀 그렇긴 한데, 그 여자가 집에서 나가니까 훨씬 낫다, I hate to say this, but it's a relief to have her out of the house.처럼 말할 수도 있습니다.

3 **밧데리가 나갔다 battery died**

우리는 밧데리가 다 됐어, 밧데리가 나갔어 하는데 영어로는 죽는다고 해요. 자동차 밧데리가 나갔느냐고 할 때는, Is your car battery dead?라고 하고, 상대방이 차를 세워두고 너무 안 써서 '밧데리가 나가면 어쩌지?'라고 할 때는, What if your car battery dies?라고 해요.

핵심 패턴 100 ~하면 큰일 나죠, 난리 나죠. It's terrible when ~.

신용카드랑 신분증 잃어버리면 난리 나죠.
It's terrible when we lose our cards and IDs.

알람 소리 못 듣고 자버리면 큰일이지.
It's terrible when you sleep through the alarm.

1라운드에서 그 팀 만나면 큰일이야.
It's terrible when you face that team in the first round.

어떤 일이 일어나면 안 좋은 거라고 할 때, It's terrible when ~.이라고 할 수 있어요. '어떤 일이 벌어지는 게 낭패야, 곤란해, 난리 나는 거지' 정도의 뜻입니다.

핵심 패턴 101 다시는 ~하지 않을게. I won't ~ again.

무거운 거 다시는 안 들을게.
I won't lift anything heavy **again.**

다시는 그들에게 지지 않을 거야.
I won't let them beat us **again.**

다시는 필름 끊기는 일 없을 거야.
I won't black out **again.**

이미 했던 행동을 가리키면서 다시는 그렇게 하지 않겠다고 할 때 이 패턴을 써서 말해보세요. won't는 will not을 줄인 말이에요.

핵심 패턴 102 내가 ~하지 못한 게 당연하네, 그래서 ~를 못했구나. No wonder I couldn't ~.

그래서 내가 진동 소리를 못 들었구나.
No wonder I couldn't hear it vibrate.

그래서 내가 차이를 구분하지 못 했구나.
No wonder I couldn't tell the difference.

10년이 지났으니 그를 못 알아본 게 당연하지.
No wonder I couldn't recognize him after ten years.

뭔가에 대한 이유가 있어서 '그게 놀랄 일도 아니다, 당연하다'라고 할 때 쓰는 패턴이에요.

I'm relieved. vs. Good for you.
어떤 때 쓰나요?

I'm relieved.는 상대방에게 혹은 누군가의 일이 잘 해결되었을 때, 안 좋은 일을 피해갔을 때 쓸 수 있는 말로, '다행이다, 그 말을 들으니 안심이다' 정도의 의미예요. **Good for you.**는 상대방에게 뭔가 좋은 일이 생겼을 때 쓰는 말인데요, **Good for you.**라고도 하고, **I'm happy for you. I'm glad to hear that. I'm happy to hear that.**이라고도 할 수 있어요. 또 **glad**의 사전적인 의미는 '기쁜, 좋은, 다행인' 정도인데요, 우리말로는 '잘됐다, 기분이 좋다' 정도로 기억하시면 좋아요. 상대방이 우리와 함께 일하게 되었을 때, **We're glad you're joining us.**라고도 하고, 상대방이 어디에 제시간에 도착했다는 말을 듣고, **I'm glad you made it on time.**이라고 할 수 있죠. 그리고 내가 선물해드린 게 마음에 든다는 사람에게는, **I'm glad you like it.** 혹은 **I'm glad you liked it.**이라고 할 수 있어요.

LEVEL UP
EXPRESSIONS

총알을 피한 느낌이야.
I dodged a bullet.

하마터면 어떤 일을 당할 뻔했는데 다행히 잘 피한 경우에 할 수 있는 말이, **I dodged a bullet.** 입니다. 총알을 맞았다고 생각하면 아찔하죠? 그 총알이 상징하는 나쁜 일, 일어났으면 큰일 날 뻔한 일을 다행히도 피해갔을 때 이 말을 써보세요.

경기를 취소하고

A 휴우, **가까스로 피했다.** 엄청난 폭풍우야.
B 그래, 경기를 취소하길 잘했어.

A Phew, **we dodged a bullet.** It's quite a storm.
B Yeah, good thing we canceled the game.

사기 거래를 피했을 때

A 어쩜, 그 거래가 사기였다니!
B 그러게, **총알을 피한 거지.** 만나기로 한 날 아픈 바람에.

A I can't believe that deal was actually a scam!
B Yeah, **I dodged a bullet.** I was sick the day of the meeting.

CHAPTER 4

UNIT 35 감사함이 느껴질 때

부탁해주셔서 고마워요 / 네 덕분에 이사했다 / 내가 진짜 원하던 거야

TRY IT IN ENGLISH

세상엔 감사할 일 천지예요. 힘든 내 마음을 알아주고 도와주는 건 물론이지만, 힘들다고 나를 찾아주는 건 나의 존재 이유를 증명해주는 것이기도 해요. 부탁해주셔서 고마워요.

강의 **35**

미란다 부탁 하나 들어주실래요?

닉 그러죠. 말씀하세요.

미란다 한두 시간 제 강아지 좀 봐주시겠어요?

닉 좋아요. 딸아이랑 산책시키면 되겠네요.

미란다 이웃한테 부탁하려고 했는데, 그 정도로 친하지는 않아서요.

닉 저한테 부탁해주셔서 고마워요.
제가 강아지 좋아하잖아요.

SITUATION 1 부탁해주셔서 고마워요

강아지를 맡아줄 수 있냐는 말에 자기한테 부탁해서 오히려 고맙다는 친절한 이웃입니다. 우리말 대화를 보고 영어로 생각해본 다음에 영어 대화문을 보세요.

음원 35-1

Miranda Will you **do me a favor**?

Nick Sure. Tell me what it is.

Miranda Could you please watch my dog for a couple of hours?

Nick No problem. My daughter and I can walk your dog.

Miranda I was going to ask my neighbor, but I **don't know him well enough**.

Nick **103** I appreciate you asking me. You know I love dogs.

VOCABULARY

favor 부탁 **watch** 봐주다 **walk** (애완동물을) 걸리다, 산책시키다 **appreciate** 감사하다

KEY EXPRESSIONS

1 **부탁 하나 들어줘**

do me a favor

부탁을 들어달라고 할 때는 do나 ask를 넣어서 말할 수 있어요. do me a favor를 넣어서 Can/Will you do me a favor? 혹은 좀 더 공손하게 Could/Would you do me a favor? 라고 할 수 있고, 또 Can I ask you a favor?라고 할 수도 있어요. do를 쓰면 부탁을 들어주는 거고, ask를 쓰면 부탁을 한다는 말이에요.

2 **그 정도로 친하진 않아**

don't know him well enough

어떤 사람에 대해 듣기만 했지 만난 적이 없다면 know of, 알고 지내는 사이는 know, 알아 가는 중이면 getting to know라고 하고, 알긴 하지만 친하진 않다면 I don't know him very well/well enough.라고 해요.

3 **저에게 부탁해주셔서 고마워요**

I appreciate you asking me.

'고맙다, 감사하다'라고 할 때 appreciate를 쓸 수 있는데, 여러 문장 형태로 쓸 수 있어요. 먼저 appreciate 뒤에 it, that 혹은 명사를 넣어서, 상대방의 도움에 감사하면, I really appreciate your help. 신경 써줘서 고마우면, I appreciate your concern.이라고 할 수 있고, appreciate 뒤에 누구를 가리키는 목적어나 소유격을 쓰고 -ing를 연결한 형태로, 부탁해준 게 고마우면, I appreciate you asking me. 혹은 I appreciate your asking me.라고 할 수 있어요. 그리고 appreciate 뒤에 that 주어+동사를 쓸 수도 있어서 I appreciate that you asked me.라고도 합니다. 아직 안 해줬지만 그렇게 해주면 감사하겠다고 할 때는, I'd appreciate it if you let me go now.처럼 말해요.

SITUATION 2 네 덕분에 이사했다

음원 35-2

무거운 짐을 옮겨준 친구에게 고마움을 표하는 상황입니다. 우리말 대화를 보고 영어로 생각해본 다음에 영어 대화문을 보세요.

에디 이 박스 어디 놓을까?
민 저기 침실 문 옆에.
에디 그게 다야?
민 응! 박스 이제 더 없어. 고마워서 어떡해.
에디 됐어. 나도 도와줘서 좋았어.
근데 너 나한테 아이스크림 사준다고 했다!

Eddy Where should I put this box?
Min Just **over there** by the bedroom door.
Eddy Is that everything?
Min Yep! There are no more boxes left.
104 **I can't tell you how thankful I am.**
Eddy No problem. I was happy to help.
But you did promise me we'd **grab some ice cream**!

VOCABULARY

put (물건을 어디에) 놓다 **left** 남아 있는 **thankful** 고마워하는 **grab** (간단히) 먹다

KEY EXPRESSIONS

1 **저쪽에 over there**

어딘가를 가리키면서 '저기, 저쪽'이라고 할 때 over there라고 하는데요, 여기서 over there가 가리키는 곳은 눈에 보이는 가까운 저기만이 아니라, 먼 지역, 외국 등도 가리킵니다. 가까운 거리에 있는 사람을 가리키면서, What? That guy over there?라고도 하고, 외국에 간 친구가 잘 지낸다는 말을 듣고, I'm glad he's doing well over there.라고도 하죠.

2 **고마워서 어떡해.**
I can't tell you how thankful I am.

너무너무 고마워서 얼마나 고마운지 말로 표현하지 못하겠다는 표현인데요, 우리도 비슷하게 이야기하죠, '얼마나 맛있는지 말도 못해' 이런 식으로요. 너무 고맙다는 의미로, I can't thank you enough.라고도 해요.

3 **아이스크림을 먹다 grab some ice cream**

grab은 원래 뭔가를 '거머쥐다, 붙들다'라는 뜻인데요, 뒤에 먹는 것, 마시는 것을 쓰면 가볍게 뭔가를 먹는다는 뜻이 되요. 가기 전에 간단히 먹자, Let's grab a bite (to eat) before we go. 잠깐만, 나 커피 한 잔 할게, Hang on while I grab a cup of coffee.처럼 씁니다.

SITUATION 3 내가 진짜 원하던 거야

음원 35-3

힘들게 일했다고 커피를 내려주는 동료에게 고마워하는 상황입니다. 우리말 대화를 보고 영어로 생각해본 다음에 영어 대화문을 보세요.

민 정말 피곤해 보여.
에디 맞아. 다섯 시간을 쉬지 않고 일했더니.
민 어느 정도는 내일 할 수도 있었는데.
에디 괜찮아. 오늘 끝내고 싶었어.
민 여기. 방금 내린 커피 좀 마셔.
에디 뭘 이렇게. 내가 진짜 원하던 거야.

Min You look really tired.
Eddy I am. 105 I've been working for 5 hours straight.
Min You could have done some of this work tomorrow.
Eddy It's okay. I just wanted to get it done today.
Min Here. Have some of this coffee I just made.
Eddy You shouldn't have.
This is just what the doctor ordered.

VOCABULARY

tired 피곤한 **straight** 쉬지 않고 **have** 마시다 **order** 지시하다

KEY EXPRESSIONS

1 **다섯 시간을 쉬지 않고 for 5 hours straight**

'몇 시간 동안 쉬지 않고 계속, 몇 일 동안 내리'라고 할 때 이렇게 말해요. 8일간 내리 비가 왔다면, It rained for eight days straight.라고 할 수 있고, '어쩜 깨지도 않고 15시간을 자니?'라고 한다면, How could you sleep for 15 hours straight?라고 할 수 있어요.

2 **뭘 이렇게, 뭘 이런걸 다. You shouldn't have.**

선물을 받을 때 혹은 상대방의 호의에 대해 고마워할 때, You shouldn't have.라고 할 수 있어요. '안 해도 됐는데 뭘 이런 걸 다…'라고 고마워하는 말이죠. 이렇게 좋은 선물은 안 샀어도, 준비 안 했어도 된다는, You shouldn't have done it/that.이라는 문장을 줄인 거예요.

3 **내가 진짜 원하던 거야. This is just what the doctor ordered.**

뭔가가 정말 간절하게 필요했거나 먹고 싶었거나 할 때 쓰는 표현이에요. 의사 처방은 아픈 사람을 낫게 하는 데 꼭 필요한 거죠. 그러니까 just what the doctor ordered라는 건 기분을 좋게 하거나 상황을 호전시키는 매우 유용한 걸 말해요. 토마토 소스로 만든 미트볼이 정말 먹고 싶었던 거라면, Meatballs in the tomato sauce! Just what the doctor ordered.라고 하죠.

핵심 패턴 103 ~를 해주셔서 감사해요. I appreciate you -ing.

저한테 부탁해주셔서 고마워요.
I appreciate you ask**ing** me.

제 강아지 봐주셔서 고마워요.
I appreciate you look**ing** after my puppy.

제 제안서를 훑어봐주셔서 고마워요.
I appreciate you go**ing** over my proposal.

상대방이 뭔가를 해줘서 감사하다고 할 때 이 패턴을 쓸 수 있어요. I appreciate your -ing. 혹은 I appreciate 무엇이라고 해도 됩니다.

핵심 패턴 104 너무너무 ~하다. I can't tell you how 형용사+주어+동사.

고마워서 어떡해.
I can't tell you how thankful I am.

얼마나 내 꼴이 처량했는지 몰라.
I can't tell you how miserable I was.

풍경이 얼마나 장관이었는지 말도 못 해.
I can't tell you how gorgeous the scenery was.

내 감정이 너무나 어떻기 때문에 그 감정을 말로 표현할 수가 없다는 의미의 패턴이에요. how 뒤에 감정을 나타내는 말을 넣으면 됩니다.

핵심 패턴 105 내리 ~동안 …를 했어. I've been -ing for ~ straight.

다섯 시간을 쉬지 않고 일했어.
I've been work**ing for** 5 hours **straight.**

두 시간째 쉬지 않고 달리는 거야.
I've been runn**ing for** 2 hours **straight.**

세 시간째 쉬지 않고 연습하는 거야.
I've been practic**ing for** 3 hours **straight.**

뭔가를 얼마만큼의 기간 혹은 시간 동안 쉬지 않고 했다고 할 때, for 뒤에 기간이나 시간을 나타내는 말을 쓰고 straight을 넣어 말해요.

Thanks to you. vs. That's because of you.
이 둘은 같은 뜻인가요?

같은 의미로도 쓰고 다른 의미로도 씁니다. 먼저 **because of**는 누구 또는 무엇이 원인을 제공했을 때 쓰는데요, 예를 들어 '지금 스티브 때문에 힘들어?'라고 할 때는 **Is it because of Steve?**라고 할 수 있지만, 누구 덕분에 내가 일을 잘 해냈다든가, 힘든 일을 이겨냈다고 할 때는, **thanks to** 누구라고 해요. **thanks to you, thanks to my mother and father, thanks to my parents, thanks to my teacher**처럼요. 그리고 '무엇(사람이 아닌 것) 덕분에'라고 할 수도 있어서, 이 책 덕분에, **Thanks to this book.** 네가 도와줘서, 그 덕분에, **Thanks to your help.**처럼 말할 수도 있습니다.

LEVEL UP
EXPRESSIONS

이 정도는 저희가 해드려야죠.
It's the least we can do.

내가 한 일에 대해서 상대방이 감사하다고 말했을 때 대답으로, 이 정도는 해드릴 수 있는 일이니 괜찮다, 신경 쓰지 말라는 의미로 **It's the least we can do.**라고 할 수 있어요. **the least**는 최소한의 일, 여기서는 최소한의 호의를 뜻합니다.

도움의 대가로 저녁식사비를 내면서

A 왜 저녁 값을 내세요?
B 어제 저녁에 저희를 도와주셨잖아요, **이 정도는 해드릴 수 있어요.**

A Why are you paying for dinner?
B After you helped us last night, **it's the least we can do.**

기증을 하면서

A 기증을 해주셔서 정말 감사합니다.
B 천만에요. **이 정도는 제가 할 수 있습니다.**

A Thank you so much for the donation.
B You're welcome. **It's the least I can do.**

CHAPTER 4

UNIT 36

감동받았을 때

감동이에요 / 커피 한 잔 사서 축하해주고 싶어 / 아빠는 정말 특별해요

TRY IT IN ENGLISH

내 옆의 누가, 무심코 뱉은 내 말을 잊지 않고 현실로 만들어주거나 소중한 추억을 되살려줄 때, 혹은 밀어 놓았던 소원이 조용히 성취될 때의 감동. 우리는 그 감동의 힘으로 살아가죠, 아마.

강의 36

미란다 포장지 여기 있어요.

닉 포장지요? 어디에 쓰죠?

미란다 따님한테 양초 만들어줄 거라고 하셨잖아요? 이게 필요하실 것 같아서요.

닉 아, 감동이에요. 미란다, 고마워요. 참 좋은 분이세요.

미란다 아무 것도 아닌데요 뭘. 그냥 도움이 될까 했어요.

SITUATION 1 감동이에요

전에 가볍게 한 이야기를 기억하고 선물을 준 친구에게 감동했어요. 우리말 대화를 보고 영어로 생각해본 다음에 영어 대화문을 보세요.

음원 36-1

Miranda Here's some wrapping paper for you.

Nick Wrapping paper? What for?

Miranda You said you would make some candles for your daughter.
106 I thought you might need this.

Nick Oh, I'm touched.
Thank you, Miranda. You're too kind.

Miranda It's nothing. I just wanted to help.

VOCABULARY

wrap 포장하다 **candle** 양초 **might** ~할 것 같다 **touched** 감동받은

KEY EXPRESSIONS

1 **포장지**
wrapping paper
포장지를 wrapping paper라고 해요. 선물 포장지는, 특히 gift wrap이라고도 합니다. 벽지는 wall paper라고 하고요. 포장지가 다가 아니고, 안에 들어 있는 내용물이 중요하다는 말을, Pretty wrapping paper isn't enough. What's in it matters.라고 하죠.

2 **감동이에요.**
I'm touched.
뭔가에 감동을 받아 행복하고 감사할 때, I'm touched.라고 해요. I'm touched.라고만 해도 되지만 뭐 때문에 감동을 받았는지도 말할 때는, by나 that 뒤에 뭔가를 써서 말해요. 누군가의 선물을 받고 감동했을 때, We're deeply touched by their present.라고 할 수 있고, 누가 외국을 가는데 동료들이 다 배웅을 해줘서 감동이었다면, She was touched that all her colleagues were there to see her off.라고 하죠.

3 **별거 아니에요.**
It's nothing.
상대방의 고맙다는 말에 대한 대답으로 많이 쓰는 말이에요. 우리말로도 '아니에요, 뭘. 별거 아닌데요.'라고 하죠? 이 말은 상황에 따라 다른 의미를 가지는데요, 누가 내 손가락을 보고 왜 그러느냐고 할 때, 별거 아니라고, 살짝 긁혔다고 할 때도, What happened to your finger? It's nothing, just a scratch.라고 해요.

SITUATION 2 커피 한 잔 사서 축하해주고 싶어

승진 예정인 동료에게 우선 커피로 축하하는 상황입니다. 우리말 대화를 보고 영어로 생각해본 다음에 영어 대화문을 보세요.

음원 36-2

아르만	윤, 커피 타임 할까?
윤	커피 생각 없는데.
아르만	왜 이래. 커피 한 잔 사서 축하해주고 싶어서 그래.
윤	뭘 축하해?
아르만	너 승진할 거잖아!
윤	정말? 어머 진짜 이렇게 되다니!

Arman	Yoon, want to take a coffee break?
Yoon	I'm not in the mood for coffee.
Arman	**Come on.** 107 I want to congratulate you by buying you a fresh cup of coffee.
Yoon	Congratulate me for what?
Arman	You're going to be promoted!
Yoon	**Are you serious? I can't believe this is actually happening!**

VOCABULARY

break 휴식 **mood** 기분 **serious** 진심인 **actually** 실제로

KEY EXPRESSIONS

1 **왜 이래, 그러지 말고, 어우 야… Come on.**

상대방을 설득할 때 가볍게 쓸 수 있는 말이 Come on.이에요. 커피 한 잔 하자는데 싫다는 상대방에게 '그러지 말고 나랑 커피 한 잔 하자' 하고 권하는 거죠. Come on.은 상대방을 격려하면서 '너도 할 수 있어'라고 분위기를 살려줄 때도 많이 씁니다. Come on, you can do it. 이렇게요.

2 **진짜야? Are you serious?**

상대방이 뭔가 믿을 수 없는 말을 할 때 '잠깐만, 지금 농담 아니지?'의 의미로 Are you serious?라고 해요. 같은 의미로 You mean it?이라고도 하죠. 물론 이런 의미로 쓰는 말 중에서는 Really?가 제일 쉬운 말이긴 하죠.

3 **어머 진짜 이렇게 되다니!**
I can't believe this is actually happening!

정말 그렇게 될까 싶었던 일이 실현되면 얼마나 기분이 좋을까요? 그럴 때 쓰는 말인데요. 여기에 actually는 강조하는 의미로도 쓰인 말이에요. 안 그래도 좋다는 말인 I can't believe에 actually를 더하니 정말 좋다는 거죠. 이런 일이 진짜로 일어나다니 꿈인지 생시인지 모르겠다는 거죠.

SITUATION 3 아빠는 정말 특별해요

음원 36-3

가족 사진을 USB에 담은 아빠의 정성에 감동했어요. 우리말 대화를 보고 영어로 생각해본 다음에 영어 대화문을 보세요.

닉 이 USB 네 꺼야.
우리 가족사진 다 담았어.
딸 와! 고맙습니다, 아빠! 언제 하셨어요?
닉 퇴직했더니, 시간이 많구나. 그거 말고, 내 것도 하나 만들었다.
딸 아빠는 정말 특별해요.
어떻게 이런 아빠 딸로 태어났을까요?

Nick This USB drive is for you.
I saved all our family pictures here.
Daughter Wow! Thanks, Dad! When did you do that?
Nick Now that I'm retired, I've got a lot of free time.
And besides, I made a copy for myself.
Daughter You're really something else.
108 How did I get so lucky to have a dad like you?

VOCABULARY

save 저장하다 **retire** 퇴직하다 **besides** 게다가 **something else** 특별한

KEY EXPRESSIONS

1 **네 꺼야** for you

꼭 선물이 아니어도 상대방에게 뭘 주면서 하는 말이죠. 간단하게 For you.라고만 하기도 하고, This is for you.라고 하기도 해요. 아니면 This book 같은 것을 주어로 써서 This book is for you.처럼 말하기도 하죠.

2 **그거 말고도** and besides

그것 말고 다른 게 또 있다고 할 때 and besides라고 해요. 그녀가 여기 못 온 이유를 말하면서, '눈이 와서 못 왔어, 게다가 차까지 퍼졌거든'처럼 말할 때 She couldn't get here because of the snow. And besides, her car broke down.라고 할 수 있어요. moreover라고 할 수도 있습니다.

3 **아빠는 정말 특별해요.** You're really something else.

누군가에게 보내는 일종의 최상급 찬사예요. You're really something else. 뒤에 How did I get so lucky to have a dad like you?처럼 최상급을 연이어 써서 감사와 행복한 마음을 더 강조할 수 있죠. '아빠는 특별한 분이고, 그런 분의 딸인 저는 행운아예요.' 이렇게요.

CHAPTER 4

핵심 패턴 106 ~할 것 같아서요. I thought you might ~.

이게 필요하실 것 같아서요.
I thought you might need this.

흥미를 잃으실 것 같아서요.
I thought you might lose interest.

마스크가 다 떨어졌을까 해서.
I thought you might run out of masks.

상대방에게 뭔가가 필요해 보였거나, 어떤 것 같다고 생각될 때 이 패턴을 쓸 수 있어요.

핵심 패턴 107 축하하는 뜻으로 ~하고 싶어. I want to congratulate you by -ing.

커피 한 잔 사서 축하해주고 싶은데.
I want to congratulate you by buy**ing** you a fresh cup of coffee.

건배 제안하며 축하해주고 싶어.
I want to congratulate you by propos**ing** a toast.

축하하는 의미로 노래 한 곡 불러주고 싶어.
I want to congratulate you by sing**ing** a song.

상대방에게 뭔가 좋은 일, 축하해줄 일이 생겼을 때 쓸 수 있는 패턴인데요, congratulate는 '축하하다'라는 뜻의 동사예요.

핵심 패턴 108 …하다니 어쩜 이렇게 제가 ~할 수 있을까요? How did I get so ~ to …?

어떻게 이런 아빠 딸로 태어났을까요?
How did I get so lucky **to** have a dad like you?

당신 같은 남편을 만나다니 내가 얼마나 복이 많은지?
How did I get so blessed **to** have a husband like you?

저런 사람이 내 상사라니 이렇게 불행할 수가?
How did I get so unlucky **to** have him as my boss?

너무나 감사하고 다행인 일에 대해서, 혹은 반대로 불행하다고 느끼는 일에 대해서도 쓸 수 있는 패턴입니다.

Congratulate vs. Congratulations
축하한다고 할 때 어떻게 말하죠?

Congratulations.는 그냥 이 단어 하나만 기억하면 돼요. '축하해!'라고 하고 싶을 때 **Congratulations!**라고만 하면 됩니다. 아니면 뒤에 **on** 무엇을 붙일 수도 있어요. 예를 들어, 상대방이 다른 팀으로 가게 된 걸 축하한다고 하면서, **Congratulations on your new position.**이라고 할 수 있죠. 그리고 **Congratulate**는 뒤에 사람을 쓰고 이어서 **for** 무엇 혹은 **on** 무엇을 붙여서 말하면 됩니다. **I want to congratulate you on the result! I want to congratulate you for the great success!**처럼요.

LEVEL UP
EXPRESSIONS

놀라서 뒤로 넘어갈 거야.
He/she's going to flip out.

아주 놀랄 만한 소식이나 얘기를 들었을 때 우리말로도 '놀라서 뒤로 넘어가다'라는 표현이 있죠? 이렇게 어떤 사람이 무슨 말이나 소식을 듣고 깜짝 놀라서 뒤로 넘어갈 거라는 표현이 바로 **He/she's going to flip out.**입니다.

여동생이 좋아하는 가수 사진을 찍고

A 어쩜, 네 여동생이 좋아하는 가수와 사진을 찍다니.
B 그 애가 이걸 보면 아마 **놀라서 뒤로 넘어갈 거야.**

A I can't believe you took a picture with your sister's favorite singer.
B **She's going to flip out** when she sees this.

집이 너무나 엉망일 때

A 우와, 집이 엉망진창이네!
B 응, 아빠가 이걸 보시면 **놀라서 뒤로 넘어지시겠다.**

A Wow, the house is a mess!
B Yeah, **dad is going to flip out** when he sees this.

CHAPTER 4

UNIT 37

별일 아닌 듯해도 특별하게 느껴져 기분이 좋을 때

커피향은 참 특별해 / 정말 사랑스럽다 / 엄마, 저 여드름 났어요

TRY IT IN ENGLISH

소소한 행복은 우리 인생의 질을 바꿔주는 것 같아요. 은은한 커피 향, 반려견 혹은 묘의 귀여움, 따뜻한 말 한 마디, 빗물이 바위를 뚫듯, 소소행으로 우리 인생을 풍요롭게 해보세요.

강의 **37**

그레그 방금 전에 당신 기분 안 좋았는데.
어떻게 갑자기 미소를 지어?

제시카 커피향에는 뭔가 특별한 게 있거든.
항상 기분을 좋게 해줘.

그레그 커피를 좀 더 자주 만들어줘야겠네.
몇 년 전에 일찌감치 알았으면 좋았을 걸.

제시카 내 인생에 커피만 있으면 된다고 늘 얘기하지 않았어?

SITUATION 1 커피향은 참 특별해

음원 37-1

커피 향에 취해 자기도 모르게 미소를 짓는 상황입니다. 우리말 대화를 보고 영어로 생각해본 다음에 영어 대화문을 보세요.

Greg You were just in a bad mood a second ago.
Why are you all of a sudden smiling?

Jessica 109 There's just something about the smell of coffee.
It always makes me smile.

Greg Maybe I should make you coffee more often.
I should have learned this trick years ago.

Jessica Haven't I always told you a cup of coffee is all I need in life?

VOCABULARY

sudden 갑작스러운 **more often** 더 자주 **learn** 알게 되다 **trick** 비결

KEY EXPRESSIONS

1 **기분이 안 좋다, 짜증나다**

be in a bad mood

be in a mood라고만 해도 기분이 좋지 않다는 건데요, be in a bad mood는 짜증도 나고 화까지 난다는 의미예요. 아내가 기분이 별로이면, My wife is in a bad mood. 내가 나 자신에게 화가 났다면, I was in a bad mood with myself.라고 해요.

2 **방금 전에**

a second ago

'방금 전까지, 조금 전에'라는 말이에요. '강아지? 거기 있었는데… 진짜야'라고 할 때 I mean, really, he was there a second ago.라고 하고, '마이크가 방금 있었는데 어디 갔지'라고 할 때는 Have you seen Mike? He was here a second ago.라고 하죠.

3 **그것 때문에 늘 미소를 짓게 돼.**

It always makes me smile.

뭔가를 보면 혹은 어떤 생각만 해도 미소가 지어지는 그런 거 있죠? 그럴 때 쓰는 말이에요. laugh는 깔깔 대고 소리를 내어 웃는 거고, smile은 방긋이 미소를 짓는 거예요.

SITUATION 2 정말 사랑스럽다

강아지를 보니 일까지 잊을 정도로 기분이 좋아진다고 친구와 이야기하고 있습니다. 우리말 대화를 보고 영어로 생각해본 다음에 영어 대화문을 보세요.

음원 37-2

그레그 저기 저 귀여운 강아지 좀 봐.
너무너무 사랑스럽다.

제시카 일까지 잊어버리게 한다는 게 이거야?
일에 미쳤었다는 걸 완전히 잊어버린 것 같네.

그레그 강아지만큼 날 기분 좋게 하는 게 없어.

제시카 우리한테 뭐가 필요한지 확실히 알겠네.
금년에 우리 강아지 한 마리 입양하는 게 어때?

Greg Look at that cute little dog over there.
It's so adorable.

Jessica Is this **what it takes to** get you to forget about work?
It's like you completely forgot you were mad.

Greg 110 There's nothing like a dog to brighten my day.

Jessica I think I know exactly what we need.
What do you say we adopt a dog this year?

VOCABULARY

adorable 사랑스러운 **forget about ~** ~을 까맣게 잊어버리다 **brighten** 기운을 북돋우다
adopt 입양하다

KEY EXPRESSIONS

1 **~하게 하는 것 what it takes to ~**

뭘 ~하게 하는 것, 혹은 어떻게 하게 하는 '능력'을 뜻하기도 해요. 어떤 사람이 능력자라는 말은, He's got what it takes.라고 할 수 있고, 그녀에게 학위는 없지만 그 일은 거뜬히 할 수 있다는 말은, She doesn't have a degree but has what it takes to do the job.이라고 해요.

2 **누구의 기분을 좋게 하다 brighten one's day**

뭔가가 누군가의 날을 밝게 한다면, 기분이 좋아지겠죠. 그 사람의 편지를 받고 기분이 좋아졌다면, His letter brightened my day.라고 하고, 그녀와 얘기를 나누면 언제나 기분이 좋아진다면, Talking with her always brightens my day.라고 해요.

3 **어떻게 생각해? What do you say?**

의견을 물어보는 거죠. 대화문처럼 What do you say 뒤에 문장을 넣어서 말하기도 하고, 단독으로 What do you say?라고 말하기도 해요. '우리 합작하는 게 어때?'라고 한다면 We could enter into a partnership. What do you say?라고 할 수 있죠.

SITUATION 3 엄마, 저 여드름 났어요

음원 37-3

여드름이 났으니 이제 더 멋있어질 거라는 엄마 말씀에 기분이 좋아집니다. 우리말 대화를 보고 영어로 생각해본 다음에 영어 대화문을 보세요.

준	아, 이거 뭐야! 엄마, 저 여드름 났어요.
엄마	축하해! 이제 남자가 돼 가네.
준	네? 괴상하게 생겼어요.
엄마	크고 강해지려고 생기는 현상이야.
준	이렇게 되는 게 좋은 거라구요?
엄마	그럼. 조만간 더 멋있어질 거라는 뜻이야.
준	고맙습니다, 엄마. 엄마는 무슨 말을 해야 제가 기분 좋아지는지 너무 잘 아세요.

Jun	Oh, no! Mom, I've got pimples.
Mom	Congratulations! 111 You're on your way to becoming a man.
Jun	Huh? I look hideous.
Mom	That's something that happens before you get big and strong.
Jun	You mean it's a good thing that this is happening?
Mom	Of course. It means you'll be even more handsome very soon.
Jun	Thanks, Mom. You know just what to say to put me in a good mood.

VOCABULARY

pimple 여드름 **hideous** 괴상한 **happen** 생기다 **very soon** 이제 금방

KEY EXPRESSIONS

1 **좋은 일이야. It's a good thing.**

어떤 일이 생겨서 잘 됐다는 말이에요. It's a good thing 뒤에 문장을 넣어서 말하기도 합니다. 열쇠를 잃어버렸는데 같이 사는 사람이 마침 딱 왔다면, It's a good thing you're at home. I've lost my keys.라고 할 수 있죠.

2 **조만간 very soon**

조만간을 뜻하는 soon을 강조해서 very soon이라고 하면 '언제라도'의 느낌이 됩니다. 곧 시작한다는 말은, Beginning very soon now.라고 하고, 너 곧 40살 된다는 말은, You turn 40 very soon.이라고 해요.

3 **너는 무슨 말을 해야 ~하는지 너무 잘 알아.**
You know just what to say to ~.

무슨 말을 해야 어떻게 될지 아주 잘 안다는 건 그만큼 생각이 깊고 현명하다는 찬사죠. 그런데 그 내용이 to put somebody in a good mood 누군가를 기분 좋게 하는 것이라면 그 사람은 인간관계 능력의 끝판왕이라고 할 수 있죠.

핵심 패턴 109 ~에는 뭔가 참 그런 게 있어. There's just something about ~.

커피 냄새는 뭔가 특별한 게 있어.
There's just something about the smell of coffee.

새벽에 들리는 새 소리는 특별하지.
There's just something about the sound of birds at dawn.

산 정상에서 마시는 커피는 뭔가 좀 달라.
There's just something about a cup of coffee on a mountain top.

사람이나 어떤 대상에, 딱 꼬집어 뭐라고 말할 수는 없지만 좋거나 싫은 뭔가가 있다고 할 때 쓸 수 있는 패턴이에요.

핵심 패턴 110 ~만한 건 없어, ~가 최고야. There's nothing like ~ to ...

강아지만큼 날 기분 좋게 해주는 건 없어.
There's nothing like a dog **to** brighten my day.

추석 음식만큼 향수에 젖게 하는 게 없지.
There's nothing like Chuseok food **to** make me nostalgic.

내 기분을 푸는 데는 너와 대화하는 게 최고야.
There's nothing like a conversation with you **to** make me feel better.

뭔가가 최고라고 할 때 쓸 수 있는 패턴입니다. nothing like 뒤에 최고에 해당하는 것을 쓰고, to 뒤에는 이럴 때, 이렇게 하는 데에 해당하는 동사를 쓰세요.

핵심 패턴 111 ~가 되어가고 있구나. You're on your way to -ing.

이제 남자가 돼 가네.
You're on your way to becom**ing** a man.

기숙사 생활에 적응해 가고 있구나.
You're on your way to gett**ing** used to dorm life.

이제 프로 댄서가 되어 가는구나.
You're on your way to becom**ing** a pro dancer.

on your way는 상대방이 어디로 향하고 있다, 가는 중이라는 말이니까, '이제 뭔가가 되어 가는 중이다'라는 뜻이에요. 여기서 to가 전치사라서 뒤에 동사를 쓸 때는 -ing를 붙여서 말해요.

smile vs. laugh
이 둘은, 웃는 모양이 다른 거죠?

대화문에서 커피향을 맡으면 미소가 지어진다면서 **It always makes me smile.**이라고 했는데요, 커피향이 좋다고 깔깔대고 웃지는 않겠죠? 소리 없이 미소를 짓는 게 **smile**이고, 웃겨서 웃거나 깔깔대고 웃는 걸 **laugh**라고 해요. '왜 그렇게 미소를 지어?'라는 말은 **Why are you smiling right now?**라고 해요. 웃는 모양새에 따라서 여러 가지 동사들이 있어요. 소리내지 않고 미소를 짓는 것을 **smile**이라고 하고, 깔깔대고 웃거나 소리내서 웃는 것을 **laugh**라고 하죠. 톡이나 문자로 쓰는 **LOL**이 **laugh out loud**(박장대소를 하면서 웃는 것)의 앞 글자 세 개를 딴 것이라는 건 다 아시죠? 그리고 웃겨서 키득대고 웃는 것은 **giggle**이라고 하고, 신이 나거나 기분이 좋아서 웃는다는 걸 **chuckle**이라고 하기도 해요. 아무튼 어떻게 웃더라도 자주 많이 웃읍시다.

LEVEL UP
EXPRESSIONS

그냥 뭔가 특별한 게 있어.
There's just something about it.

별거 아닌 것 같아도 뭔가 특별한 게 있다, 그래서 그게 좋다, 소소한 행복을 느낄 수 있다 싶은 게 있죠? 여행할 때도 여행자들이 이 도시에는 뭔가 특별한 게 있다, 혹은 어떤 대상에게 뭔가 특별한 게 있다고들 하는데요, 이 말이 **There's just something about it.**입니다.

이태리 음식이 뭔가 특별하다고 생각할 때

A 왜 이태리 음식을 좋아해?
B 솔직히, 나도 모르겠어. **그냥 뭔가 특별한 게 있어.**

A Why do you like Italian food?
B Honestly, I don't know. **There's just something about it.**

부산에는 뭔가 특별한 게 있다고 생각할 때

A 왜 부산이 한국에서 제일 좋아하는 도시가 된 거예요?
B 에너지가 넘치는 도시니까요. **그냥 특별한 뭔가가 있어요.**

A Why is Busan your favorite city in Korea?
B It's the energy of the city. **There's just something about it.**

UNIT 38

TRY IT IN ENGLISH

추억에 잠겨 감상에 젖을 때

정말 기막힌 경험을 했어 / 이곳은 정말 좋은 추억이 있어 / 자랄 때 좋았던 시절이 떠올랐어

추억은 무수한 기억 중에서 특별히 인상 깊고 행복했던 순간을 말하죠. 여행에서든 어린 시절에서든 우리 삶의 엑기스를 뽑아 놓은 셈이에요. 잠시 추억에 잠겨 사는 맛을 느껴볼까요?

강의 **38**

TY 파리에 있을 때, 바르셀로나로 여행을 갔었어.

데이브 바르셀로나로 여행을 가?

TY 프랑스에서 여행을 하면서, 바르셀로나로 짧은 여행을 갔다고.

데이브 여행 중의 여행이었네.

TY 파리는 내 집 같더라고.
거기서 정말 기막힌 경험을 했어.

데이브 파리에 얼마나 있었던 거야?

SITUATION 1 정말 기막힌 경험을 했어

음원 38-1

여행하다가 또 어딘가로 여행했던 것에 대해 친구와 이야기하며 잠시 추억에 잠기는 상황입니다. 우리말 대화를 보고 영어로 생각해본 다음에 영어 대화문을 보세요.

TY While staying in Paris, I traveled to Barcelona.

Dave What do you mean you "traveled to Barcelona"?

TY During my France vacation, I just **took a short trip** to Barcelona.

Dave It was like a trip within a trip.

TY 112 I kind of thought of Paris as my home.
I had such a wonderful experience there.

Dave How long were you in Paris for?

VOCABULARY

vacation 휴가 **wonderful** 멋진, 훌륭한 **experience** 경험 **kind of** 어느 정도는

KEY EXPRESSIONS

1 **짧게 여행을 다녀오다**

take a short trip

어딘가에 짧게 다녀오는 걸 take a short trip이라고 해요. trip에는 종류가 많은데요, 출장, 업무 때문에 가는 건 a business trip, 스키 여행은 a ski trip, 수학여행은 a school trip, 관광버스를 타고 하는 여행은 a bus trip, 그리고 당일치기 여행은 a day trip 혹은 one-day trip이라고 해요.

2 **좀, 약간, 어느 정도는**

kind of

뭔가가 정확하게 딱 그렇다고 하긴 그렇고, '약간, 좀, 어느 정도는'이라고 할 때 kind of를 써요. 내가 이기지 않은 게 차라리 잘 된 건지도 모르겠다면, I'm kind of glad I didn't win.이라고 할 수 있고, 어떤 사람이 좀 진국인 것 같다면, He's kind of genuine, isn't he?라고 할 수 있어요.

3 **거기서 정말이지 아주 끝내주는 경험을 했어.**

I had such a wonderful experience there.

어딘가에서 너무너무 좋은 경험을 했다는 말인데요, 여기에 such를 넣었기 때문에 강조되는 느낌이에요. I had a wonderful experience there.라고 하는 것보다 I had such a wonderful experience there.라고 하는 게 훨씬 더 최고의 경험을 했다는 말이 됩니다.

SITUATION 2 이곳은 정말 좋은 추억이 있어

어릴 때 자란 곳을 아이와 함께 찾아 추억에 잠깁니다. 우리말 대화를 보고 영어로 생각해본 다음에 영어 대화문을 보세요.

음원 **38-2**

(차에서)

준	엄마, 어디서 자랐어요?
엄마	시골에서 자랐지.
준	잠깐만요… 우리 지금 시골에 있잖아요. 그게 외할아버지 댁이었어요?
엄마	맞아. 거기서 태어나고 자랐어.
준	그렇게 큰 호수 바로 옆에서 사신다니 대단해요.
엄마	이곳은 정말 좋은 추억이 있어.

(In the car)

Jun	Mom, where did you **grow up**?
Mom	I grew up in a house in the suburbs.
Jun	Wait... We're in the suburbs now. Was that my grandfather's house?
Mom	Right. **113** That's where I was born and raised.
Jun	I can't believe you lived right next to that big lake!
Mom	**I have such fond memories of this place.**

VOCABULARY

grow up 자라다 **the suburbs** 교외 **right next** 바로 옆 **memories** 추억

KEY EXPRESSIONS

1 **자라다, 성장하다 grow up**

어른으로 성장한다는 걸 grow up이라고 해요. 내가 농장에서 컸다면, I grew up on a farm. 서울에서 자랐다면, I grew up in Seoul.이라고 해요. 나중에 커서 뭐가 되고 싶은지 묻고 싶으면, What do you want to be when you grow up?이라고 하세요.

2 **태어나고 자라다 be born and raised**

어디에서 태어나서 자랐다고 할 때 붙여서 쓰는 표현이에요. 그 사람은 부산에서 나고 자랐어. He was born and raised in Busan.처럼요.

3 **이곳엔 정말 좋은 추억이 있어.**
I have such fond memories of this place.

such를 넣어서 참 좋았다는 걸 강조할 수 있어요. 그리고 구체적인 대상에 대한 기억이 아니라 일반적인 추억은 복수 memories라고 써요. 좋은 추억들은 fond/good/happy memories라고 하고, 안 좋았던 추억들은 bad/unhappy memories라고 해요.

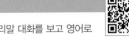

SITUATION 3 자랄 때 좋았던 시절이 떠올랐어

음원 38-3

부모님 댁에서 좋은 시간을 보냈다고 친구에게 이야기하고 있습니다. 우리말 대화를 보고 영어로 생각해본 다음에 영어 대화문을 보세요.

에디 부모님 댁 갔던 거 어땠어?
민 좋았어. 집에서 근사한 밥 먹고.
에디 행복하셨겠다.
민 응. 자랄 때 좋았던 시절이 떠올랐어.
우린 매주 한식으로 잘 차려먹었지.
에디 정말 특별한 일이었겠어.
민 그렇지. 나이 먹기 전에는 부모님이 얼마나 소중한지 모르니, 참.

Eddy How was your visit to your parents' house?
Min Great. We just had a nice meal at home.
Eddy They must've been very happy.
Min Yeah. It reminded me of the nice times I had growing up.
We used to have big Korean dinners every week.
Eddy That must have been really special.
Min Yeah. 114 It's sad that we don't really appreciate our parents until we're older.

VOCABULARY

meal 식사 **remind** 생각나게 하다 **sad** 슬픈 **appreciate** 감사하다

KEY EXPRESSIONS

1 **네가 부모님 댁 갔던 거 your visit to your parents' house**

영어를 우리말로 옮길 때 불편해지는 게 이런 경우인데요, your visit to your parents' house는 네가 너네 부모님 댁에 갔던 것이라고 하는 게 가장 자연스러울 것 같습니다. 네가 어디에 갔던 것을 your visit to 어디라고 다양하게 말해보세요.

2 **~가 떠올랐어. It reminded me of ~.**

사람이나 사물, 혹은 어떤 상황 등으로 인해 뭔가가 떠올랐다는 말이에요. 이 노래를 들으니 우리가 첫 데이트했던 게 떠오른다면, This song always reminds me of our first date.라고 해요. 주의할 점이 시제인데요, 우리가 자랄 때 기억이 난다면, It reminds me of the times we had growing up.이라고 하고, 자라던 시절이 떠올랐다고 하면, It reminded me of the times we had growing up.이라고 해요.

3 **좋았던 시절 nice times**

좋았던 때나 좋았던 시절을 nice times라고 해요. 좋았던 추억을 fond/good/happy memories라고 표현하는 것처럼 좋았던 때나 안 좋았던 시절도 good/bad/hard times라고 해요.

CHAPTER 4

핵심 패턴 112 난 ~가 좀 …같더라. I kind of thought of ~ as …

파리는 우리 집 같더라고.
I kind of thought of Paris **as** my home.

여행이 뭐랄까 내 인생인 것 같았어.
I kind of thought of traveling **as** my life.

강아지가 마치 내 아들 같았어.
I kind of thought of my dog **as** my son.

'뭔가가 약간 어떤 것처럼 느껴지더라, 생각되더라, 여겨지더라'라고 할 때 쓰는 패턴입니다.

핵심 패턴 113 거기서 ~했어. That's where I ~.

거기서 태어나고 자랐어.
That's where I was born and raised.

거기서 그녀를 만났어.
That's where I met her.

거기서 전 남친이랑 마주쳤어.
That's where I came across my ex-boyfriend.

어디에서 뭔가를 했다고 할 때 이 패턴을 쓸 수 있어요. where가 의문부사, 즉 전치사를 포함하는 거라서, 문장 끝에 전치사를 쓰지 않아도 됩니다.

핵심 패턴 114 ~하다니 참 안됐지. It's sad that ~.

나이 먹기 전에는 부모님이 얼마나 소중한지 모르니, 참.
It's sad that we don't really appreciate our parents until we're older.

옛날 부하 밑에서 일하게 되다니 안됐어.
It's sad that he works for the guy who once was his subordinate.

고향을 억지로 떠나게 돼서 불쌍해.
It's sad that they've been evacuated from their hometown.

내 감정을 말하기보다는 이렇다는 게 슬프게 한다는 상황을 강조하는 패턴입니다.

SPEAKING GRAMMAR

appreciate our parents vs. appreciate it
둘 다 같은 뜻인가요?

아니요, 다릅니다. **appreciate**에는, '뭔가에 감사하다, 고마워하다'라는 뜻도 있고, '어떤 것의 존재, 무언가의 존재, 그 사람이 있다는 사실, 그것이 있다는 사실에 감사하다'라는 뜻도 있어요. 그래서 **I appreciate my parents.**라고 하면, 난 우리 부모님이 계셔서 참 감사하다, 그분들의 존재에 감사하다는 뜻이고, **I appreciate it.** 혹은 **I appreciate that. I appreciate your help.**처럼 말하면 뭔가에 감사한다는 말이에요.

LEVEL UP EXPRESSIONS

거긴 정말 잊지 못할 거야.
I'll never forget that place.

여행을 다녀본 나라와 도시들에 대해 얘기하면서 그곳이 너무나 좋았기 때문에 절대 잊을 수가 없다고 할 때, **I'll never forget that place.**라고 할 수 있어요. 여행이 아니더라도 뭔가 특별한 이유 때문에 잊을 수 없는 장소가 있다면 역시 쓸 수 있는 말입니다.

어떤 곳이 너무나 좋았다고 하면서

A 그곳이 그렇게 좋았어?
B 그럼! **거긴 정말 잊을 수가 없어.**

A Was that place that good?
B Definitely! **I'll never forget that place.**

부다페스트가 너무 너무 좋았다고 하면서

A 부다페스트가 무척 인상적이었나 봐?
B **거긴 정말 잊지 못할 거야,** 특히나 사람들 친절한 건 정말.

A Budapest must've been impressive?
B **I'll never forget that place,** especially the kindness of the people.

CHAPTER 4

UNIT 39 희망이 차오를 때

사실은 우리 할 수 있는 일이 많아 / 못할 게 뭐 있어? / 기회 있을 때 해요

TRY IT IN ENGLISH

인생은 마음먹기 나름이죠. 꿈에 그리던 곳에서 살기, 나홀로 여행 등 고정 관념에서 벗어나기만 하면 바로 현실이 되는 걸 너무 쉽게 포기하는 것 같아요. 대화문에서 한 번 힘을 받아볼까요?

강의 **39**

TY 난 한 일이년 외국에서 살아보는 게 꿈이었어.

데이브 아직 많이 늦지 않았는데.

TY 근데 외국에서 일자리 구하기가 힘들잖아.

데이브 사실, 우리 할 수 있는 게 많아.
제일 힘든 건 할 수 있다는 믿음을 가지는 거야.

TY 고마워. 오늘 저녁에 그 가능성을 좀 찾아봐야겠어.
어쨌든 나중에는 그 꿈을 이룰 희망이 있지 않을까 싶어.

SITUATION 1 사실은 우리 할 수 있는 일이 많아

할 수 있다는 믿음만 있으면 된다고 친구에게 희망을 불어넣어주고 있습니다. 우리말 대화를 보고 영어로 생각해본 다음에 영어 대화문을 보세요.

음원 39-1

TY 115 I used to dream of living abroad for a year or two.

Dave It's not too late for that.

TY But finding a job abroad is difficult.

Dave Actually, there are many things we can do.
The hardest part is just taking that leap of faith.

TY Thanks. Maybe I'll look for some opportunities tonight.
I guess there's hope for that dream after all.

VOCABULARY

find 구하다 **the hardest** 가장 힘든 **leap** 도약 **faith** 믿음

KEY EXPRESSIONS

1 **가장 힘든 것**

the hardest part

part를 반드시 부분이라고 생각하지 않아도 됩니다. 그냥 뭐뭐한 것이라는 뜻으로 쓰시면 돼요. '대개 제일 힘든 건 결정하는 거야'라는 뜻으로, Usually the hardest part is deciding.이라고 하기도 하고, '이런 게 너희들에게 제일 어려운 거겠지'라는 의미로, This must be the hardest part for you guys.라고 할 수 있어요.

2 **믿음을 가지다**

take that leap of faith

이건, 불확실한 상황에서 믿음을 가지는 걸 말해요. leap of faith는 뭐라고 정확한 증거를 대고 입증할 수는 없지만 믿음이라는 것을 가지고 이루어내려고 하는 강한 신념을 가리켜요. '회사를 관두고 새로운 일을 시작하는 데 상당한 신념이 필요했어'라는 의미로, It took a big leap of faith to decide to quit my job and try something new.라고 할 수 있어요.

3 **나중에는 그 꿈을 이룰 희망이 있지 않을까 싶어.**

I guess there's hope for that dream after all.

I guess나 hope, dream, after all 이 단어들은 모두 확실하지 않은 일에 관해 얘기하고 있는데요, I guess 이러지 않을까 싶어, there's hope 희망이 있지 않을까 하는, for that dream 그 꿈을 이룰 수 있는, after all 어쨌든/아무튼. 그러니까 지금의 막막한 상황에서도 길을 찾는 조심스럽고 안타까운 마음을 내비치는 문장입니다.

SITUATION 2 못 할 게 뭐 있어?

어디에서 살지 결정하는 것도 마음먹기에 달렸다고 용기를 북돋워주고 있습니다. 우리말 대화를 보고 영어로 생각해본 다음에 영어 대화문을 보세요.

음원 39-2

TY 네가 부럽다. 앞으로 평생 여기에서 살고 싶다.
프랑스와 하하, 돌아가서, 짐 꾸리고, 이리 이사 와. 못 할 게 뭐 있어?
TY 글쎄, 그렇게 간단치 않아.
프랑스와 아니, 간단해. 네가 결정만 하면 되는 거야.
TY 정말 할 수 있을까?

TY I'm jealous of you. I wish I could live here for the rest of my life.
Francois Haha. Go back, pack up your stuff, and move here. What's stopping you?
TY 116 Well, it's not that simple.
Francois Yes, it is. It's just a decision you make.
TY Do you really think I can?

VOCABULARY

jealous 부러워하는 **rest** 나머지 **pack** 싸다 **stuff** 물건

KEY EXPRESSIONS

1 **짐을 싸다, 짐을 꾸리다 pack up**

여행을 갈 때 짐을 싸거나 이사를 갈 때, 등산이나 어떤 행사에서도 쓸 수 있습니다. 시간이 늦어져서 대부분의 등산객들이 다 짐을 꾸려서 갔다면, Most of the climbers had packed up and gone.이라고 하고, '자, 다들 이제 짐 싸자'라고 한다면, Okay, guys, it's time to pack up now.라고 합니다.

2 **방해하다, 못하게 하다 stop you**

누가 뭘 못하게 막는 걸 말해요. 네가 여기 산다는 데 방해될 건 없어, 와서 살아, 이런 의미로, There's nothing to stop you from living here.라고도 할 수 있고, '못할 게 뭐야? 그냥 해!'라고 What's stopping you?라는 말을 자주 씁니다.

3 **정말 할 수 있을까? Do you really think I can?**

소소한 희망을 표현하는 문장이기도 합니다. 뭔가 엄두 안 나는 일을 친구가 할 수 있다고 격려해주니까 '정말 그럴까?' 하며 한 번 더 확인 받고 싶어하는 거죠. '정말 그런 일이 일어날까?' 한다면, Do you really think that will happen?이라고 하고, '정말 계속 할 수 있겠어?'라는 말은, Do you really think you can keep going?이라고 합니다. 그리고 '우리, 정말 마감일 맞출 수 있을까?'라는 말은 Do you really think we can meet the deadline?이라고 하죠.

SITUATION 3 기회 있을 때 해요

음원 39-3

나홀로 여행이 처음인 친구에게 두 번 생각할 것 없다며 격려하는 상황입니다. 우리말 대화를 보고 영어로 생각해본 다음에 영어 대화문을 보세요.

미란다 이런 거 해본 적 없어요. 나홀로 여행은 처음일 거예요.
닉 두 번 생각할 것도 없어요.
기회 있을 때 해요.
미란다 좋아요. 됐어요. 표 샀어요.
닉 기분이 어때요?
미란다 아주 재미있을 것 같네요.

Miranda I've never done this before.
117 It would be the first time I've ever traveled alone.
Nick Don't give it a second thought.
Just take that chance.
Miranda Okay. I did it. I bought the ticket.
Nick How do you feel?
Miranda I actually think this might be a lot of fun.

VOCABULARY

second thought 다시 생각함, 재고 **just** 그냥 (~해) **take** (기회를) 잡다 **chance** 기회

KEY EXPRESSIONS

1 **한 번 더 생각해보다 give it a second thought**

할까 말까 다시 한 번 심사숙고하다, 재고한다는 말이에요. 그러니까 Don't give it a second thought.라고 하면 더 생각하고 말 것도 없이 그냥 하라는 말입니다. On second thought는 '다시 생각해보니'라는 말이에요.

2 **기회를 잡다 take that chance**

기회가 왔을 때 놓치지 않고 그 기회를 잡는다는 말인데요, 그 팀에서 일할 기회가 오면 잡을 거라고 할 때, If I was offered the chance to be on the team, I'd take it.이라고 할 수 있어요. 비슷해 보이지만 have a chance는 가능성이 있다는 말로, 뜻이 완전히 달라요.

3 **아주 ~할 것 같아요.**
I actually think this might be a lot of fun.

여기서 actually는 한 번 접고 말하는 느낌이 있어요. 그리고 I think는 일상 대화에서 확신이 없을 때 혹은 부드럽게 말할 때 많이 쓰는 표현이고요. 나홀로 여행을 처음 가는 마음을 잘 보여주는 또 다른 단어가 might be인데, '아마 정말 재미있겠지…'라는 뜻이 되겠습니다.

핵심 패턴 115 전엔 ~하는 게 꿈이었어. I used to dream of -ing.

한 일이년 외국 살아보는 게 꿈이었어.
I used to dream of liv**ing** abroad for a year or two.

전에는 그 회사에서 일하는 게 꿈이었어.
I used to dream of work**ing** for that company.

난 프리랜서로 일하는 게 꿈이었어.
I used to dream of work**ing** as a freelancer.

예전에 뭔가를 하고 싶다는 꿈을 꿨었다는 말을 이 패턴을 가지고 표현해보세요. 여기서 dream은 '꿈을 꾸다'라는 뜻의 동사입니다.

핵심 패턴 116 그게, 그렇게 ~하지가 않아. Well, it's not that ~.

글쎄, 그렇게 간단치 않아.
Well, it's not that simple.

글쎄, 그렇게 어렵지 않아.
Well, it's not that difficult.

음, 여기서 그렇게 멀지 않아.
Well, it's not that far from here.

It's not that ~에서 that은 '그 정도로'라는 뜻으로 좀 부정적인 의미로 쓰인 거예요. '그게 그렇게 어떻지 않아'라고 할 때 이 패턴을 써보세요.

핵심 패턴 117 제가 ~를 해보는 게 이게 처음일 거예요. It would be the first time I've ever p.p.

나 홀로 여행은 처음일 거예요.
It would be the first time I've ever traveled alone.

그런 유명 인사를 만나는 건 처음일 거예요.
It would be the first time I've ever met such a celebrity.

테니스, 처음 쳐보는 것 같네요.
It would be the first time I've ever played tennis.

전에 해보지 않았던 것을 이번에 처음으로 해보게 되었을 때 쓸 수 있는 패턴이에요. It would be는 '아마 그럴 거다'라는 의미예요.

hope for that, hope so, hope not

각각 뜻이 어떻게 다른가요?

대화문에서 그 꿈을 이룰 수 있는 희망이 있을 거라고 하면서 **I guess there's hope for that dream after all.**이라고 했는데요, **hope for** 무엇은 무엇을 이룰 수 있는 희망, 무엇에 대한 희망을 뜻하죠. 그리고 어떤 상황에서, 그랬으면 좋겠다는 말을 **I hope so.**라고 하고, 그렇게 되지 않았으면 좋겠다는 말을 **I hope not.**이라고 해요. 그리고 그렇게 되지 않았으면 좋겠는데 아무래도 그렇게 될 것 같다고 할 때, 예를 들어, '지금 출발하면 차가 많이 밀리겠지?'라고 할 때 '아무래도 그럴 거야'라고 한다면, **I'm afraid so.**라고 해요. 그리고 '내일 날씨가 좋아야 외부 행사를 진행할 텐데, 어떨까?'라고 할 때, '아무래도 날씨가 좋지 않을 것 같다'면 **I'm afraid not.**이라고 해요.

LEVEL UP
EXPRESSIONS

걸리는 게 뭐야?

What's holding you back?

누가 뭘 하고 싶다고 하면서도 주저하고 망설일 때, '왜 못해? 왜 못 가? 해! 가!'라고 말하고 싶을 때가 있죠? 그럴 때 **What's holding you back?**이라고 할 수 있어요. **hold** 누구 **back**은 누구를 못 가게 붙잡고 있는 것을 말해요.

호주에 가고 싶으면 가라고 하면서

A 호주 갈 수 있었으면 좋겠다.
B 못 갈 게 뭐야? 그냥 표 끊고 가!

A I wish I could visit Australia.
B What's holding you back? You should just buy a ticket and go!

연기 학교 등록하고 싶으면 하라고 하면서

A 연기 학교 등록하고 싶어.
B 못할 게 뭐야?
시작하기에 너무 늦는 건 없어.

A I want to enroll in acting school.
B What's holding you back?
It's never too late to start.

CHAPTER 4

UNIT 40 소소한 행복이 느껴질 때

신선한 아침 공기 마시는 것 만한 건 없지 / 갑자기 미소를 그칠 수가 없네 / 네가 기쁘면 나도 기뻐

TRY IT IN ENGLISH

소소행도 혼자서는 한계가 있어요. 한강변 새벽 조깅도, 시원한 아이스 아메리카노도, 아무리 유익한 동영상 채널도, 누군가와 나누는 순간 진짜가 될 거예요. 대화문에서처럼요.

강의 40

(민과 에디가 한강을 따라 조깅을 한다.)

민 아침 일찍 조깅하는 게 너무 좋다.
신선한 아침 공기 마시는 것 만한 게 없지.

에디 그 기분은 최고야.
더 자주 하자.

민 아예 요일을 정하는 게 어떨까?
매주 일요일, 우리 아파트 앞에서 만나서 뛰기로?

에디 하하하, 음… 격주 일요일, 우리 아파트에서 만나는 게 어떨까?

SITUATION 1 신선한 아침 공기 마시는 것 만한 건 없지

음원 40-1

아침에 한강에서 조깅하며 상쾌한 기분을 만끽하는 상황입니다. 우리말 대화를 보고 영어로 생각해본 다음에 영어 대화문을 보세요.

(Min and Eddy are jogging along the Han River.)

Min I love jogging early in the morning.
118 **There's nothing like** breathing in the crisp morning air.

Eddy The feeling is **one of a kind**.
We should do this more often.

Min What if we choose a day of the week for this?
Every Sunday, let's meet outside of my apartment for a run?

Eddy Hahaha, well... How about every other Sunday, we meet at my apartment?

VOCABULARY

jogging 조깅 **crisp** 상쾌한 **along** ~를 따라서 **more often** 더 자주

KEY EXPRESSIONS

1 **신선한 아침 공기 마시는 것 만한 게 없지**
There's nothing like breathing in the crisp morning air.
There's nothing like -ing.는 이것 만한 게 없다는 최상급 표현이에요. 나는 이걸 하는 게 최고의 기쁨이자 즐거움이다 싶은 것을 말할 때 -ing 자리에 쓰면 됩니다.

2 **아침의 신선한 공기**
the crisp morning air
자연이 주는 아침의 상쾌함을 표현하는 말이에요. 아침 안개는 the morning mist, 아침 해가 따스하게 느껴진다면 the warmth of the morning sun이라고 하고, 모닝 커피는 a morning coffee, 아침에 달리면서는 during her morning run이라고 해요.

3 **독특한, 특별한, 어디에도 없는**
one of a kind
이런 종류로는 다른 예가 없는 독특하고 특별하다는 말이에요. '세상에 페르시아 카펫 같은 건 없어'라고 한다면, Persian carpet is one of a kind.라고 하고, 상대방을 극찬할 때는, You're one of a kind.라고 해요.

SITUATION 2 갑자기 미소를 그칠 수가 없네

음원 40-2

말도 안 했는데 아이스커피를 주문했다니까 이렇게 흐뭇할 수가 없습니다. 우리말 대화를 보고 영어로 생각해본 다음에 영어 대화문을 보세요.

(차에서)

에디 저녁 잘 먹었어, 민.

민 언제든지! 아, 배부르다. 아이스커피 한 잔 하면 좋겠다.

에디 몰랐지? 벌써 옆 커피숍에 주문해놨어.

민 뭐라고? 어떻게?

에디 이 앱으로 했지. 픽업만 하면 돼.

민 갑자기 미소가 그치질 않는데?

(In a car)

Eddy Thank you for dinner, Min.

Min Anytime! Oh, I'm so full. **I could really use** an iced coffee.

Eddy **Guess what?** I already **ordered us some from** the café next door.

Min What? How did you do that?

Eddy I used this app. **119** All we have to do is pick them up.

Min Why can't I stop smiling all of a sudden?

VOCABULARY

full 배부른 **could use** ~이 있으면 좋겠다 **order** 주문하다 **sudden** 갑작스러운

KEY EXPRESSIONS

1 **~가 있었으면 소원이 없겠다.**

I could (really) use ~.

어떤 게 간절하다는 표현이에요. 한 잔 하고 싶다면, I could really use a drink.라고 하고, 커피 한 잔 했으면 정말 좋겠다면, I could really use a cup of coffee.라고 하죠. 그리고 하루만 쉬었으면 소원이 없겠다면, I could really use a day off.라고 해요.

2 **알아맞혀 볼래? Guess what?**

기분 좋은 일이나 신나는 일을 상대에게 바로 이야기하지 않고 꺼낼 때 쓰는 말이에요. You know what?처럼 거의 한 단어처럼 쓰여요.

3 **우리가 먹을/마실 무언가를 …에서 주문하다**

order us some ~ from …

배달 주문에 대해 말할 때 주의할 건 전치사예요. order a coffee from the café, order a computer from the store, 이렇게 배달시킨 음식이나 물건 뒤에 from을 쓰고 어디에서 시켰는지를 씁니다.

SITUATION 3 네가 기쁘면 나도 기뻐

친구 때문에 비디오를 만들기 시작했는데 이렇게 좋아해주니 정말 기분 좋습니다. 우리말 대화를 보고 영어로 생각해본 다음에 영어 대화문을 보세요.

음원 40-3

(전화로)

TY 데이브, 영상 언제 올릴 거야?

데이브 설마 내 영상을 기다리는 건 아니겠지.

TY 기다리지! 네 채널 얼마나 좋아하는데. 네 영상은 유익하고 실용적이야. 그걸 보면 늘 기분이 좋아져.

데이브 흠, 네가 기쁘면, 나도 기쁘다. 무엇보다 그게 내가 영상을 만들기 시작한 이유야.

(On the phone)

TY Dave, what time are you going to **put up a video**?

Dave 120 Don't tell me you wait for my videos.

TY I do! I'm a big fan of your channel.
Your videos are useful and practical.
Watching your videos always puts me in a good mood.

Dave Well, if you're happy, then I'm happy.
That's why I started making videos **in the first place**.

VOCABULARY

put up 올리다 **channel** 채널 **useful** 유익한 **practical** 실용적인

KEY EXPRESSIONS

1 **전화로 on the phone**

'전화로'라고 할 때 on the phone이라고 해요. 전화 통화 중이라고 할 때도 역시 on을 씁니다. 그녀가 전화 통화 중이라면, She's on the phone.이라고 하거나, She's talking on her phone.이라고도 하죠. '전화, 누구야?'라는 말은 Who's that on the phone?이라고 해요.

2 **영상을 올리다 put up a video**

영상을 웹사이트, 유튜브, 페이스북 등에 올리는 걸 말해요. upload와 같은 말이죠. 내가 매주 일요일 저녁에 영상을 올리고 있다면, I put up a video every Sunday night.이라고 할 수 있죠.

3 **첫 번째로, 우선 in the first place**

어떤 것을 하는 첫 번째 이유를 댈 때 쓰는 말이에요. 예를 들어, 제대로 된 음식 먹는 게 우선이라는 의미로, The better approach is to eat the right food in the first place.라고 해요.

핵심 패턴 118 ~만한 게 또 없지. There's nothing like -ing.

신선한 아침 공기 마시는 것 만한 게 없지.
There's nothing like breath**ing** in the crisp morning air.

해변에서 와인 한 잔 하는 건 최고야.
There's nothing like drink**ing** wine at a beach.

겨울에 먹는 군고구마 같은 건 어디에도 없어.
There's nothing like eat**ing** a roasted sweet potato in the winter.

뭔가를 하는 게 너무 좋거나 최고라고 생각될 때 이것만 한 게 없다고 말하죠. 이게 제일 좋다는 의미입니다. 그런 말을 할 때 이 패턴을 써보세요.

핵심 패턴 119 ~만 하면 돼. All we have to do is ~.

픽업만 하면 돼.
All we have to do is pick them up.

클릭 버튼 누르고 즐기기만 하면 돼.
All we have to do is click the button and enjoy.

재네들 노는 거 그냥 보기만 하면 돼.
All we have to do is watch them play together.

다른 건 할 거 없고 이것만 하면 된다고 할 때 이 패턴을 써보세요.

핵심 패턴 120 설마 ~라는 건 아니지. Don't tell me ~.

설마 내 영상을 기다리는 건 아니겠지.
Don't tell me you wait for my videos.

설마 너 혼자 한 건 아니겠지.
Don't tell me you did it on your own.

설마 포기한 건 아니겠지.
Don't tell me you gave up.

진지하게도 쓰고 조금 가볍게도 쓰고, 낭패일 때도 쓰고 기대하지 않았던 일이라고 놀랄 때도 써요. 우리말로는 '설마 ~는 아니겠지? 아무리 ~했을라고'

SPEAKING
GRAMMAR

put up a video
put은 무언가를 어디에 둔다는 뜻 아닌가요?

맞습니다. 그런데 **put**과 함께 쓰는 전치사와 함께 덩어리가 되었을 때는 다른 뜻이 돼요. **put up a video, put up a file**에서 **put up**은 뭔가를 올린다는 말로, 영상이나 파일 등을 어디에 올린다고 할 때 많이 쓰는 표현이죠. 한 단어로 **upload**에 해당해요. 그리고 뭔가 눈에 보이는 것을 어딘가에 둔다고 할 때, 어디 위에 두면 **on**을 쓰고, 안에 넣으면 **in**을 써요. 즉, 카푸치노를 시키는데 계피가루를 뿌려달라고 할 때는, **Please put some cinnamon powder on it.**이라고 하고, 시럽을 넣어 달라는 말은, **Please put some syrup in it.**이라고 해요. 또 하나, 어떤 목록에 넣는다고 할 때도 **on**을 써서 **I'll put Edinburgh on the top of my travel list.**처럼 말하죠.

LEVEL UP
EXPRESSIONS

이 느낌이 좋아.
I like how it feels.

우리를 행복하게 해주는 건 소소한 일상속의 행복들이죠? 예를 들어, 흙을 직접 손으로 만지는 느낌처럼 사적이고 소소한 경험이 우리 기분을 좋게 해줄 때, **I like how it feels.**라고 할 수 있어요.

느낌이 좋아 옷을 산다고 하면서

A 왜 그런 비싼 옷들을 사는 거야?
B 솔직히, **그냥 그 느낌이 좋아.**

A Why do you buy those expensive clothes?
B Honestly, **I just like how they feel.**

LP판을 사서 모으는 이유를 말하며

A 왜 그 LP를 전부 갖고 있어?
B **그 느낌이 좋아.**

A Why do you keep all those LPs?
B **I like how the record feels.**

CHAPTER 4

CHAPTER 5

other feelings
기타 감정

UNIT 41 나도 한번 해볼까 하는 도전의식이 생길 때

잠 자기 전에 격렬한 운동을 해봐 / 제주도에 내려갔다고? / 뭘 망설여, 짐 싸서 그냥 떠나!

TRY IT IN ENGLISH

우리는 남들이 가진 걸 늘 부러워하죠. 예를 들면, 제주도 한 달 살기 같은 환상적인 경험을요. 하지만 태풍이 불어도 쿨쿨 잘 수 있는 느긋한 친구가 부러운 건 어쩔 수 없잖아요?

강의 **41**

에디　너 잠귀가 밝아?

민　응, 나 그래.

에디　난 반대야.
난 태풍이 불어도 잘 수 있어.

민　너처럼 잘 잘 수 있으면 좋겠다.

에디　잠 자기 전에 격렬한 운동을 해봐.

민　그게 도움이 되는구나.

SITUATION 1 잠 자기 전에 격렬한 운동을 해봐

음원 41-1

잠귀 밝은 친구에게 잘 자기 위한 조언을 해주고 있습니다. 우리말 대화를 보고 영어로 생각해본 다음에 영어 대화문을 보세요.

Eddy Are you a light sleeper?

Min Yes, I am.

Eddy I'm the opposite.
121 I can sleep through a typhoon.

Min I wish I could sleep soundly like you.

Eddy Try to do an intense workout before going to bed.

Min That seems to work for you.

VOCABULARY

typhoon 태풍 **soundly** 푹 **intense** 강렬한 **work for** 도움이 된다

KEY EXPRESSIONS

1 **잠귀가 밝은 사람**

a light sleeper

작은 소리만 들려도 잠에서 깨는 사람을 말해요. 잠귀가 밝은 사람에게, She's quite a light sleeper.라고 하고, '그 사람, 잠귀 밝은 게, 시계 째깍째깍하는 소리에도 깨더라'라는 말은 He is a light sleeper and can even wake up to the sound of the clock.이라고 해요. 정반대, 정반대인 사람은 the opposite, 같은 건 the same이라고 하고, 다른 건 the opposite라고 해요. 둘 다 정관사 the를 씁니다. '정반대야'라는 말은, Quite the opposite.라고 간단하게 말하고, '그렇게 하면 발전시킬까 아니면 반대가 될까?'라는 건, Will it improve it or the opposite?라고 하고, '그들의 시도가 정반대 효과를 냈다'고 하면, Their attempts had the opposite effect.라고 하죠.

2 **너처럼 잘 잘 수 있으면 좋겠다.**

I wish I could sleep soundly like you.

I wish I could는 최소한 지금으로서는 불가능하거나 비현실적인 상황을 꿈꿀 때 쓰는 가정법 표현이에요. 신경이 예민한 사람이 무디어지는 건 사실 불가능에 가까운 일이잖아요. 그래서 우리말로는 '만약 ~라면 얼마나 좋을까, 그랬으면 좋겠다' 정도의 의미죠.

3 **격렬한 운동을 하다**

do an intense workout

보통, 근력 운동이나 땀이 나고 약간 힘든 운동을 할 때 workout을 쓰는데요, 이 앞에 intense를 써서 intense workout이라고 하면 강도가 센 운동, 격렬한 운동을 가리켜요.

SITUATION 2 제주도에 내려갔다고?

음원 41-2

제주도에서 한 달 살기를 실행하는 친구가 멋지다고 응원하고 있습니다. 우리말 대화를 보고 영어로 생각해본 다음에 영어 대화문을 보세요.

데이브 제주도에 내려갔다고?
TY 응. 제주도에서 한 달 살기로 했어. 1주일 전에 왔어.
데이브 와, 멋진데!
TY 난 늘 다른 곳에 살고 싶었어.
데이브 소원 성취를 한 것 같네.
TY 하하, 그렇다고 할 수 있지.

Dave You mean you went down to Jeju?
TY Yes. I decided to live in Jeju for a month.
I came here a week ago.
Dave Wow, cool!
TY 122 I've always wanted to live in a different place.
Dave It sounds like your dream came true.
TY Haha, kind of.

VOCABULARY

mean ~를 의미하다, 뜻하다 **decide** 결정하다 **cool** 멋진
sound (말을 들어보니) ~한 것 같다

KEY EXPRESSIONS

1 **와, 멋진데! Wow, cool!**

좋은 의미로 멋지거나 놀랍다고 할 때 쓰는 Wow와, 맞장구칠 때 쓰는 excellent, great를 뜻하는 cool을 같이 써서 일반적인 정도보다 훨씬 근사하다는 느낌을 표현합니다. '이야, 굉장한데? 어떻게 그런 생각을 하게 됐어?' 정도의 의미예요.

2 **소원 성취한 것 같네. It sounds like your dream came true.**

It sounds like ~는 누가 말하는 걸 듣거나 글을 읽고 하는 말이에요. '듣고 보니 ~인 것 같은데?'라는 의미로 말하는 거죠. 그 사람이 하는 말이 신나 보인다거나 걱정이 되어 보인다고 말할 때 많이 쓰는데요, It sounds like your dream came true.도, 네가 말하는 걸 들어보니 네 꿈이 이루어진 것 같다, 그래서 네가 신나 보인다는 거죠. 또 '너 말하는 거 보니, 면접 앞두고 엄청 떨리나보네'라는 말은 It sounds like you're extremely nervous before the interview.라고 하죠.

3 **조금, 약간 kind of**

'약간 어떻다, 좀 어떻다'라고 할 때 kind of 뒤에 형용사를 넣어 말하기도 하고, 상대방의 말을 듣고 '뭐, 그렇다고 할 수 있지'라고 할 때는 그냥 Kind of.라고 해요. 영화가 마음에 드냐는 말에 뭐 완전히 그렇지는 않지만 그렇다고 할 수 있다고 하려면, Did you like the movie? Kind of.라고 해요.

SITUATION 3 뭘 망설여, 짐 싸서 그냥 떠나!

음원 41-3

제주도 살기를 궁금해하는 친구에게 너도 한번 해보라고 권하는 상황입니다. 우리말 대화를 보고 영어로 생각해본 다음에 영어 대화문을 보세요.

데이브 거기 내려가서 사는 거 어때?
TY 어디든 가려면 상대적으로 좀 불편하지.
데이브 그 말을 기분 좋게 하네. 그게 좋다는 거야?
TY 좋아. 어디든 걷는 게 즐거워.
데이브 나도 그런 데로 이사 가고 싶다.
TY 망설일 거 없어! 짐 싸서 그냥 떠나!

Dave **123** What's it like to live down there?
TY Everything is relatively inconvenient to get to.
Dave You said it so happily.
You mean that is a good thing?
TY It is. Walking everywhere is enjoyable.
Dave I'd love to move somewhere like that.
TY Don't hesitate! Just pack your bags and go!

VOCABULARY

down 아래쪽에 **inconvenient** 불편한 **enjoyable** 즐거운 **hesitate** 주저하다, 망설이다

KEY EXPRESSIONS

1 **나도 그런 곳으로 이사 가고 싶다.**
I'd love to move somewhere like that.
뭔가를 진심으로, 엄청 하고 싶다는 감정을 나타낼 때 I'd love to를 많이 씁니다. 뭔가를 하고 싶다는 뜻의 I'd like to보다 더 강한 느낌을 전할 수 있어요. 이때 love에 강세를 좀 더 두어서 말하면 느낌이 더 강하게 전달됩니다.

2 **주저하지 마! 뭘 망설여! Don't hesitate!**
어떤 걸 할 때 망설이지 말고 마음 편히 그냥 하라는 말이에요. Don't hesitate!라고만 하기도 하고, 뒤에 to ~를 붙여서도 말해요. 도움이 필요하면 언제든 전화해. Don't hesitate to call me if you need any help. (상처 받지 않으니까) 싫으면 싫다고 해, 괜찮아. Don't hesitate to say "no."와 같이 말해보세요.

3 **짐 꾸려서 떠나다 pack one's bag(s) and go**
뒤에 있는 and go 없이 pack one's bag(s)라고만 해도 떠난다는 뜻으로 많이 쓰여요. 그 사람 또 떠날 거야. So, once again, he'll be packing his bags. 그가 우승하면, 그녀는 떠날 거야. If he wins, she can start packing her bags.처럼요.

핵심 패턴 121
난 ~한 소리가 들려도 잘 자.
I can sleep through ~.

난 태풍이 불어도 잘 수 있어.
I can sleep through a typhoon.

난 폭풍우가 몰아쳐도 잘 수 있어.
I can sleep through a thunderstorm.

난 위층에서 무슨 소리가 들려도 잘 수 있어.
I can sleep through all the noise from upstairs.

잠귀가 밝은 것의 정반대로, 무슨 소리가 나도 어떤 상황이 되어도 잘 잔다고 할 때 쓰는 패턴이에요. 소음이나 폭풍우 등을 가리키는 단어를 through 뒤에 쓰세요.

핵심 패턴 122
난 항상 ~하고 싶었어.
I've always wanted to ~.

난 늘 다른 곳에 살고 싶었어.
I've always wanted to live in a different place.

난 늘 재미있는 사람을 만나고 싶었어.
I've always wanted to meet someone who is fun.

난 늘 행복한 삶을 살고 싶었어.
I've always wanted to live a happy life.

여태까지 늘 하고 싶었던 것을 나타내는 패턴이에요. 지금 하고 싶은 것은 I want to ~.라 하고 오랫동안 하고 싶다고 생각했던 건 I've always wanted to ~.를 써서 말해요.

핵심 패턴 123
~해보니까 어때?
What's it like to ~?

거기 내려가서 사는 거 어때?
What's it like to live down there?

늘 혼밥 하니까 어때?
What's it like to always eat alone?

주말 부부로 살기 어때?
What's it like to live as a weekend couple?

어딘가에 가서 살아보는 것, 새로운 것에 시도해보는 것, 어떤 사람이랑 같이 살거나 일하거나 하는 것 등이 어떤지 물을 때 이 패턴을 쓸 수 있어요.

Everything is relatively inconvenient to get to.

부정의 의미를 나타내는 접두어로는 in 말고 뭐가 있나요?

편리하다는 뜻의 **convenient**의 반대말이 **inconvenient**죠. **convenient** 앞에 부정의 의미를 가진 접두어 **in**을 붙인 건데요, 이렇게 부정의 의미를 가진 접두어로는 **in** 말고도 **im, il, un** 등이 있어요. 이 중에서 **in**과 **im, il**은 그 다음에 오는 첫 소리에 따라 맞는 것이 붙여지는데요, 예를 들어, **possible**의 반대말은 **impossible**이죠? **in**이나 **il**을 붙이는 것보다는 **im**을 붙이는 게 그 다음에 오는 **p**의 소리와 쉽게 어울려서 그렇습니다. 그리고 **legal**의 반대말은 **illegal**인데 역시 **legal** 앞에 **il**을 붙이는 게 소리내기 쉽기 때문이에요.

LEVEL UP
EXPRESSIONS

어쩜 그렇게 잘 할 수가 있을까.

I don't know how you do it.

자기는 할 줄도 모르는데 친구가 잘 하는 걸 보고 감탄하며, **I don't know how you do it.**이라고 할 수 있어요. 우리말로 '그런 건 대체 어떻게 하는 거니?'라고 하잖아요? 이런 의미의 말이 바로 **I don't know how you do it.**입니다.

컴퓨터를 재빨리 좋게 고친 걸 보고

A 자, 내가 네 컴퓨터 고쳐서 더 빠르게 만들었어.
B 와, 대단하다! 어떻게 그렇게 할 수가 있지.

A Here, I fixed your computer and made it faster.
B Wow, you're amazing! I don't know how you do it.

놀랄 만큼 일을 잘하는 걸 보고

A 와, 엄청나네요. 어떻게 그렇게 잘 할 수가 있죠.
B 평생 이 일만 했는데요 뭘.

A Wow, incredible. I don't know how you do it.
B I've been just doing it all my life.

CHAPTER 5

UNIT 42

안달 또는 조바심이 나거나 체념이 될 때

갖고 싶지 않아? / 설득하려는 게 나야? 너야? / 걷거나 버스, 택시 타면 돼

TRY IT IN ENGLISH

자동차나 오디오 같은 기계는 성인 남자들에겐 장난감 같아요. 남자 애들이 장난감 대하듯, 남자 어른들은 편집증 수준으로 집착하는 경향이 있어요. 안달하고 조바심 내고 난리도 아니에요.

강의 **42**

에디　민, 이거 좀 봐.
　　　이 차는 하이엔드 오디오 시스템이 장착돼 나와.
민　　근사해 보인다.
에디　갖고 싶지 않아?
민　　갖고 싶지. 하지만 그럴 여유가 없어.
　　　저축을 더 해야 돼.
에디　나가자.

SITUATION 1 갖고 싶지 않아?

자동차 매장에서 차가 근사하지 않느냐고 친구의 동의를 구하는 상황입니다. 우리말 대화를 보고 영어로 생각해본 다음에 영어 대화문을 보세요.

음원 42-1

Eddy Min, check this out.
This car **comes complete with** high-end audio.

Min **Looks cool.**

Eddy 124 Don't you want to get it?

Min I do! But I can't afford it.
I need to save more money.

Eddy Let's **get out of** here.

VOCABULARY

high-end 고가, 고품질 **afford** ~할 여유가 있다 **need** ~할 필요가 있다 **save** 저축하다

KEY EXPRESSIONS

1 **~가 딸려 나와, ~도 포함돼 있어**

come complete with ~

우리가 흔히 옵션이라고 부르는, 액세서리 같은 것이 가격에 포함돼 있다는 말이에요. 컴퓨터 샀을 때 최신 소프트웨어도 따라온다면, The computer comes complete with the latest software. 소파 사면 베이지색 쿠션도 딸려 온다는 말은, The sofa comes complete with a beige cushion.이라고 해요.

2 **근사해 보인다.**

Looks cool.

뭔가를 보고 '멋지다, 근사하다, 최고다'라는 감정을 느낄 때 cool을 쓸 수 있죠. BTS 콘서트 표를 두 장 샀다는 말, I got two tickets for the BTS concert.를 듣고 Oh, cool.이라고 하면 '와, 대박!' 정도의 느낌이 되겠죠? 나, 일 다했어, I'm finished.라는 말에 Cool.이라고 하면, '좋아' 정도의 뜻이죠. 지금 가봐야겠다고 I just have to go, you know.라고 했을 때, 그러라고 할 때도 '괜찮다'는 의미로 Okay, it's cool.이라고도 해요.

3 **~에서 나가다**

get out (of) ~

어디에서 나간다고 할 때 get out of 어디라고 하고, 또 get out of에는 도망친다는 뜻도 있어요. 여기에서 나가자는 말은, Let's get out of here. 강아지 몇 마리가 철장에서 도망갔다면, Some of the dogs got out of the shelter.라고 해요.

SITUATION 2 설득하려는 게 나야? 너야?

음원 42-2

차가 있으면 대중교통비가 절약된다고 정신 승리하는 친구를 재미있어 하는 상황입니다. 우리말 대화를 보고 영어로 생각해본 다음에 영어 대화문을 보세요.

에디 기다리게 해서 미안해.
민 괜찮아. 가자.
에디 민, 다시 한 번 생각해봐. 너 차 사게 되면, 보험료도 내야 하고, 기름값도…
민 잠깐. 이렇게 생각해보자구.
차를 사면 버스나 지하철에 쓰는 돈을 절약할 수 있어…
에디 하하, 설득하려는 게 나야 너야?

Eddy Sorry to keep you waiting.
Min No worries. Let's go.
Eddy Min, give it a second thought.
If you buy a car, you have to pay for insurance, gas…
Min Wait. Let me put it this way.
125 If I get a car, I don't need to spend money on buses, subways…
Eddy Haha, are you trying to convince me or yourself?

VOCABULARY

insurance 보험 **gas** 가솔린 **subways** 지하철 **convince** 설득하다

KEY EXPRESSIONS

1 **기다리게 해서 미안해.** **Sorry to keep you waiting.**
이 말은 거의 덩어리 표현이에요. '기다리시게 해서 미안해요, 회의에 붙잡혀 있느라'라는 말은, Sorry to keep you waiting. I got stuck in a meeting.이라고 해요. 미안하다는 말 말고도, 그냥 누구를 기다리게 한다는 의미로 keep someone waiting만으로도 많이 쓰는데요, 어떤 사람이 우리를 한 시간이나 기다리게 했다면, He kept us waiting for an hour.라고 해요.

2 **다시 한 번 생각해보다** **give it a second thought**
정말 그렇게 해도 될지 진지하게 생각해본다, 재고한다는 말이에요. 그 일이 중요하지 않아 보여서 더는 생각하지 않았다면, The matter didn't seem important, and I hardly gave it a second thought.라고 하고, 충동구매를 자주 하는 친구에게는, Why don't you give it a second thought?라고 할 수 있겠죠.

3 **이렇게 생각해보다** **put it this way**
이미 했던 말을 다른 식으로 말해보겠다고 할 때 아주 자주 쓰는 말이에요. 보통 Let me put it this way.라고 하죠. 여기서 put은 '뭔가를 표현한다, 말한다'는 뜻이에요. '그럼 이렇게 한 번 표현해볼게'라는 의미로, Alright. How about I put it this way?라고도 하죠.

SITUATION 3 걷거나 버스, 택시 타면 돼

음원 42-3

면허가 만료돼서 차는 못 빌렸지만 편하게 다니면 된다고 친구를 안심시키고 있습니다. 우리말 대화를 보고 영어로 생각해본 다음에 영어 대화문을 보세요.

데이브 TY, 강화도에서 잘 지내고 있어?
TY 응, 여기 일몰이 끝내줘.
데이브 오늘 차 빌렸어?
TY 아니, 못 빌렸어. 운전면허가 만료됐거든.
데이브 이런… 내가 뭐 해줄 거 없어?
TY 응, 괜찮아. 그냥 걷거나 버스, 택시 타면 돼.

Dave TY, are you **enjoying your time** in Ganghwado?
TY Yes, 126 **the sunset out here is one of a kind.**
Dave Did you rent a car today?
TY No, I couldn't. My driver's license expired.
Dave Oh, no…
Is there anything I can do for you?
TY It's okay.
I'll just walk or **take buses and taxis.**

VOCABULARY

sunset 일몰 **rent** 빌리다 **license** 면허 **expire** (효력이) 만료되다

KEY EXPRESSIONS

1 **즐기다, 잘 지내다 enjoy one's time**
혼자든 누구와 함께든, 또 일이든 여가든, 허락된 시간을 즐기는 거예요. 친구들이랑 재미있게 놀라고 할 때, Enjoy your time with your friends.라고 하고, 일만 하지 말고 쉴 땐 제대로 쉬라는 의미로, Don't forget to enjoy your time off.라고 해요.

2 **여기 일몰은 끝내줘. The sunset out here is one of a kind.**
해 지는 광경이 아주 멋지다, 어디에서 볼 수 없을 것같이 특별하다는 말이에요. one of a kind는 이것과 비슷한 종류의 것 자체가 없다는, 그러니까 세상에서 단 하나뿐이어서 아주 최고로 특별하다는 의미예요. 풍경이 아름다우면 The scenery here is one of a kind.라고 하고, 사람에게도 You're one of a kind.라고 하는데요, 좋은 의미로도 쓰이고 반대로 '넌 참 별종이야'라는 의미로도 써요.

3 **버스나 택시를 타다 take buses and taxis**
버스, 택시, 기차, 전철, 비행기 등 이동수단, 교통수단을 탄다는 말은 take를 넣어서 말하죠. 어떤 특정한 한 대의 버스, 택시가 아니라 그냥 버스나 택시라고 할 때는 buses and taxis처럼 복수형으로 말해요. 비슷하게, 어떤 과일을 좋아하는지 물을 때도, Do you like apples? Do you like pineapples? I like watermelons.처럼 복수형을 넣어서 말해요.

핵심 패턴 124
~하고 싶지 않아?
Don't you want to ~?

그거 갖고 싶지 않아?
Don't you want to get it?

우리랑 같이 할래?
Don't you want to join us?

스카이다이빙 한번 해볼래?
Don't you want to try skydiving?

'뭔가를 하고 싶지 않아? 같이 안 할래?' 하고 말할 때 쓰는 패턴입니다. 참고로, You don't want to ~.라고 하면 뜻이 달라져요. '안 하는 게 좋을 걸', '그러지 않는 게 좋을 걸'이라고 주의를 주는 말이에요.

핵심 패턴 125
내가 ~하면, …하지 않아도 되니까.
If I ~, I don't need to …

차를 사면 버스나 지하철에 쓰는 돈을 절약할 수 있어…
If I get a car, **I don't need to** spend money on buses, subways...

장학금 받으면 일 안 해도 돼.
If I get a scholarship, **I don't need to** work.

최선을 다하면 미래를 걱정할 필요가 없어.
If I try my best, **I don't need to** worry about the future.

뭔가를 하면 다른 것이 필요 없다는 말이니 서로 보완 관계에 있거나 대체재일 경우에 쓸 수 있는 패턴입니다.

핵심 패턴 126
~는 아주 특별해.
~ is one of a kind.

여기 일몰은 특별해.
The sunset out here **is one of a kind**.

그녀 목소리는 아주 달라.
Her voice **is one of a kind**.

판소리는 완전히 다른 세계야.
Pansori **is one of a kind**.

다른 어디에서도 볼 수 없는 아주 특별한 것이나 사람에게 쓸 수 있는 패턴이에요. one of a kind를 하나의 덩어리로 기억해서 써보세요.

afford할 수 있다?

afford할 수 있다는 말이 affordable인가요?

네, 맞습니다. '감당할 여력이 된다'는 뜻의 동사가 **afford**이고 '감당할 만한'이라는 뜻의 형용사가 **affordable**이에요. 동사에 **able**을 붙여서 그것을 '할 수 있는'이라는 뜻의 형용사로 쓰는 게 많은데요, 펜데믹 때문에 사람들이 화장을 하는 방법과 옷을 입는 방법이 많이 달라졌다고 하면서 그게 충분히 이해될 만하다는 의미로, **That's completely understandable.**이라고 할 수 있고, 뭔가 할 수 있는, 해볼 만 한이라는 건 **doable,** 물세탁이 가능하다는 건 **washable**이라고 하죠. 그리고 읽을 만한, 읽을 수 있는 건 **readable,** 먹을 수 있는 건 **edible**이라고 해요. **eat**에 **able**을 붙이는 의미지만 철자가 약간 달라졌죠? 들리는, 들을 수 있는 건 **audible**이라고 하고 보인다는 건 **visible**이라고 해요.

LEVEL UP
EXPRESSIONS

이번 딱 한 번만요.

Just this once.

아이가 엄마께 조를 때처럼, 안 된다고만 하지 마시고, 이번 딱 한 번만 허락해달라고 할 때, **Just this once.**라고 할 수 있어요. 미소 지으며 조르는 목소리로, **Just this once.**라고 해보세요. 안 된다고 했던 상대방이 마음을 바꿀지도 모르죠?

좀 늦게 자게 해달라고 부탁하며

A 엄마, 저 잘 시간 지났지만 이따 자면 안 돼요? 딱 한 번만요?
B 그래. **딱 한 번 만이야.**

A Mom, can I stay up past my bedtime? Just this once?
B Okay. **Just this once.**

마지막으로 한 번만 허락해달라고 하면서

A 엄마, 제발요. 오늘이 마지막이에요.
B 그래, 해, 하지만 **이번 한 번만이다.**

A Please, Mom, today is the last day.
B Okay, go ahead, but **just this once.**

CHAPTER 5

UNIT 43 그냥저냥, 좋지도 않고 싫지도 않을 때

입에 착 붙지가 않네 / 소개팅 시켜주려고 그러는 거야? / 괜찮은 집 하나 봐뒀어

TRY IT IN ENGLISH

뭔가 애매한 경우가 있죠. 새로 정한 이름은 입에 착 붙지 않고, 누굴 소개해준다는데 좀 그렇고, 뭘 먹자는데도 또 그렇고. 나도 모르는 내 마음, 내 마음대로 안 되는 그 마음을 들여다보세요.

강의 43

아르만 윤, 우리 신상품에 지을 이 이름들 좀 봐 봐. 어떻게 들려?

윤 응, 이건 입에 착 붙지가 않네.

아르만 그럼 이게 좀 나을까?

윤 좋긴 한데, 그냥 그래.

아르만 새 이름을 생각해야 할까?

윤 그래야 할 것 같아.

SITUATION 1 입에 착 붙지가 않네

신상품에 붙일 이름으로 추려놓은 것들이 어떤지 동료와 소감을 나누고 있습니다. 우리말 대화를 보고 영어로 생각해본 다음에 영어 대화문을 보세요.

음원 43-1

Arman Yoon, please check out these names for our new products. How do they sound?

Yoon Well, this one doesn't really **roll off the tongue**.

Arman Then does this one look better?

Yoon **Not bad, but just meh.**

Arman 127 Should we think of a new one?

Yoon **I'm afraid so.**

VOCABULARY

product 상품 **sound** ~하게 들리다 **tongue** 혀 **meh** 그저 그런

KEY EXPRESSIONS

1 **(단어가, 어감이) 입에 착 붙다**

roll off the tongue

혀가 잘 굴러간다, 즉 발음하기 편하다는 말이에요. easy to pronounce라는 의미죠. 어떤 사람의 이름이 입에 착 붙는다고 할 때, His name rolls off the tongue.이라고 하고, 반대로 발음이 힘들고 입에 안 붙으면, Her name doesn't roll off the tongue.이라고 하죠. 그리고 발음하기 쉬운 걸로 정하라고 할 때는, Make sure it's something that rolls off the tongue.이라고 해요.

2 **좋긴 한데, 그냥 그래.**

Not bad, but just meh.

괜찮긴 한데 막 좋은 건 아니고 뭐 그런 감정으로 조심스럽게 말하는 표현이에요. Not bad는 겉보기와 달리 사실 괜찮다, 좋다는 건데 meh는 그저 그렇다는 말이거든요. Meh라고만 하면 '그저 그렇다, 별로다'라는 의미니까 앞에 Not bad를 넣어서 말하는 거죠. 음식을 먹어보니 내 입맛에는 별로라면, Do you like the food? '음식 입맛에 맞아?' Meh. '그저 그래.' 이렇게요.

3 **그래야 할 것 같아.**

I'm afraid so.

유감이라는 말인데, '안됐지만 그렇다'라는 뜻이에요. '그녀가 많이 아파? 안 됐지만 맞아(네 말이 사실이야)'라고 할 때, Is she very sick? I'm afraid so.라고 하고, '못 온다고? 아무래도 그럴 것 같네'라는 말은 You mean you can't make it? I'm afraid so.라고 하죠. 그리고, '내일 바베큐 파티 와? 미안하지만 못 가(네가 원하는 대로는 못 할 것 같아)'라는 말은 Are you coming to the barbecue tomorrow? I'm afraid not.이라고 해요.

SITUATION 2 소개팅 시켜주려고 그러는 거야?

친구가 소개팅을 시켜준다는 말에 설레는 마음으로 이것저것 막 물어보는 상황입니다. 우리말 대화를 보고 영어로 생각해본 다음에 영어 대화문을 보세요.

음원 43-2

민 제이크, 네가 관심 있을 만한 사람을 하나 알아.
제이크 소개팅 시켜주려고 그러는 거야?
민 응. 관심 있어? 내 룸메이트야.
제이크 좋지. 그 친구에 대해 이야기 좀 해봐. 어디 살아?
무슨 일해? 어디서 일 해? 예뻐? 사진 좀 보여줘.
민 아, 잠깐 잠깐만 제이크, 진정해. 내 폰에 걔 사진 있어. 봐봐. 태국 사람이야.

Min Jake, I know someone who you'll be interested in.
Jake Are you trying to **set** me **up on** a blind date?
Min Yes. **Are you interested?** She's my roommate.
Jake Sure. **Tell me about this girl.** Where does she live?
What does she do? Where does she work? Is she pretty?
Show me her picture.
Min Oh, wait, wait, Jake. **Calm down.** 128 I've got her picture on my phone. Check it out. She's Thai.

VOCABULARY

blind date 소개팅 **roommate** 룸메이트 **picture** 사진 **Thai** 태국 사람

KEY EXPRESSIONS

1 **소개해주다 set someone up on ~**

이성간에 소개를 시켜줄 때 set someone up on a blind date와 fix someone up on a blind date라고 해요. 나 소개시켜주게? Are you going to set me up on a blind date? 나 소개팅 좀 시켜줘, Please fix me up on a blind date.처럼 말해요.

2 **관심 있어? 그 친구 얘기 좀 해봐.**
Are you interested? Tell me about this girl.

Are you interested?는 누군가를 소개시켜줄 때 '생각이 있냐, 관심이 있냐'라는 의미로 쓰기 좋은 말이고요, Tell me about ~은 관심사에 대한 얘기를 이어나갈 수 있는 좋은 표현이에요. 취미나 쇼핑, 일에도 두루 쓸 수 있어요. '차를 사려고? 중고차도 괜찮아?'라고 할 때, Would you be interested in a second-hand car?라고 하거나, 내가 내 사업을 시작해볼까 한다면, I'm interested in starting my own business.라고 하죠.

3 **진정하다 calm down**

마음을 가라앉히는 거예요. 겁에 질린 아이들을 내가 진정시키려고 했다면, I tried to calm down the frightened children.이라고 하고, 진정하고 무슨 일이 있었는지 이야기해보라는 말은, Clam down and tell me what happened.라고 해요.

SITUATION 3 괜찮은 집 하나 봐뒀어

음원 43-3

혹시 과식하면 걸어서 빼면 된다며 먹을 땐 맛있게 먹자고 친구와 대화하고 있습니다. 우리말 대화를 보고 영어로 생각해본 다음에 영어 대화문을 보세요.

미란다 로이, 어떤 게 당겨요?
로이 글쎄, 뭔가 좀 배가 부를 만한 게 먹고 싶네요.
미란다 그럼 뷔페가 어때요?
로이 좋죠. 여기 오다가 괜찮은 집 하나 봤어요.
미란다 아, 광장 근처에 있는 거요? 우리 오늘 저녁에 백 프로 살찌겠네요.
로이 괜찮아요. 내일 걸어서 빼면 되죠!

Miranda Roy, what kind of food do you have a craving for?
Roy Well, I want to eat something filling.
Miranda Then why don't we eat at an all-you-can-eat buffet!
Roy Okay. I saw a good one on our way here.
Miranda Oh, the one near the plaza?
129 I'm sure we will gain some weight this evening.
Roy No problem.
We can walk it off tomorrow!

VOCABULARY

filling 배가 부를 만한 **all-you-can-eat buffet** 뷔페 **plaza** 광장 **weight** 몸무게

KEY EXPRESSIONS

1 **뭔가 좀 배가 부를 만한 게 먹고 싶네요.**
I want to eat something filling.
단 음식이 먹고 싶으면 something sweet, 간단하게 먹을 수 있는 게 필요하면 something light, 색다른 음식이 먹고 싶으면 something different, 그리고 여태 안 먹어본 새로운 음식이 먹고 싶으면 something new를 I want to eat 뒤에 넣어서 말해보세요.

2 **오늘 저녁에 우리 백 프로 살찌겠네요.**
I'm sure we will gain some weight this evening.
I'm sure we will ~.이라는 표현은 좋은 일이나 안 좋은 일에 다 써요. '그렇게 먹어버리면 분명히 살찔 텐데, 그래도 우리 먹으러 가요?'라는 걱정이 담긴 말이죠.

3 **걸어서 ~를 없애다 walk ~ off**
걸어서 살을 빼듯이 걸어서 뭔가를 떨쳐버린다, 문제를 해결한다는 의미로 쓰는 말이에요. 저녁 먹고 나서 걸으면서 배 좀 꺼지게 하자는 말은, Let's walk off dinner.라고 하고, 걸으면 두통이 사라질지도 모른다고 할 때는, Maybe I can walk this headache off.라고 해요.

핵심 패턴 127 ~를 생각해볼까? Should we think of a(n) ~?

새 이름을 생각해야 할까?
Should we think of a new one?

대안을 생각해야 할까?
Should we think of an alternative?

장기적인 계획을 생각해야 할까?
Should we think of a long-term plan?

개념이나 이름, 제안 등을 생각해낸다는 뜻이에요. think of 무엇이 무엇을 create, make up하거나 find한다는 의미입니다.

핵심 패턴 128 내 전화기에 ~가 있어. I've got ~ on my phone.

내 폰에 걔 사진 있어.
I've got her picture **on my phone.**

내 폰에 버킷 리스트 있어.
I've got my bucket list **on my phone.**

내 폰에 퀸 마지막 콘서트 있어.
I've got Queen's last concert **on my phone.**

사진, 전화번호, 자료, 파일 등 전화기에 저장해놓은 어떤 것이라도 이 패턴을 써서 말할 수 있어요.

핵심 패턴 129 우리 분명히 ~하겠네요. I'm sure we will ~.

분명히 우리 오늘 저녁에 살찌겠네요.
I'm sure we will gain some weight this evening.

분명히 늦지 않게 도착할 거야.
I'm sure we will get there in time.

우리 보상 받을 거야, 확실해.
I'm sure we will be rewarded.

어떤 근거가 있거나 상황을 판단했을 때 분명히 우리가 그렇게 될 거라고 생각이 되면 이 패턴을 써서 말할 수 있어요. 문맥에 따라 I'm sure we will ~. 대신에 I'm sure we will be -ing.라고도 합니다.

filling

filling이 배를 채운다는 말인가요?

네, 그런 셈이죠. 배를 **fill** 채워줄 만큼, 배부르게 하는 것, 포만감이 들게 하는 것을 말해요. 또 어떤 게 드시고 싶냐는 말에, 너무 달지도 않고 너무 딱딱하지 않은 걸 먹었으면 좋겠다고 하면, **I want to eat something not too sweet and not too hard to chew.**라고 할 수 있어요. **chew**와 관련해서 껌 얘기를 해 볼게요. 우리가 씹는 껌을 영어로 뭐라고 하게요? **gum**이라고 할까요? 아닙니다. **gum**이라는 것은 우리가 씹는 껌 같은 그런 질감의 것들을 다 **gum**이라고 해요. 형용사로 **gummy**라고 하고요. 그럼 우리가 씹는 껌은? **gum**인데 우리가 씹는 거니까 **chewing gum**이라고 하죠.

LEVEL UP
EXPRESSIONS

좀 아닌 것 같은데.
This doesn't feel right.

뭔가가 안 맞는 것 같거나 이건 아니다 싶을 때 쓸 수 있는 좋은 문장이에요. '이 자전거 안장이 좀 높은 거 아닌가? 이 셔츠, 나한테는 좀 작지 않아?'처럼 말하고 싶을 때, **This doesn't feel right.**라고 해보세요.

자전거 안장이 높다고 느껴질 때

A 자전거 안장이 너무 높나?
B 높이가 안 맞는 것 같아.

A Is the bike seat too high?
B This doesn't feel right.

옷 색깔이 안 맞는 것 같을 때

A 이거 입어봐.
B 이 색깔도 좀 안 맞는 것 같은데.

A Try this on.
B This color doesn't feel right, either.

CHAPTER 5

UNIT 44

미련이나 아쉬움이 느껴질 때

몇 개는 못 버리겠어 / 물건들을 치우면 자유로워지는 거야 / 좋은 친구 잃고 싶지 않아

TRY IT IN ENGLISH

뭘 못 버리는 사람이 있죠. 기억할 거라면서 말이에요. 못 버리는 게 물건뿐이면 다행이에요. '사람 친구' 관계가 아쉬워서 사랑으로 발전시키지 못한다면 미련한 걸까요, 어리석은 걸까요?

강의 **44**

TY 추억 간직하겠다고 물건을 너무 많이 갖고 있는 것 같지 않아?

데이브 응, 동감이야. 그래도 어떤 건 못 버리겠어.

TY 난 물건 버리면서 후회한 적이 없어. 뭐가 있었는지 기억도 안 난다니까!

데이브 그 말이 맞다. 버리고 난 다음에 '그 장난감 자동차 아직 있으면 좋겠다' 이렇게 생각해본 적은 없으니까.

TY 그렇지?

SITUATION 1 몇 개는 못 버리겠어

음원 44-1

물건을 너무 많이 갖고 있다는 말에 미련이 남아서 그런다는 친구들 간의 대화입니다. 우리말 대화를 보고 영어로 생각해본 다음에 영어 대화문을 보세요.

TY Don't you think we hold on to too much stuff for the sake of memories?

Dave Yes, I agree. But I can't let go of some of those things.

TY I've never regretted throwing things away.
130 I don't even remember what I used to have!

Dave I'll give you that.
I never thought, "I wish I still had that toy car," after throwing it away.

TY See?

VOCABULARY

stuff 물건 **sake** 목적 **memories** 추억 **regret** 후회하다

KEY EXPRESSIONS

1 **추억을 간직하려고**

for the sake of memories

무엇을 위해 한다는 걸 for the sake of ~라고 하는데요, 이건 '어떤 것을 위해서'라는 기본적인 의미 말고도 미묘한 뉘앙스를 갖기도 해요. '그저 어떤 것을 위해서, 고작?'이라는 의미도 있어요. 그 여자는 그냥 돈 쓰는 게 좋은 거라는 말을, She likes spending money just for the sake of it.이라고 하고, 그냥 말뿐인 말을 했던 거라는 의미로, He was just talking for the sake of it.이라고 해요.

2 **몇 개는 못 버리겠어.**

I can't let go of some of those things.

어떤 물건이나 사람을 (더 이상 붙들지 않고) 놓아줄 때, 가라고 할 때, 버릴 때 let go라고 하죠. 목줄을 놔주니 개가 뛰쳐나갔어, The guard let go of the leash, and the dog lunged forward. 가끔은 놔줄 줄도 알아야 돼, Sometimes you just have to learn to let go.처럼 말하는데요, 대화문에서는 어떤 물건이 버려지지가 않는다는 말이죠. 애착 때문에 혹은 비싸게 주고 사서, 아니면 누구에게 선물 받은 의미 있는 거라 그럴 수 있겠죠.

3 **그 말이 맞아.**

I'll give you that.

상대방의 말이 일리가 있다고 인정할 때 쓰는 말이에요. '그 사람을 믿는 게 아니었어, 네가 옳았어'라는 말을, I was wrong to trust him. I'll give you that.이라고 하고, '그 사람들, 자격이 없지 않았어. 인정해'라는 건, They were not unqualified. I'll give you that.이라고 해요. '여기 꽤 좋다. 네 말이 맞네'라는 건, It's quite a place. I'll give you that.이라고 하고요.

CHAPTER 5

SITUATION 2 물건들을 치우면 자유로워지는 거야

안 쓰는 물건을 버리는 건 자유로워지는 거라고 친구에게 설명하고 있습니다. 우리말 대화를 보고 영어로 생각해본 다음에 영어 대화문을 보세요.

음원 **44-2**

데이브 좋았던 시절을 기억하고 싶으면 어떻게 하지?
TY 버릴 물건 사진을 보면 되지! 그냥 사진 찍은 다음에 버려.
데이브 아… 그거 좋은 생각이다.
TY 솔직히 너, 쓸데없는 물건들을 얼마나 자주 들여다보고 앉았느냐고? 그 물건들이 없으면 더 자유로워지는 거야.
데이브 그래서 더 좋은 미래를 살 수 있다는 거지?

Dave **131** What if we want to **reminisce about the good old days?**
TY You can look at the pictures of the things you'll throw out! Just take some photos of them and then throw them away.
Dave Aha… **That seems like a great solution.**
TY Honestly, how often do you sit down and look at those useless items? Without them, we can be freer.
Dave And we can **move on to better things** in our future?

VOCABULARY

reminisce 추억에 잠기다 **take** (사진을) 찍다 **honestly** 솔직히 **useless** 소용없는

KEY EXPRESSIONS

1 **좋았던 때를 회상하다 reminisce about the good old days**
과거의 좋았던 일을 회상하는 거예요. 말만이 아니라 생각으로도요. 우리가 대학 시절을 회상하며 몇 시간이나 이야기했다고 하면, We talked for hours, reminiscing about our college years.라고 할 수 있죠.

2 **그거 좋은 생각이다. That seems like a great solution.**
딱히 묘수가 떠오르지 않는데 누가 생각도 못 해본 대안이나 방법을 제시할 때 쓰면 적절하죠. 처음 들어보는 생각이니까 그런 것 같다는 의미로 seems로 시작하고, 내용은 그럴 듯하니까 a great solution이라고 하는 거죠. 이걸 좀 응용해서 That sounds like a perfect solution.이라고 해도 되겠죠.

3 **(과거는 잊고) 더 좋은 삶을 살다 move on to better things**
사적이든 공적이든, 과거에 얽매여 있지 않고 다음 단계로 진도 나가는 것, 즉 앞으로의 날들을 살아가는 걸 move on이라고 해요. 뒤에 to better things를 썼으니까 더 좋은 날들이 올 거라고 생각하고 그 날들을 살아가는 거죠. 내가 많이 변해서 이젠 옛 친구들과 잘 안 통한다는 말을, I've moved on since high school, and now I don't have much in common with some of my old friends.라고 할 수 있어요.

SITUATION 3 좋은 친구 잃고 싶지 않아

로맨틱한 감정이 일지 않는 친구에게 기분 나쁘지 않게 선을 긋는 대화입니다. 우리말 대화를 보고 영어로 생각해본 다음에 영어 대화문을 보세요.

음원 44-3

(공원에서)

민 자연 속에 나와 있으니까 좋다.

에디 응. 난 자연 속에 있는 거 좋아해.
난 시골에서 마당 있는 집에 살고 싶어.

민 나도 그래. 개도 한 마리 있으면 좋겠어.

에디 아마도… 우리가 운명인가 봐.

민 에디, 왜 이래. 난 네가 남자로 안 보여.

에디 혹시 또 누가 알아?

민 에디, 난 좋은 친구 잃고 싶지 않다.

(At a park)

Min It's so good to be out in nature.

Eddy Yes. I like being out in nature.
I'd like to live in a house with a yard in the countryside.

Min Me too. I'd love to have a dog, too.

Eddy Maybe… **132** We're destined to be together.

Min Come on, Eddy. I don't have any romantic feelings for you.

Eddy Who knows?

Min I don't want to lose my best friend, Eddy.

VOCABULARY

out 실외에서 **nature** 자연 **yard** 마당 **countryside** 시골

KEY EXPRESSIONS

1 **자연 속에 있으니까 너무 좋다. 난 자연 속에 있는 거 좋아해. It's so good to be out in nature. I like being out in nature.**

이 두 문장은 같은 의미의 말이에요. 한국말로도, '밖에 나오니까 참 좋다'라고 하죠? 밖에 나와 있는 건 be out, 밖은 밖인데 공원이나 야외 스포츠 센터처럼 사람이 만든 곳이 아니라 자연 그대로인 곳이니까 in nature, 두 말을 합해서 be out in nature '자연 속에 있다'가 됩니다.

2 **시골에서 in the countryside**

'시골에서, 시골에는'이라는 말이에요. '난 시골에서 나서 자랐어'라는 말은 I was born and raised in the countryside.라고 하고, 또 시골에도 변화가 있었어, There were changes in the countryside, too.처럼 말할 수 있어요.

3 **난 너한테 로맨틱한 감정 없거든.**
I don't have any romantic feelings for you.

네가 남자나 여자로, 즉 이성으로는 안 보인다는 거예요. 관계에도 여러 가지가 있지만 남녀 간의 사랑이 개입된 관계가 romantic relationship이에요. I'm not ready for a romantic relationship.이라고 하면 이런저런 이유로 사귈 준비가 안 됐다는 말이죠.

핵심 패턴 130 뭐가 ~한지 기억도 안 난다! I don't even remember what ~!

뭐가 있었는지 기억도 안 난다!
I don't even remember what I used to have!

그때 내가 무슨 생각을 했는지 기억도 안 나!
I don't even remember what I thought about then!

그 시절에 어떤 걸 겪었는지 기억도 안 나!
I don't even remember what I went through all those years!

어떤 것을 혹은 무엇이 어떻게 했는지가 기억도 안 날 만큼 오래 되었거나 중요하지 않다는 의미를 전달하는 패턴이에요.

핵심 패턴 131 ~하면 어떡하지? What if ~?

좋았던 시절을 기억하고 싶으면 어떻게 하지?
What if we want to reminisce about the good old days?

우리 사랑이 식으면 어쩌지?
What if our love cools down?

결승에 진출 못 하면 어떻게 하지?
What if we don't make the playoff?

어떤 경우를 가정하면서, '만약에 이러저러하면 어떡하지?'라고 걱정을 하거나 조심스러워 할 때 쓰는 패턴이에요.

핵심 패턴 132 우린 ~할 운명이야. We're destined to ~.

우린 함께 있을 운명인가 봐.
We're destined to be together.

결국 메타버스에서 일하게 될 운명인가 보다.
We're destined to work in the metaverse.

이 시련을 피할 수 없는 운명인가 봐.
We're destined to go through this ordeal.

어떻게 될 운명이다, 결국 그렇게 되게 되어 있다고 말할 때 쓰는 패턴이에요. 꼭 이성간의 운명을 말할 때만이 아니라, 친구, 인연, 예측 등에도 쓸 수 있어요.

destined to be

발음이 /데스틴투비/라고 들려요.

네, 그럴 거예요. **We're destined to be together.**를 한 문장으로 발음할 때, **destined to**를 하나씩 떼어서 /데스틴드투/라고 하기보다는 **d**와 **t**를 붙여서 /데스틴투비/ 혹은 /데스틴터비/라고 발음해요. 그 이유는 **destined**의 끝소리 **d**를 발음하는 위치(혀끝은 윗니 뒤에 대는 것)와 **t**를 발음하는 위치가 같기 때문에 **destined**의 **d**를 발음하지 않고 바로 넘어가서 **t** 소리를 내는 거예요. 그래서 미국 영어로는 앞 단어가 **d**로 끝나고 뒷단어가 **t**로 시작하면 이렇게 **d** 소리는 내지 않고 **t** 소리로 넘어간답니다.

LEVEL UP
EXPRESSIONS

낡은 것을 버리고, 새 것을 받아들여야지.

Out with the old, in with the new.

'버릴 것은 버리고, 필요한 새로운 것을 들여라'라고 할 때 쓰는 영어 표현이 **Out with the old, in with the new.**예요. 새로 옷을 샀으면 안 입는 옷은 버리고 입을 옷만 넣어두라고 할 때도 쓰죠.

새로운 취미를 가지라고 하면서

A 이제 게으름은 그만 피우고 새 취미를 좀 찾아볼 때가 된 것 같아.
B 좋은 생각이야! **낡은 것은 버리고, 새 것을 받아들여야지.**

A I think it's time to stop being lazy and find a new hobby.
B Great idea! **Out with the old, in with the new.**

새로운 누군가를 만나라고 하면서

A 우리 헤어진 지 한 달 됐네. 다시 누군가를 사귈까?
B 당연하지! **지난 사람은 버리고, 새 사람을 만나.**

A It's been a month since we broke up. Should I start dating again?
B Absolutely! **Out with the old, in with the new.**

CHAPTER 5

UNIT 45

당황하거나 패닉이 될 때

그런 식으로 겁주지 마 / 어떻게 하지? / 한 번만 봐주시면 안 돼요?

TRY IT IN ENGLISH

살면서 당황하는 경우는 참 많죠. 컴퓨터가 갑자기 포맷되고, 고생해서 만든 파일은 날아가고, 렌터카 센터 갔는데 면허증이 없고. 전쟁 나가면서 총 두고 온 기분이 이렇겠죠? 패닉!

강의 **45**

윤 앗! 안 돼, 아 또 이러네!

아르만 왜? 무슨 일이야?

윤 내 컴퓨터가 포맷됐어.

아르만 뭐라고? 그럼 네 파일하고 전부 다…

윤 날아갔어!

아르만 에이 왜 그래. 그런 식으로 겁주지 마.
어딘가에 저장해놨겠지, 그렇지?

SITUATION 1 그런 식으로 겁주지 마

음원 45-1

컴퓨터가 포맷되며 파일이 전부 날아갔다는 말에 '설마 아니지?' 하며 당황하고 있습니다. 우리말 대화를 보고 영어로 생각해본 다음에 영어 대화문을 보세요.

Yoon Oops! Oh, no… Not again!

Arman Why? What happened?

Yoon My computer was formatted.

Arman What? Then your files and everything must be…

Yoon Gone!

Arman Come on. 133 Don't scare me like that.
You must've saved them somewhere else, right?

VOCABULARY

oops 아이고 **formatted** 포맷되다 **files** 파일 **gone** 사라지다

KEY EXPRESSIONS

1 **이크! 안 돼… 아 또야!**

Oops! Oh, no… Not again!

Oops! Oh, no…가 없이 Not again!이라고만 해도 안 좋은 일이 한두 번도 아니고 또 생겼다는 의미가 되고, '또야?' '말도 안 돼'라는 말이 됩니다. 이 앞에, Oops '이크', Oh, no! '안 돼!'를 다 붙여 놓으니까 완전히 낭패라는 감정이 전달되죠? 하드웨어나 소프트웨어 할 것 없이 IT에 관한 문제가 생기거나 물건을 자꾸 잃어버릴 때는 나도 모르게 Oops! Oh, no… Not again!이 나옵니다.

2 **날아갔어!**

Gone!

이 말의 기본적인 톤은 이런 거죠. '갔다, 떠났다, 없어졌다, 사라졌다, 죽었다, 망했다' 사람이 술 마시고 맛이 가거나, 우유가 상해서 맛이 갔을 때도 이렇게 말해요. He's totally gone. The milk has gone bad.라고요.

3 **다른 데 어디**

somewhere else

지금 여기 말고 다른 데 어디라는 말이에요. '여기 형편없다, 다른 데 가자'라는 말을 This place is awful. Let's go somewhere else.라고 하고, '지금 내 말 듣고 있는 거야?' Are you listening?이라는 말에, '미안, 잠깐 딴 생각했어(정신이 다른 데 있었어)'라는 의미로 Sorry, I was somewhere else.라고 할 수 있어요.

SITUATION 2 어떻게 하지?

음원 45-2

계약서 파일이 없어져서 어떻게 찾아야 하나 당황하고 있습니다. 우리말 대화를 보고 영어로 생각해본 다음에 영어 대화문을 보세요.

아르만 윤, 파일 찾았어?
윤 거의, 계약서 파일 빼고.
어떻게 하지?
아르만 그 파일 지난 달에 나한테 보내지 않았나?
윤 맞아. 내가 너한테 어디로 보냈는지 생각 나?
아르만 생각 안 나는데.
지금 보고 있는데, 아직 못 찾았어.

Arman Yoon, did you find the files?
Yoon 134 Almost everything, but not the contract file.
What am I supposed to do?
Arman Didn't you send me that file last month?
Yoon I did. Do you remember how I sent it to you?
Arman I don't remember.
I'm looking for it, but I haven't found it yet.

VOCABULARY

almost 거의 **contract** 계약 **remember** 생각나다 **find** 찾다

KEY EXPRESSIONS

1 **어떻게 하지? What am I supposed to do?**

어려움에 처했을 때 하는 말인데요, 새로운 기계 사용 방법을 가르쳐달라거나, 동호회 같은 곳에 가입해서 절차를 알려달라는 말을 할 때, What am I supposed to do with this?라고 할 수 있고, 사랑하는 사람과 헤어지고 나니까 세상이 다 끝났다는 말도 되는 거죠. What am I supposed to do? It's the end of the world.처럼요.

2 **생각이 안 나. I don't remember.**

그야말로 기억이 안 난다는 말이에요. don't 대신 can't를 쓰면 기억해내려고 애쓰는 걸 조금 강조하는 게 되고요. 대화문처럼 단순하게 생각이 안 난다고 할 수도 있고, 어떤 게 기억이 안 나는지를 뒤에 이어서 설명해줘도 돼요. 영화의 결말이 생각이 안 나. I don't remember how the movie ends. 이렇게요.

3 **그것을 찾다, 찾으려고 하다 look for it**

뭔가를 찾으려고 애쓰는 모습이에요. 톰을 찾고 있는데, 봤어? I'm looking for Tom. Have you seen him?이라고 하거나, 형사들이 아직도 탈옥수를 찾고 있다면, Detectives are still looking for the escaped prisoner.라고 해요. 이러다가 뭔가를 찾았으면 found라고 하는데요, They found a solution.은 노력해서 해결책을 찾았다는 거고, She found her mind drifting back to him.은 정신을 차려 보니 그 사람을 생각하고 있었다는 말이죠.

SITUATION 3 한 번만 봐주시면 안 돼요?

면허증 갱신을 안 해서 자동차 렌트를 못 하게 된 상황입니다. 우리말 대화를 보고 영어로 생각해 본 다음에 영어 대화문을 보세요.

음원 45-3

직원 면허증 보여주시겠어요?
TY 네, 여기 있어요.
직원 아, 잠깐만요. 면허증 갱신을 안 하셨네요.
TY 정말요? 아, 그러네요. 한 달 전에 갱신해야 했는데.
직원 그럼, 차를 못 빌리시겠는데요.
TY 이번 한 번만 봐주시면 안 돼요?
직원 죄송합니다. 규정은 규정이니까요.

Clerk Can I see your driver's license?
TY Sure. Here you go.
Clerk Oh, wait. 135 I'm afraid you forgot to renew your license.
TY Really? Oh, right… I should've renewed it a month ago.
Clerk I'm afraid you won't be able to rent a car, then.
TY Can't you make an exception just this once?
Clerk I'm sorry, but rules are rules.

VOCABULARY

license 면허(증) **renew** 갱신하다 **rent** 빌리다 **exception** 예외

KEY EXPRESSIONS

1 **한 달 전에 갱신해야 했는데.**

I should've renewed it a month ago.

'한 달 전에 갱신했어야 했는데'라고 과거 일을 후회하는 감정을 표현하는 말입니다. 우리말의 뉘앙스로는 '~했어야 했는데 안 했네/못했네, (진작에) ~할 걸' 정도가 되죠. 참고로 부정문으로 쓸 때의 축약형은 I shouldn't have p.p.입니다. 내가 실언을 했군. 그 말 하지 말 걸, I shouldn't have said that. 이렇게 말합니다.

2 **그럼, 차를 못 빌리시겠네요.**

I'm afraid you won't be able to rent a car, then.

상대방이 실망할 만한 이야기를 해야 할 때, I'm afraid로 시작해서 말할 수 있어요. 이렇게 I'm afraid로 시작해서 말하면, 말하는 사람이나 듣는 사람이나 마음이 조금은 가벼워지죠. I'm afraid that you've come to the wrong address. '죄송하지만 잘못 찾아오셨네요' 이렇게요.

3 **예외로 하다** **make an exception**

규칙이 있지만 이 일을 예외 처리하는 거죠. 예외 처리를 한다고 할 때 동사는 make를 써요. '대개 보증금은 10%지만 이번은 예외로 하죠'라고 한다면 We usually require a 10% deposit, but I'll make an exception in this case.가 되겠네요.

CHAPTER 5

핵심 패턴 133 그렇게 ~하지 마. Don't ~ like that.

그런 식으로 겁주지 마.
Don't scare me **like that.**

나를 그런 식으로 쳐다보지 마.
Don't look at me **like that.**

그런 식으로 드리블하지 마.
Don't dribble **like that.**

말하는 방식이나 제스쳐, 예를 들거나 생각을 너무 극단적으로 하거나 하는 모든 것들에 쓸 수 있는 패턴이에요. like that은 '그렇게, 그런 식으로'라고 한 덩어리로 기억하세요.

핵심 패턴 134 거의 다, ~만 빼고. Almost everything, but not ~.

거의, 계약서 파일 빼고.
Almost everything, but not the contract file.

거의, 결론만 빼고.
Almost everything, but not the conclusion.

거의, 디저트만 빼고.
Almost everything, but not the dessert.

어떤 것만 빼고 거의 다라고 할 때 쓰는 패턴이에요. almost everyone, almost every day처럼도 응용해서 쓸 수 있어요.

핵심 패턴 135 ~를 깜박하신 것 같네요. I'm afraid you forgot to ~.

면허증 갱신을 안 하셨네요.
I'm afraid you forgot to renew your license.

파일을 첨부하지 않으셨네요.
I'm afraid you forgot to attach the file.

죄송하지만, 두 번째 페이지에 이니셜 서명을 빠트리셨네요.
I'm afraid you forgot to initial the second page.

상대방이 forgot to ~라고 하면 해야 할 일을 깜박 잊고 안 했다는 건데요, 이 앞에 I'm afraid를 쓰면 상대방의 마음이 조금은 더 가벼워지는 느낌이 됩니다.

SPEAKING
GRAMMAR

Gone!

gone의 의미가 정확히 뭔가요?

Go의 과거분사 형태인 **gone**을 그냥 한 단어만 쓰는 경우가 많아요. 그러니까 한 단어가 문장의 역할을 하는 거죠. 정확하게 **Gone!**은 **It's gone!**을 줄여 말한 거예요. 파일이나 물건이 사라졌다는 뜻입니다. 영화 중에서 원제가 ***Gone Girl***이라는 게 있는데요, 우리말 제목으로는 '나를 찾아줘'라고 해서 상영했었죠. **Gone girl**은 사라진 여자를 뜻해요. 그러니까 사람이 사라지거나 떠나갔을 때도 **She's gone. He's gone.**이라고 하고, 줄여서는 **Gone!**이라고 해요. '없어졌느냐, 사라졌느냐, 떠나갔느냐'라고 물을 때는 **Gone?**이라고 하고요.

LEVEL UP
EXPRESSIONS

어떻게 이렇게 될 수가 있지?
How could this have happened?

'어쩌다 이렇게 되었지?' 싶을 때 있죠? 물건을 잃어버렸거나 계획대로 일이 흘러가지 않을 때도 이 말을 쓸 수 있는데요, '내가 이렇게 되기를 바란 것도 아니고, 내가 뭘 어떻게 해서 이렇게 된 건가? 왜 이렇게 되었을까? 물건은 대체 어디로 간 거지?' 싶을 때 **How could this have happened?**라고 해요.

결혼 반지가 안 보일 때

A 결혼 반지가 안 보이네.
B 잃어버린 거야?
어떻게 이런 일이 있을 수가 있지?

A I can't find the wedding rings.
B We lost them? **How could this have happened?**

경기에 불참한 선수 소식을 듣고

A 그 선수, 경기에 불참할 거야. 많이 아프대.
B 챔피언십 경기인데! 오늘?
어떻게 그럴 수가 있어?

A He's going to miss the game. He got really sick.
B The championship game! Today? **How could this have happened?**

CHAPTER 5

UNIT 46

더 나은 미래에 대한 기대감이 들 때

우리 집도 비워야겠네 싶더라 / 왜 그렇게 주의가 산만해지는지 알았어 / 이 책들을 왜 가지고 있었을까

TRY IT IN ENGLISH

누구나 가끔씩 나 자신을 돌아보게 되죠. 그때 하는 일이 정리일 거예요. 정리하면서 공간을 비우고, 마음도 비우고, 그리고 자유로워지는 것. 대화문을 보며 우리 마음도 정화해볼까요?

강의 46

데이브 미니멀리스트의 삶에 대해 들어봤어?

TY 물론이지! 사실, 미니멀리즘에 대해 관심 생긴 지 좀 됐어.

데이브 그래? 나 이 친구 집에 초대 받았는데, 걘 극단적인 미니멀리스트야. 걔네 집 가보고 깜짝 놀랐어.

TY 왜? 집에 아무 것도 없어?

데이브 거의. 그걸 보니까 내 집도 비워야겠다는 생각이 들더라구.

SITUATION 1

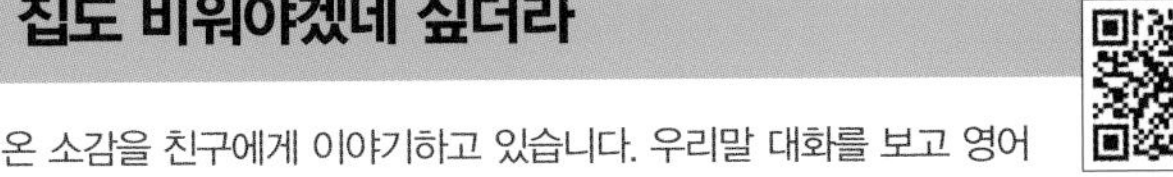

음원 **46-1**

미니멀리스트 친구 집을 다녀온 소감을 친구에게 이야기하고 있습니다. 우리말 대화를 보고 영어로 생각해본 다음에 영어 대화문을 보세요.

Dave Have you heard about **living a minimalistic life**?

TY Of course! Actually, I've been interested in minimalism for a while.

Dave Really? I was invited to this friend's house, and he is an extreme minimalist.
136 **I was shocked when I saw his place.**

TY Why? He didn't have anything at his home?

Dave Almost nothing.
That made me want to **empty out my place**, too.

VOCABULARY

extreme 극단적인 **minimalist** 미니멀리스트 **shocked** 충격을 받은 **empty** 비우다

KEY EXPRESSIONS

1 **미니멀한 인생을 살다**

live a minimalistic life

우리말로 '어떻게 산다, 어떤 인생을 산다'라는 걸 live a ~ life라고 해요. 그녀가 아주 바쁘게 산다면, She lives a very busy life.라고 하고, 어떤 사람이 건강한 삶을 살기로 했다면, He chose to live a healthy life.라고 하겠죠. 그리고 live a life of ~라고 할 수도 있어서, 어떤 사람들이 아주 호화롭게 살고 있다면, They're now living a life of luxury.라고 해요.

2 **걔네 집 가보고 깜짝 놀랐어.**

I was shocked when I saw his place.

보통 shocked라고 하면 좋은 일보다는 예상치 못한 일로 충격을 받는다는 말이에요. 친구가 사는 모습이 극단적인 미니멀리스트 스타일이어서 충격이었다는 거죠. 생각도 못해본, 일반적인 것과 한참 거리가 있는 일을 마주한 상황에서 쓰는 말이니까 경우에 따라서는 조금 조심스러운 표현이라고 할 수도 있습니다.

3 **우리 집에 있는 물건들을 비우다, 치우다**

empty out my place

우리 집에 있는 잡동사니들, 불필요한 것들을 싹 다 치워낸다는 말이에요. empty (out)은 속에 있는 것, 안에 있는 것을 모두 비운다는 뜻이에요. '식기 세척기 안에 있는 거 다 치웠어?'라는 말은 Did you empty the dishwasher?라고 하고, '쓰레기통 비웠어'라는 건 I emptied out the trash can.이라고 해요.

SITUATION 2 왜 그렇게 자주 주의가 산만해지는지 알았어

마음을 깨끗하게 하기 위해 컴퓨터 정리부터 해야겠다는 대화 내용입니다. 우리말 대화를 보고 영어로 생각해본 다음에 영어 대화문을 보세요.

음원 46-2

TY 정신을 맑게 하고 인생을 더 행복하게 살고 싶어.
물건을 너무 많이 가지고 있지 않으면 그렇게 하는 데 도움이 될 거야.

데이브 그럼 뭐부터 시작할 건데?

TY 이 노트북! 이 컴퓨터부터 정리할 거야. 왜 그렇게 자주 주의가 산만해지는지 알았어.

데이브 와, 화면에 폴더랑 파일 정말 많네.

TY 그렇지? 이걸 어떻게 좀 해야겠어.

TY I'd like to **keep my mind clear and my life happier.**
Not owning too much stuff will help me with those things.

Dave Then where are you going to start?

TY This laptop! I'll **tidy up this computer.**
137 **I found out why I was distracted so often.**

Dave Wow, there are so many folders and files on the screen.

TY See? I need to do something about this.

VOCABULARY

mind 마음 **owning** 소유하기 **laptop** 노트북 컴퓨터 **screen** 화면

KEY EXPRESSIONS

1 **정신을 또렷하게 하고 삶을 더 행복하게 하다**
keep my mind clear and my life happier
우리가 마음, 정신이라고 하는 건 다 mind를 써요. 그리고 무언가를 어떤 상태로 유지하는 걸 keep 무엇 뒤에 형용사를 써서 말하는데요, my mind clear 내 정신은 또렷하게, my life happier 내 삶은 더 행복하게, 그런 상태를 유지한다는 뜻입니다.

2 **컴퓨터를 정리하다 tidy up this computer**
컴퓨터에 들어 있는 프로그램, 파일 등을 깨끗하게 정리한다는 말이죠. 책상을 깨끗하게 정리하라고 할 때는, Tidy up the/your desk.라고 하고, 사무실 정리할 때가 됐다면, It's time we tidied up the office.라고 해요. 그리고 너네들이 어지럽힌 거 치우는 게 이젠 정말 지겹다고 한다면, I'm tired of tidying up after you boys.라고 하겠네요.

3 **왜 그렇게 자주 주의가 산만해지는지 알았어.**
I found out why I was distracted so often.
I found out why ~는 어떤 일이나 상황의 원인을 알게 됐다는 말이에요. 풀리지 않는 의문의 원인을 알아낸 거죠. 노력이든 우연이든 모르는 걸 알아내서 새로운 국면으로 접어든 걸 말합니다. distracted는 주의가 산만하고 또렷하게 생각하지 못하는 마음의 상태예요.

SITUATION 3 이 책들을 왜 가지고 있었을까

음원 46-3

오래된 책과 가구를 어떻게 정리할지 친구와 의논하고 있습니다. 우리말 대화를 보고 영어로 생각해본 다음에 영어 대화문을 보세요.

TY 나 내가 좋아하는 가구를 좀 버릴 거야.
데이브 공간을 비우면 더 자유로워지겠지.
TY 맞아, 그리고 책도 필요한 사람들한테 줄까 생각 중이야.
데이브 좋은 생각인 것 같다. 책을 다양하게 모았잖아.
TY 그랬지. 왜 다 가지고 있었는지 모르겠다니까.
내 채널에서 이런 책 얘기도 할 수 있을 것도 같고.

TY I'll let go of some of this furniture I like.
Dave If you empty your space, you'll have more freedom.
TY Yes, and I'm thinking of **giving away my books** to people who want them.
Dave That sounds like a good idea.
138 You have a wide collection of books.
TY I do. **I wonder why I kept them.**
Maybe I can talk about those books on my channel.

VOCABULARY

furniture 가구 **empty** 비우다 **freedom** 자유 **keep** (안 버리고) 가지고 있다

KEY EXPRESSIONS

1 **책을 나눠주다, 내놓다 give away my books**

give away는 뭔가를 사람들에게 나눠주거나 양보하는 것, 주로 거저 주는 것을 말해요. 무료로 몇 분께 책을 드린다고 할 때도 We'll give away these books to some people.이라고 하고, 매장이나 쇼핑몰 등의 개장 행사 기념으로 사은품을 나눠주는 것을 giveaway라고 하죠.

2 **방대한 소장품 a wide collection**

collection은 수집한 것, 소장품을 말해요. 소장하고 있는 미술품은 an art collection, 개인 소장품은 a private collection, 개인 소장품, 국가의 소장품은 a national collection, 방대한 소장품은 a large/extensive collection이라고 하죠.

3 **이 책들을 왜 가지고 있었는지 모르겠다니까.**
I wonder why I kept them.

여기서 wonder는 왜 그랬는지 이유가 궁금하다는 의미예요. '왜 그랬는지 나 자신도 알 수가 없어, 지금 와서 생각하면 부질없는 일인데'라는 거죠. I should've p.p.는 '~할 걸'이라고 후회하는 거고, I wonder why I ~는 '내가 왜 그랬을까'라는 건데, 방향과 강도는 다르지만 둘 다 과거에 대한 아쉬움, 혹은 새로운 깨달음을 나타내는 표현입니다.

핵심 패턴 136 ~해서 깜짝 놀랐어. I was shocked when ~.

개네 집 가보고 깜짝 놀랐어.
I was shocked when I saw his place.

화재 경보가 울려서 깜짝 놀랐어.
I was shocked when the fire alarm went off.

귀여운 강아지가 나한테 뛰어올라서 깜짝 놀랐어.
I was shocked when the cute dog jumped at me.

놀란 정도가 surprised를 넘어 충격적이라고 할 만큼 많이 놀랐을 때 쓸 수 있는 패턴이에요.

핵심 패턴 137 왜 ~한지 알았어. I found out why ~.

왜 그렇게 자주 주의가 산만해지는지 알았어.
I found out why I was distracted so often.

우리 강아지가 밖에서 왜 그렇게 짖는지 알았어.
I found out why my dog barks outside.

내가 밤에 왜 그렇게 뒤척거리는지 알았어.
I found out why I toss and turn a lot at night.

어떤 것에 대한 이유나 원인을 찾아냈을 때 이 패턴을 쓸 수 있어요. 물건이나 사람을 찾는 게 아니고 어떤 사실, 이유 등을 알아내는 건 find out이라고 해요.

핵심 패턴 138 넌 ~를 참 다양하게 가지고 있구나. You have a wide collection of ~.

너 책을 다양하게 모았잖아.
You have a wide collection of books.

LP를 폭 넓게 모았잖아.
You have a wide collection of LPs.

다양한 유니폼을 모았잖아.
You have a wide collection of jerseys.

상대방이 뭔가를 다양하게 여러 가지로 모아 놓았거나 쌓아 놓았거나 가지고 있을 때 쓸 수 있는 패턴이에요.

I'm thinking of ~와 비슷한 표현

'잘 좀 생각해보다'라는 표현으로 또 뭐가 있을까요?

어떤 것에 대해서 결정을 내리거나 할 때, **I'm thinking of ~.** 혹은 **I'm thinking about ~.**이라고 할 수도 있고 **give it** 뒤에 시간을 써서 말할 수도 있어요. '시간을 두고 좀 생각해봐'라는 의미로 **Give it some time.**이라고 하거나 **Give it a second thought.**라고 하죠. **a second thought**는 두 번째 생각, 즉 처음에 바로 떠오른 생각 말고 진지하게 생각해본 다음에 드는 생각을 말해요. 그리고 **some time** 말고도 일 주일, 한 달과 같은 시간을 넣어서 말하기도 하는데 '한 달만 일단 있어봐라'라는 걸 **give it at least a month**라고 하죠.

이걸 좋은 경험으로 받아들일 거야.

I'll turn it into a positive experience.

원하는 대로 결과가 좋게 나오지 않았거나 내가 바란 대로 일이 되지 않았을 때, 우리는 그걸 통해 더 큰 사람이 될 수 있을 거예요. 그 경험이 좋은 밑받침이 되어 더 노력하게 되기도 할 거고, 다음에는 다른 방법으로 해보기도 할 거니까요. 이 말이 영어로 **I'll turn it into a positive experience.**입니다.

면접에서 떨어졌을 때

A 면접 통과 못해서 어떡해.

B 괜찮아. 좋은 경험으로 받아들이면 되지. 다음 면접 전까지 외국어를 새로 배울 거야.

A I'm sorry that you didn't pass the interview.

B It's okay. **I'll turn it into a positive experience.** I'll learn a new language before the next interview.

경기에서 졌을 때

A 경기에서 졌다고?

B 뭐 경기 하나 진 건데 뭐, 많이 배웠어. 좋은 경험으로 승화시키면 돼.

A You lost the game?

B It was just one game, and I learned a lot. **I'll turn it into a positive experience.**

CHAPTER 5

UNIT 47

위로를 받고 마음이 따뜻해질 때

네가 타고난 선생감이긴 하지 / 소질이 충분하신데요 / 저한테 맞는 것 같지 않아요

TRY IT IN ENGLISH

20대에 적성에 맞는 일을 찾는 건 축복이죠. 뒤늦게 적성을 살린다면 일보다는 취미일 테니까요. 이것도 마음을 닦는 소중한 일이기는 해요. 그러고 보면 늦게라도 적성을 찾는 건 큰 위로네요.

강의 47

잭	영어 전공한 걸로 뭘 하고 싶니?
트레이시	교사가 되려고 준비하고 있어요.
잭	하하, 나처럼? 그래, 네가 타고난 선생감이긴 하지.
트레이시	감사합니다. 가르치신 지 얼마나 되셨죠?
잭	3년 전에 시작했어.
트레이시	어때요?
잭	내 머리 전부 이렇게 하얗게 된 거 보여? 3년 전에는 완전히 까맸었는데 말이야.

SITUATION 1 네가 타고난 선생감이긴 하지

음원 47-1

교사가 되려는 후배에게 적성이 있다며 자기 경험담을 이야기하고 있습니다. 우리말 대화를 보고 영어로 생각해본 다음에 영어 대화문을 보세요.

Jack So what do you want to do **with an English major**?

Tracy I'm preparing to be a teacher.

Jack Haha, like me? Yes, 139 **I think you're cut out for it.**

Tracy Thank you. How long have you been teaching?

Jack I started teaching three years ago.

Tracy How do you like it?

Jack Do you see all this **gray hair**?
It was completely black three years ago.

VOCABULARY

major 전공 **gray** 회색 **completely** 완전한 **black** 검정색

KEY EXPRESSIONS

1 **영어 전공자로서, 영어 전공한 것으로**

with an English major

무슨 과목, 전공을 한 걸로, 그걸 이용해서 뭔가 직업을 갖는다든가 일을 한다고 할 때, with a/an 전공 과목명 major라고 해요. 수학 전공을 했으면 with a math major, 생물학을 전공했으면 with a biology major, 체육 교육 전공이면 with a PE major와 같이 말해요.

2 **네가 타고난 ~이지.**

I think you're cut out for it.

be cut out for ~는 어떤 일이 적성에 맞는다, 그 일을 기가 막히게 잘한다는 말이에요. 일상 생활에서 I think는 확신이 없는 경우 혹은 부드럽게 말할 때 많이 쓰는데, 대화문에서도 상대방이 가르치는 데 소질이 있다는 생각은 들지만, 한 사람의 미래에 관한 일이기도 하고, 자기가 하는 일을 '너도 해라'라고 하지 않고 틈을 줘서 얘기하고 있죠.

3 **새치**

gray hair

우리가 흰머리라고 한다고 해서 영어로 white hair라고 하지는 않아요. '흰머리, 새치'는 gray hair라고 합니다. 흰머리가 나는 건 go gray 혹은 gray라고 해요. 대화문에서 Jack은 교편을 잡고부터 스트레스로 머리가 희어지기 시작했으니, I've been going gray since I started teaching.이라고 할 수 있고, 옆머리가 셀 때는 I'm graying at the sides.라고 해요.

SITUATION 2 소질이 충분하신데요

음원 47-2

직접 그린 그림을 선물하는 친구에게 그림에 소질이 있다고 격려하고 있습니다. 우리말 대화를 보고 영어로 생각해본 다음에 영어 대화문을 보세요.

닉　미란다, 이 그림 드리려고 가져왔어요.
새해 선물이라고 생각해주면 좋겠어요.
미란다　고마워요. 직접 그리신 거예요?
닉　네. 부끄럽네요. 형편없어요.
미란다　너무 겸손하세요. 소질이 충분하신데요, 닉
닉　그저, 그림 그리는 동안 집중할 수 있어서 좋은 거죠.

Nick　Miranda, this painting is for you.
140 Please think of it as a New Year's present.
Miranda　Thank you. Did you draw this painting yourself?
Nick　Yes, I'm embarrassed. It's not that good.
Miranda　Don't be humble.
You're so talented, Nick.
Nick　It's just good to focus on drawing without being distracted.

VOCABULARY

painting 그림　**draw** 그리다　**embarrassed** 창피한　**humble** 겸손한

KEY EXPRESSIONS

1 **새해 선물이라고 생각해주면 좋겠어요.**
Please think of it as a New Year's present.

선물 같은 걸 주면서 하기 좋은 표현이죠. Please think of it as ~. '이걸 ~라고 생각하고 받아줘'라는 뜻인데, 내가 그녀를 내 인생 멘토라고 생각한다면, I think of her as my life mentor.라고 할 수 있고, 많이들 그 사람을 괴짜라고 생각한다면, He is widely thought of as eccentric.이라고 할 수 있어요.

2 **부끄럽네요. I'm embarrassed.**

embarrassed는 남들이 나를 어떻게 생각할지 신경이 쓰인다, 부끄럽다는 말이에요. 사람들 앞에서 연설하고, 노래를 부르면, 누군가는 당연히 평가를 할 텐데 하는 마음인 거죠. 부끄럽고 창피하고 수치스럽고 주눅들고, 그런 걸 다 embarrassed라고 해요.

3 **소질이 충분하세요, 참 ~하세요. You're so talented.**

상대방을 격려해주는 말이죠. 앞의 Don't be humble.과 함께 써서 자신감을 불러일으키는 겁니다. 같은 식으로 기운을 북돋는 말로는 You're so kind. '넌 참 친절해', You're so sweet. '넌 참 착해', You're so beautiful. '넌 참 아름다워', You're so brave. '넌 참 용감해', You're so caring. '넌 참 사람들을 잘 챙겨, 자상해' 등이 있어요.

SITUATION 3 저한테 맞는 것 같지 않아요

음원 47-3

회사를 관두고 프리랜서로 일하고 싶은 이유를 말하며 상담을 받는 상황입니다. 우리말 대화를 보고 영어로 생각해본 다음에 영어 대화문을 보세요.

(민이 카페에 들어서며 누구한테 걸어간다.)

민 죄송합니다만 매트 씨? 사진 보니 알겠어요. 만나서 반가워요, 매트. 저 민이에요.

매트 네, 저도요, 민. 시간 내줘서 고마워요.

민 괜찮아요. (앉으며) 제가 뭘 해드리면 될까요?

매트 제가 이 회사에서 일하면서 보수도 괜찮거든요. 근데 저한테 맞는 것 같지 않아요.

민 아, 그래서 회사 관두고 프리랜서로 일하고 싶은 거군요?

(Min is entering a café and walking up to someone.)

Min Excuse me… Matt? I **recognize** you **from your picture.** Nice to meet you, Matt. I'm Min.

Matt You, too, Min. **Thanks for your time.**

Min No problem. *(Sitting)* What can I help you with?

Matt I'm working for this company, and I'm paid well. But 141 **I don't think I fit in there.**

Min Oh, so you want to quit and work as a freelancer, right?

VOCABULARY

recognize 알아보다 **be paid** 급여를 받다 **quit** 그만두다 **freelancer** 프리랜서

KEY EXPRESSIONS

1 **사진을 보고 알아보다**

recognize+누구+from the picture/photograph

사진을 보고 이게 누군지 알아본다고 할 때는 from the picture나 from the photograph를 쓰지만, recognize와 자주 쓰이는 표현들이 또 있어요. 그녀를 바로, 대번에 알아봤어, I recognized her immediately. 유니폼 입으니 너인 줄 모르겠더라, I didn't recognize you in your uniform. 이렇게요.

2 **시간 내주셔서 고맙습니다. Thanks for your time.**

이 말은 대화를 시작하거나 끝낼 때 할 수 있는데요, 가벼운 만남부터 진지한 회담에도 다 어울리죠. 시간을 내줄 만큼 관심을 가져줘서 고맙다는 의미가 배어 있어요. 즉, Thank you for your attention, I appreciate your time and attention. 정도의 느낌으로요.

3 **저한테 맞는 것 같지 않아요. I don't think I fit in there.**

fit in은 어떤 조직에서의 적응 여부를 주로 인간관계의 측면에서 나타내는 말이에요. 즉 사람들과 잘 어울리고 잘 대접받는 거죠. 여기서 제대로 대접받은 적이 없다면, I never really fit in in this department.라고 하고, 그녀가 내 친구들과 잘 어울릴지 모르겠다면, I'm not sure if she'll fit in with my friends.라고 해요.

핵심 패턴 139
네가 타고난 ~이지.
I think you're cut out for ~.

넌 타고난 선생감이지.
I think you're cut out for a teacher.

너 사람들과 어울리는 건 타고났나 봐.
I think you're cut out for socializing.

넌 남들의 재능을 알아보는 건 타고난 것 같아.
I think you're cut out for recognizing talent.

상대방에게 어떤 재능이나 자질이 풍부해 보일 때 이 패턴을 써보세요.

핵심 패턴 140
이걸 ~라고 생각해주세요.
Please think of it as a ~.

새해 선물이라고 생각해주면 좋겠어요.
Please think of it as a New Year's present.

기념품이라고 생각해주면 좋겠어요.
Please think of it as a souvenir.

사랑의 맹세라고 생각해주면 좋겠어요.
Please think of it as a pledge of love.

선물을 하거나 뭔가를 주면서 하는 말인데요, 상대방이 덥석 받지 않을 것 같거나, 이걸 어떻게 받아들이려나 싶을 때도 이 패턴을 쓸 수 있습니다.

핵심 패턴 141
~라고 생각하지 않아요, ~한 것 같지 않아요.
I don't think ~.

저한테 맞는 것 같지 않아요.
I don't think I fit in there.

여기 별로인 것 같은데.
I don't think I like it here.

내가 있을 자리가 아닌 것 같아.
I don't think I am at the right place.

영어에서는 '~한 것 같지 않다, 그래 보이지 않는다' 처럼 말할 때 앞에 not을 써요. 듣는 사람의 입장에서 문장 구성을 미리 파악할 수 있고, 자연히 상대의 말을 받아들이고 대처할 준비가 가능하죠.

SPEAKING
GRAMMAR

prove
'실력을 보여줘 봐'라고 할 때 prove를 쓰나요?

네, 맞아요. 원래 **prove**는 뭔가를 '입증하다, 증명하다'라는 뜻인데요, 법적으로 뭔가를 증명한다는 뜻 말고 일상생활 속에서 자주 쓰는 표현으로는 이런 것들이 있어요. 누가 뭔가를 잘한다고 자랑할 때 **Really? Prove it!**이라고 할 수 있어요. '그래? 네가 그렇게 잘해? 그럼 해봐!', '보여줘 봐, 얼마나 잘하는지!'라는 뜻이죠. 그리고 이런 말도 많이 하죠? 내가 누군가, 혹은 어떤 사람들에게 나 자신에 대해 내가 이런 사람이라고 보여주고 싶을 때, **I'd like to prove myself.**라고 할 수 있고, 넌 이미 충분히 잘 하고 있으니까 아무것도 더 잘하려고 애쓸 필요 없다는 의미로, **You've got[You have] nothing to prove (to others).**라고 할 수 있어요.

LEVEL UP
EXPRESSIONS

꿈에 그리던 일을 구했어!
I landed my dream job!

뭔가 얻기 힘든 것을 얻어낸다는 것으로, 꿈에 그리던 직업을 드디어 구하거나 간절히 소망하던 계약을 따낼 때도 써요. 그래서 내가 꿈꾸던 바로 그 일을 하게 되었을 때, **I landed my dream job!**이라고 합니다.

꿈에 그리던 일을 하게 되었을 때

A 중요한 소식이 있다고?
B 응! 내가 꿈에 그리던 일을 구했어!

A You said you had some big news?
B Yes! I landed my dream job!

너무나 하고 싶은 일을 하게 되었을 때

A 꿈이야 생시야, 꿈에 그리던 일을 구했어!
B 정말로 축하할 일이다.

A I can't believe I landed my dream job!
B This calls for a celebration.

UNIT 48 내 자식, 배우자, 반려견 등에 대한 칭찬을 듣고 좋을 때

정말 순하더라고요 / 우리 회사에 들어와도 될 텐데 / 내 부모님 같으신데 뭘

TRY IT IN ENGLISH

칭찬 받는 건 나의 가치가 증명되는 큰 기쁨이죠. 그런데 내가 소중하게 생각하는 사람, 심지어 반려견이 칭찬 받는 건 그 못지 않은, 어쩌면 더 순수한 기쁨이에요. 아무 의도가 없으니까요.

강의 **48**

(닉이 강아지를 찾으러 애견 미용실로 돌아왔다.)

닉 제 강아지 얌전하던가요?

미용사 네, 정말 착했어요.

닉 아… 정말 다행이에요.

미용사 아주 순했어요.
근데 얼굴 다듬을 때는 별로 좋아하지 않더라고요.

닉 제가 얼굴 만질 때도 싫어해요.

미용사 다음에는 분명히 더 잘 할 거예요.

SITUATION 1 정말 순하더라고요

애견 미용실에서 강아지 미용을 끝내고 소감을 나누는 상황입니다. 우리말 대화를 보고 영어로 생각해본 다음에 영어 대화문을 보세요.

음원 48-1

(Nick came back to the groomer's to pick up his dog.)

Nick Did my dog behave well?

Groomer Yes, he **behaved** really **well.**

Nick Awww… I'm glad to hear that.

Groomer He was such **a good sport.**

142 **He wasn't happy when I was trimming around his face, though.**

Nick He hates it when I touch his face.

Groomer I'm sure the next time with me he'll do much better.

VOCABULARY

groomer 애견 미용사 **glad** 다행인 **touch** 만지다 **though** 그래도

KEY EXPRESSIONS

1 **착했다, 얌전하게 굴었다**

behaved well

착하게 굴고 얌전하게 잘 있다는 말을 behave well, behave oneself, behave 등으로 말해요. 탐, 얌전하게 굴어, Tom, behave yourself. 오늘 착하게 잘 있으면 여기 더 자주 올 수 있어, If you behave well today, we could come over here more often.이라고 하겠죠.

2 **순한 사람 a good sport**

너그럽고 상냥하고 심지어 시합에 지고도 화내지 않는 사람처럼, 우리가 보통 순하다고 부르는 기질을 가진 사람이나 동물을 a good sport라고 해요. 어떤 사람이 시합에서 지기만 하면 성질을 낸다면, '걔랑 시합하기 싫어, 자기가 지면 성질 내잖아'라는 의미로, I don't like playing with him. He's not a good sport.라고 해요.

3 **근데, 얼굴을 다듬을 때는 별로 좋아하지 않더라고요.**

He wasn't happy when I was trimming around his face, though.

He didn't like it when ~.과 같은 의미죠. 주어 wasn't, 주어 weren't 뒤에 어떤 형용사를 쓰느냐에 따라 폭넓게 쓸 수 있어요. 별로 놀라지 않았다면, He wasn't surprised. 그리 확신이 없었다면, She wasn't sure.처럼요. 또 방금 전에 말한 것과 다른 이야기를 하고 싶으면, though를 문장 맨 뒤에 쓰면 돼요. '한 해에 심장마비가 두 번이나 왔어. 그런데도 술은 안 끊더라'고 할 때, Two heart attacks in a year. It hasn't stopped him from drinking, though.라고 해요.

SITUATION 2 우리 회사에 들어와도 될 텐데

음원 48-2

구직중인 동료의 사촌이 우리 회사는 어떻게 생각할지 넌지시 의향을 타진하고 있습니다. 우리말 대화를 보고 영어로 생각해본 다음에 영어 대화문을 보세요.

윤 아르만, 내가 로비에서 네 사촌을 본 것 같아.
아르만 맞아. 조언 좀 구하러 들렀어.
윤 알고 싶은 게 뭐였어?
아르만 일자리 제안에 대해 조언이 필요했는데. 난 하지 말라고 그랬어.
윤 음, 아직 일 안 하고 있으면 우리 회사에 들어와도 될 텐데.
아르만 벌써 말해봤지만 관심 없대.

Yoon Arman, I think I saw your cousin in the lobby.
Arman Right.
143 She came by to ask me for some advice.
Yoon What did she want to know about?
Arman She just wanted some **advice on a job offer**.
I told her to **turn down that offer**.
Yoon **Well, if she's free, maybe she could work for us.**
Arman I already tried, but she wasn't interested.

VOCABULARY

cousin 사촌 **lobby** 로비 **advice** 조언 **offer** 제안

KEY EXPRESSIONS

1 **일자리 제안에 대한 조언 advice on/about a job offer**

조언 advice가 필요한 것에는 on이나 about을 써요. 컴퓨터에 관해 도움이 필요하면, I need some advice about my computer.라고 하고, 에너지 절감에 관한 조언이 필요하면, We need your advice on saving energy.라고 할 수 있어요.

2 **그 제안을 거절하다 turn down that offer**

'같이 일하지 않겠냐, 일자리가 났는데 관심 있냐'와 같은, 일과 관련한 제안을 offer라고 해요. 그 일자리 제안을 거절하는 걸 turn down이라고 하고요. 거절했다는 말을 I said no to that offer.라고 하기도 하고, 반대로 수락했다면 I said yes to that offer. 또는 I accepted that offer.라고도 해요.

3 **음, 아직 일 안 하고 있으면 우리 회사에 들어와도 될 텐데.**
Well, if she's free, maybe she could work for us.

아는 사람이 우리 회사에 필요한 능력은 있는데 지금 일을 안 하고 있다면 의향을 타진해볼 만하죠. 우리 회사에 오면 좋겠다는 바람이 있지만 그렇다고 직설적으로 말하지 않고, Well, if ~, maybe, could를 써서 완곡하게 표현하고 있죠. 말하는 사람이나 듣는 사람이나 불필요한 부담을 안 갖게 말이죠.

SITUATION 3 내 부모님 같으신데 뭘

남편이 아내에게 자기 부모님께 잘 해줘서 고맙다는 말에 따뜻한 말로 화답하고 있습니다. 우리말 대화를 보고 영어로 생각해본 다음에 영어 대화문을 보세요.

음원 48-3

기준 추석 때 우리 부모님께 잘 해드려서 고마워.

주원 무슨 말이야. 늘 나한테 얼마나 잘 해주시는데. 진짜 우리 부모님 같다고.

기준 추석이나 설날에는 결혼 안 한 친구가 부럽지 않아?
그 친구들이 즐기는 자유가 없잖아.

주원 음, 그렇다고 말할 수도 있지만, 솔직히 아니야.
결혼 안 한 친구들은 이렇게 사랑 받고 든든하다는 느낌이 없을 테니까.

Kijun Thank you for **everything you did for my parents** on Chuseok.

Juwon No worries. You parents **are always nice to me.**
They're like my real parents.

Kijun 144 Don't you envy your single friends during Chuseok or Seolnal?
You don't have all the freedom they enjoy.

Juwon **Well, I could say yes, but honestly no.** My single friends may not have this feeling of being loved and supported.

VOCABULARY

nice 잘 해주는 **real** 친(부모님) **freedom** 자유 **supported** 지원받는, 든든한

KEY EXPRESSIONS

1 **당신이 우리 부모님께 해드린 모든 것**
everything you did for my parents
상대방이 우리 부모님을 '위해서' 해드린 모든 것들이라는 뜻인데요, for 뒤에 대상을 쓰면 그 대상을 위해서 하는 걸 말하고, to를 쓰면 '그 사람을 상대로, 그 사람에게'라는 뜻이어서 약간 달라요. 그녀에게 뭘 '해줬는지' 물을 때는, What did you do for her?라고 하고, 그 여자한테 무슨 짓을 한 건지 물을 때는, What did you do to her?라고 해요.

2 **항상 나에게 잘 해주다** **be always nice to me**
'친절하게 하다, 잘 해주다'라는 걸 nice로 표현해요. 내가 아팠을 때 잘 해줬다면, They were very nice to me while I was sick. 그 사람은 내게 뭐 원하는 게 있을 때만 잘 한다는 말은, He's only nice to me when he wants something.이라고 해요.

3 **음, 그렇다고도 할 수 있지만, 솔직히 그렇진 않아.**
Well, I could say yes, but honestly, no.
딱 잘라 말하는 게 아니라, 글쎄 그렇게 생각할 수도 있지만 사실은 아니라고 넌지시, 돌려서 말하는 겁니다. 이해 관계가 걸려 있는 상황은 아니어도, 대뜸 '아뇨, 전혀 안 그런데요.'라고 해버리면 웬만큼 친한 사이가 아니면 무안해지기가 쉽잖아요.

핵심 패턴 142 ~할 때는 안 좋아하더라고요. He/She/I wasn't happy when ~.

근데 얼굴 다듬을 때는 별로 좋아하지 않더라고요.
He wasn't happy when I was trimming around his face, though.

네가 내 친구들 앞에서 나를 비판할 때 기분 안 좋더라.
I wasn't happy when you criticized me in front of my friends.

그녀는 자기 남친이 자기 친구들한테 퉁명스럽게 해서 기분이 안 좋았어.
She wasn't happy when her boyfriend was not nice to her friend.

happy하지 않다는 건 행복하지 않다는 의미도 되지만, '좋아하지 않는다, 별로 안 좋아한다'라는 느낌으로 많이 써요.

핵심 패턴 143 그녀가/그가 ~하러 잠깐 들렀어. She/He came by to ~.

조언 좀 구하러 들렀어.
She came by to ask me for some advice.

얘기 좀 하려고 들렀더라.
She came by to have a chat with me.

그 사람이 작별인사 하려고 들렀어.
He came by to say goodbye.

어딘가에 와서 오래 있지 않고 잠깐 있다가 가는 것을 come by라고 해요. 같은 의미로 drop by라고도 하고, stop by, swing by도 씁니다.

핵심 패턴 144 ~가 부럽지 않아? Don't you envy ~?

추석 때나 설날에는 싱글인 친구들이 부럽지 않아?
Don't you envy your single friends during Chuseok or Seolnal?

고향에 살고 있는 옛 친구들이 부럽지 않니?
Don't you envy your old friends who live in your hometown?

좋은 아파트에 사는 사람들이 부럽지 않아?
Don't you envy people with nice apartments?

사랑하는 사람이 있다가 없으면 그립고, 갖고 싶은 물건이나 전에 있던 물건이 없다면 불편하겠죠. 사람이나 물건, 어떤 시절이 그립지 않냐고 할 때 모두 쓸 수 있어요.

have? raise?
강아지를 키운다고 할 때 이 두 단어를 쓰나요?

네. 강아지를 키운다고 할 때 제일 많이 쓰는 건 **have**예요. 강아지나 고양이 등 반려동물을 키운다고 할 때 모두 **have**를 쓰죠. 그런데요, **have**를 썼을 때는 그야말로 '나에게 강아지가 있다, 고양이가 있다, 거북이가 있다'와 같이 소유의 상태를 표현하는 반면에, **raise**는 태어난 지 얼마 안 된 경우 혹은 어린 강아지나 새끼 고양이를 '키운다, 기른다'는 의미를 나타내는 거예요. 그리고 고양이는 **a kitten,** 새끼 강아지는 **a puppy**라고 하고, 새끼 고양이나 어린 강아지를 키운다는 의미로는 **raise**를 써요. 이웃 사람이 나에게, 새끼 고양이나 새끼 강아지를 키워보지 않겠느냐고 했다면, **One of my neighbors asked me if I wanted to raise a cat/a kitten/a dog/a puppy.**라고 해요.

LEVEL UP
EXPRESSIONS

그 사람, 소질이 있어.
He/she always had it in him/her.

누군가가 어떤 일에 소질이 있다는 말을, **He/She always had it in him/her.**라고 해요. 문장을 들여다보면 자기 안에 그것을 가지고 있었다, 즉 그런 자질이나 능력을 가지고 있었다는 거죠? 그래서 어떤 사람이 눈에 띄게 잘 할 때 '(안 보이지만) 원래 소질이 있어요'라는 말을 이렇게 합니다.

시험에서 좋은 성적을 받은 아이에게

A 그 애가 시험에서 A를 받았다니!

B 소질이 있다니까. 수학을 잘해.
공부만 더 열심히 하면 돼.

A I can't believe she got an A on the test!

B She always had it in her. She's good at math. She just needs to study more.

경기에서 특출나게 잘 한 사람을 두고

A 네 남동생은 어쩜 그렇게 경기에서 잘 하니?

B 원래 소질이 있어.
비로소 자신감을 가진 것 같아.

A How did your brother do so well in the game?

B He always has it in him. I think he finally gained some confidence.

CHAPTER 5

UNIT 49 부탁을 하며 미안한 마음이 들 때

미안하지만 별다른 수가 없네 / 4시까지 되겠어요? / 오늘 야근해야 할 것 같아

TRY IT IN ENGLISH

야근과 주말 근무를 시키고, 담당자도 아닌 직원에게 일을 독촉하고. 이런 부탁을 할 때 미안해 하는 마음, 또 그 마음을 이해하는 따뜻한 마음을 대화문에서 느껴보세요.

강의 **49**

윤 그럼 나 내일 출근할까?

아르만 응, 미안하지만 별다른 수가 없네.
토요일에 도와 달라고 하기가 영 불편해.

윤 뭐, 괜찮아.
이번 주말에 급한 일 없어.

아르만 정말 고마워.
넌 정말 제일 좋은 동료고 좋은 친구야!

SITUATION 1 미안하지만 별다른 수가 없네

음원 49-1

토요일에도 일을 해달라고 부탁하는 미안하고 불편한 상황입니다. 우리말 대화를 보고 영어로 생각해본 다음에 영어 대화문을 보세요.

Yoon So you want me to **come in to work** tomorrow?

Arman Yes, **I'm sorry, but there's no other option.**

145 **I feel out of line asking you to help on a Saturday.**

Yoon Well, it's no big deal.

I have nothing urgent to do this weekend.

Arman **I can't thank you enough.**

You're the best co-worker and a good friend!

VOCABULARY

option 대안 **big deal** 별 일 **urgent** 긴급한 **co-worker** 동료

KEY EXPRESSIONS

1 **출근하다**

come in to work

이 말은 '일하러 간다, 출근한다'는 의미예요. 어떤 직원이 아파서 오늘 결근이라면, He's too sick to come in to work today.라고 하죠. 그리고 집이나 학교에 누가 온다고 할 때는 coming over를 써요. '내일 배관 수리하시는 분이 오실 거야'라는 말을, The plumber's coming (over) tomorrow.라고 해요.

2 **미안하지만 별다른 수가 없네.**

I'm sorry, but there's no other option.

불편하거나 미안한 말을 할 때 분위기를 부드럽게 하는 표현이 몇 가지 있죠. I hate to say this, but ~/ I'm afraid, but ~/ I'm sorry, but ~. 이렇게요. 이런 말을 들으면 어쩐지, 뒤에 오는 말을 받아들일 수밖에 없게 되기도 하죠. 그러니까 I feel out of line asking ~.이라고 미안한 말을 하기 전에 이렇게 말을 하는 것도 좋은 방법입니다.

3 **정말 고마워.**

I can't thank you enough.

말 그대로 정말로 고마울 때, 뭐라고 고맙다고 해야 할지 모를 정도로 너무너무 고마울 때 쓰는 말이에요. 아주 좋은 선물을 받았을 때, What a gift! I can't thank you enough.라고 할 수 있고, 애들 픽업해주셔서 얼마나 고마운지 모르겠다고, I can't thank you enough for picking up my kids.처럼 I can't thank you enough 뒤에 for ~를 넣어서 말하기도 해요.

SITUATION 2 4시까지 되겠어요?

음원 49-2

휴가 간 담당자의 일을 대신 떠맡은 직원에게 일을 독촉하려니 미안한 마음입니다. 우리말 대화를 보고 영어로 생각해본 다음에 영어 대화문을 보세요.

해리 마케팅 전략 4시까지 되겠어요?
윤 그럼요. 빨리 끝낼게요.
해리 잠깐. 그거 신디가 하는 거 아니었나요?
윤 네, 그랬지만 제가 넘겨받았어요. 신디는 어제 출산휴가 갔죠.
해리 아, 맞네. 잊고 있었어요. 알겠어요, 고마워요.

Harry **146** Can I have that **marketing strategy** by 4?
Yoon Certainly. I'll get that ready for you ASAP.
Harry Wait. Wasn't Cindy working on that project?
Yoon Yes, she was, but I **took over** the project.
Cindy started maternity leave yesterday.
Harry Oh, right. I **forgot about that.**
Thanks for letting me know.

VOCABULARY

strategy 전략 **certainly** 물론 **ASAP**: **as soon as possible** 가급적 빨리

KEY EXPRESSIONS

1 **마케팅 전략 4시까지 되겠어요?**

Can I have that marketing strategy by 4?

이 말은 공손하게 묻는 것 같아 보이지만 사실은 그때까지 해달라는 말이죠. 부하에게 지시할 때, 물건을 수리해달라고 맡겨 놓을 때 등등, 상황에 따라 지시, 요청, 부탁이 돼요. 어쨌든 Can you do ~?라고 하지 않고 Can I have ~?라고 부탁하면, 상대는 기분이 상하지 않으면서도 부담을 느끼고 열심히 해주겠죠.

2 **넘겨받았다 took over**

통제권이나 책임을 넘겨받는 걸 take over라고 해요. 아니면 회사를 인수하는 것도 take over라고 하죠. 어떤 사람의 투자의 목적이 경영권 획득이었다면, His only reason for investing in the company was to take it over.라고 하고, 그 회사가 다른 ABC라는 회사에 인수되었다면, The company was taken over by ABC.라고 하죠.

3 **까맣게 잊었다 forgot about that**

이 말은 뜻이 여러 가지예요. 결혼 기념일을 까맣게 잊었을 때, He forgot all about their anniversary. 그 사고는 절대 잊혀지지 않을 것 같다는 말은, I'll never be able to forget about the accident. 그리고 대학 가도 옛 친구들 잊지 말라고 할 때, Don't forget about your old friends when you go to college.라고 해요. 그리고 휴가 갈 생각은 꿈도 못 꾸겠다면, We'll have to forget about going on holiday.라고 하는데, 이때 forget about이 '포기하다'라는 의미가 됩니다.

SITUATION 3 오늘 야근해야 할 것 같아

음원 49-3

야근시키는 건 미안하지만 야근 수당 걱정은 하지 말라고 안심시키고 있습니다. 우리말 대화를 보고 영어로 생각해본 다음에 영어 대화문을 보세요.

윤 아, 이거 생각했던 것보다 훨씬 오래 걸리네. 오늘 야근해야 할 것 같아.
래리 오늘은 가고 내일 하는 게 어때?
윤 오늘이 마감이니까 마무리해야 돼.
래리 그게 궁금한데, 야근 수당 나와?
윤 응, 나와. 걱정 마. 여기 근무 조건이 꽤 괜찮아.

Yoon Oh, 147 **it's going to require much more time than I expected.** I'm afraid we need to work overtime today.
Larry Why don't we **leave it for tomorrow**?
Yoon Today is the deadline, so we have to get it done.
Larry **I'm curious.** Do we get overtime pay?
Yoon Yes, we do. Don't worry.
The working conditions are pretty reasonable here.

VOCABULARY

require 필요하다 **expected** 예상했다 **deadline** 마감일(시간) **reasonable** 합리적인

KEY EXPRESSIONS

1 **아, 이거 생각보다 훨씬 오래 걸리는데.**
Oh, it's going to require much more time than I expected.

이 말의 느낌은 '이거 생각보다 꽤 오래 걸리네, 생각보다 오래 걸릴 모양이네'라는 거예요. 생각보다 오래 걸려서 답답하거나 힘이 든다는 느낌이죠. 무슨 일이든 대개 여유 있게 계획을 세우지만 가끔은 time 시간, cost 비용, resources 인력 중 한두 가지가 더 필요해질 때가 있죠. 이런 경우에 다 쓸 수 있어요.

2 **내일로 미루다 leave it for/until tomorrow**

일이나 해야 할 뭔가를 내일로, 또는 tomorrow 대신 다른 때를 쓰면 그때로 미루는 거죠. 뒀다가 내일 하라는 의미로 Leave it until tomorrow.라고 하고, 기한 없이 미룰 때도 쓰는데, 설거지하지 말라고 하면서 내가 나중에 하겠다고, Leave the dishes. I'll do them later.라고 할 수도 있어요.

3 **그게 궁금한데 말이야. I'm curious.**

curious는 말 그대로 궁금하다, 알고 싶다는 거예요. '그 여자에 대해 왜 알고 싶은데? 아니 그냥 궁금해서'라는 말을, Why do you want to know about her? Oh, no reason. I'm just curious.라고 하고, '참견하는 게 아니라 그냥 궁금해서 그래'라는 말을, I'm not being nosy, I'm just curious.라고 하기도 하죠.

CHAPTER 5

핵심 패턴 145 ~하려니 좀 불편하네. I feel out of line -ing.

토요일에 도와달라고 하기가 영 불편해.
I feel out of line ask**ing** you to help on a Saturday.

그렇게 월급을 많이 달라고 불평을 하려니까 좀 그렇네.
I feel out of line complain**ing** about such a high salary.

보스 의견에 반대하려니 마음이 불편해.
I feel out of line go**ing** against the boss's opinion.

뭔가를 하려고 하는데 그게 마음에 걸리고 미안하거나 불편하거나 할 때 이 패턴을 쓸 수 있어요. '이렇게 하는 게 선 넘는 건가?'라고 생각하시면 되죠.

핵심 패턴 146 ~가 …까지 될까요? Can I have that/those ~ by …?

마케팅 전략 4시까지 되겠어요?
Can I have that marketing strategy **by** 4?

이 악기 다음 주까지 될까요?
Can I have that instrument **by** next week?

그 신발 열 두 시까지 될까요?
Can I have those shoes **by** noon?

상대방에게 뭔가 수리를 맡기거나 일을 맡기고 언제까지 되는지 물을 때, 배송이 특정한 때까지 되는지 물을 때도 이 패턴을 쓰시면 됩니다.

핵심 패턴 147 생각했던 것보다 훨씬 더 ~하네. It's going to require much/many more ~ than I expected.

이거 생각했던 것보다 훨씬 오래 걸리네.
It's going to require much more time **than I expected.**

생각보다 훨씬 더 노력해야겠어.
It's going to require much more effort **than I expected.**

생각보다 사람이 훨씬 더 많이 필요하겠어.
It's going to require many more people **than I expected.**

얼마 정도 걸릴 거라고 예상을 했는데 그것보다 훨씬 더 긴 시간이나 노력, 사람들, 비용 등이 소요된다고 할 때 이 패턴을 써보세요.

I'll get that ready for you ASAP.

ASAP를 /에이에스에이피/라고도 읽어요?

네, 그렇습니다. **As soon as possible**은 그냥 이대로 다 읽거나 쓰기도 하고, 줄여서 **ASAP**라고도 쓰고 읽는데요, 발음은 /에이쎕/ 혹은 /에이에스에이피/라고도 해요. 어떤 분들이 가끔 /아삽/이라고 하시는데 그렇게 발음하지는 않습니다. 비슷한 것 중에서 **Oh, my gosh**를 줄인 **O.M.G**가 있는데요, 이건 철자 하나씩을 읽어서 /오우 엠 쥐/라고 해요. **Oh, my gosh, Oh, my goodness, Oh, my...**를 줄인 말이죠. **Oh, my God.**도 맞는 말이지만 '굳이 신을 넣어서?'라고 불편한 사람들은 이 대신에 **Oh, my gosh, Oh, my goodness, Oh, my...**라고 해요.

LEVEL UP
EXPRESSIONS

네 시간 너무 많이 뺏지 않을게.

I won't take up too much of your time.

사회생활을 하면서 혹은 친구 사이에서도 어떤 걸 부탁하거나 제안할 때 상대의 부담을 덜어주기 위해서, **I won't take up too much of your time.**이라는 말을 많이 합니다. **take up**은 뭔가를 차지하는 걸 말해요.

시간을 좀 내달라고 하면서

A	무슨 일로 보자고 했어?	A	What did you need to see me about?
B	큰 일은 아니고, 시간 많이 잡아먹지 않을게.	B	Not much. I won't take up too much of your time.

도와줘서 고맙다고 하면서

A	와줘서 고마워. 시간 너무 많이 뺏지 않을게.	A	Thanks for coming. I won't take up too much of your time.
B	괜찮아. 친구 좋다는 게 뭐니?	B	It's okay. What are friends for?

UNIT 50

누군가 내 편을 들어주어 든든할 때

도와줘서 고맙다고 하더라 / 설명은 못하겠는데, 그냥 그래 / 뭐 입는 게 좋을까?

TRY IT IN ENGLISH

데이트 한다고 응원해주고, 상대가 내게 맞는지 걱정해주고, 이사할 때 거들어줘서 고맙다고 하니 그걸 또 좋아해줘요. 내 편이 있다는 게 얼마나 든든한지 대화문에서 확인해보세요.

강의 **50**

닉 너 오늘 기분이 아주 좋고 신나 보여.
무슨 일이야?

현 캐롤이 자길 도와줘서 고맙다고 하더라고.

닉 최근에 너희 집 근처로 이사한 친한 친구?

현 응, 문제가 좀 있었는데 내가 나서서 도와줬지.

닉 왜 그랬어?

현 좋은 친구는 지켜줘야지.

SITUATION 1 도와줘서 고맙다고 하더라

음원 50-1

행복하고 신나 보인다는 말에 친구가 고마워했다며 뿌듯해 하는 상황입니다. 우리말 대화를 보고 영어로 생각해본 다음에 영어 대화문을 보세요.

Nick You look happy and excited today. Why's that?

Hyun 148 **Carol thanked me for supporting her.**

Nick Your best friend who moved near you recently?

Hyun Yes, **there were some issues**, and I **stood up for her**.

Nick Why did you do that for her?

Hyun I believe good friends are worth defending.

VOCABULARY

happy 행복한 **excited** 신난 **moved** 이사했다 **recently** 최근에

KEY EXPRESSIONS

1 **자길 도와줘서 고맙다고 하더라고.**

Carol thanked me for supporting her.

이 말을 하며 특별히 기분이 좋아 보인 이유는 친구를 위해 자기가 나서서 해결하는 데 보탬이 됐고, 그걸 친구가 알아준 거라고 설명하고 있어요. 그런데 만약 도와줬는데도 고맙다는 말이 없으면 이렇게 말하죠. I spent three hours helping her, and she didn't even thank me. '저 돕느라고 세 시간이나 썼는데 고맙다는 말 한 마디가 없네.'

2 **문제가 좀 있었어.**

There were (some) issues.

문제라고 하면 problem이 딱 떠오르죠? 그런데 문제가 좀 있다고 할 때, a few issues, several issues, some issues라고 많이 쓰고요, 집안에 일이 좀 있으면 family issues, 아무 문제가 없었다면 no issue라고 하면 돼요.

3 **나서서 그녀를 도와줬어**

stood up for her

누구를 지키고 보호한다고 할 때 stand up for 누구라고 해요. 이제 우리의 권리를 지킬 때가 됐다면, It's time we stood up for our rights.라고 하고, '너 자신과 가치를 스스로 지킬 줄 알아야지'라는 건, Learn to stand up for yourself and for what you're worth.라고 해요.

CHAPTER 5

SITUATION 2 설명은 못하겠는데, 그냥 그래

파티에서 본 그 사람이 너와는 맞지 않는 것 같다고 어려운 이야기를 하는 상황입니다. 우리말 대화를 보고 영어로 생각해본 다음에 영어 대화문을 보세요.

음원 50-2

민 패트릭에 대해 어떻게 생각해?
에디 패트릭? 네 파티에 왔던 친구?
민 응, 좋은 사람 같은데.
에디 너한테 맞는 사람 같지는 않아.
민 정말? 왜?
에디 설명은 못하겠는데, 그냥 그런 느낌이 들어. 너한테 잘 보이려고 너무 애쓰는 것 같이 보였어.

Min What do you think about Patrick?
Eddy Patrick? That guy at your party?
Min Yes, he seems like a nice guy.
Eddy **I don't think he's the right guy for you.**
Min Really? Why?
Eddy 149 **I can't explain it, but I can feel it.** He seemed like he was trying too hard to **make a** good **impression** on you.

VOCABULARY

guy 친구(남자) **explain** 설명하다 **feel** 느끼다 **impression** 인상

KEY EXPRESSIONS

1 **너한테 맞는 사람 같지는 않아.**

I don't think he's the right guy for you.

그 남자가 너한테는 왠지 안 맞는다는 생각이나 느낌이 든다는 말입니다. 누군가에게 혹은 자리나 일에 맞는 사람을 the right person for ~라고 해요. 이 자리에 맞는 사람은 the right person for this position, 나에게 맞는 남자는 the right guy 혹은 Mr. Right이라고도 하고요.

2 **설명은 못하겠는데, 그냥 그렇게 느껴져.**

I can't explain it, but I can feel it.

말로 뭐라고 설명은 못하겠지만 그냥 느낌이 그렇다는 거예요. 세상 일이나 감정은 딱 부러지게 말할 수 없는 경우가 많죠. 그래서 이 말은 팝송에도 자주 등장해요. I can't explain what I feel, but I'll find a song that can. 내가 느끼는 감정을 말로는 표현을 못하겠지만, 노래로 표현하고 싶다는 말이죠.

3 **잘 보이다, 어떤 인상을 심어주다**

make/give/leave a ~ impression

보통 많이 쓰는 표현은 make a good impression인데요, 우리말로 하면 '누구에게 잘 보이다'라는 거예요. 어떤 인상을 주고 싶은지 생각해봐. Think about what kind of impression you want to make. 넌 그 사람들에게 아주 잘 보인 거 맞아. You left a great impression on them, I'm sure.처럼 말해요.

SITUATION 3 뭐 입는 게 좋을까?

저녁 데이트에 뭘 입으면 될지 친구에게 조언을 구하는 상황입니다. 우리말 대화를 보고 영어로 생각해본 다음에 영어 대화문을 보세요.

음원 50-3

(모니카와 윤이 점심 먹고 있다.)

모니카 얘, 윤, 오늘 밤에 시간 돼? 영화 표가 두 장 있어.

윤 재미있겠다, 근데 오늘 저녁에 약속 있어.

모니카 잠깐, 네가 얘기하던 그 사람이랑 데이트하는 거야?

윤 응, 지훈. 오늘 저녁 같이 먹재.

모니카 정말? 다 이야기해봐! 저녁은 뭐 먹을 거야?

윤 몰라. 일곱 시에 만나기로 했어. 나 뭐 입는 게 좋을까?

(Monica and Yoon are having lunch.)

Monica Hey Yoon, are you free tonight? I've got two free movie tickets.

Yoon That sounds like a lot of fun, but I actually have plans tonight.

Monica Wait… Are you **going on a date with that guy** you talked about?

Yoon Yeah, Jihoon. He wants to meet me for dinner tonight.

Monica Really? **Tell me everything!** What are you going to have for dinner?

Yoon I don't know. We're supposed to meet at 7 p.m.
150 **What do you think I should wear?**

VOCABULARY

fun 재미있는 **actually** 사실은 **plans** (업무가 아닌, 사적인) 약속 **wear** (옷을) 입다

KEY EXPRESSIONS

1 **그 남자랑 데이트하러 가다** **go on a date with that guy**

데이트를 한다는 건 have a date, go on a date라고 하고, 데이트 신청을 하는 건 ask 누구 out이라고 해요. '지금 나한테 데이트 신청하는 거야?'는 Are you asking me out? '응, 우리 오늘부터 1일'은 Yes, let's make it official.처럼 대화할 수 있겠죠.

2 **전부 다 말해봐!** **Tell me everything!**

이 말에는 흥분과 호기심, 궁금증이 다 들어 있어요. 전부 다 말해보라는 건 그만큼 다 알고 싶다는 거니까요. Come on, tell me!라고도 하고, I'm curious. I want to know. I want to know everything.이라고도 하죠.

3 **뭐 입는 게 좋을까?** **What do you think I should wear?**

내가 어떤 걸 입으면 좋을지 한 마디 해달라는 뜻이에요. 잘 활용하면 여기저기 많이 쓸 수 있어요. 친구 따라 처음 간 식당에서 음식을 추천해달라고 할 때, 부동산 사이트에서 방 구할 때, 벽지를 어떤 걸로 할지 결정할 때 등등, What do you think I should ~?라고요.

핵심 패턴 148 ~가 나한테 …해줘서 고맙대. ~ thanked me for -ing.

캐롤이 도와줘서 고맙다고 했어.
Carol **thanked me for** support**ing** her.

마침 딱 적절한 사람을 찾아줘서 고맙대.
He **thanked me for** find**ing** the right person.

사진 찍어줘서 고맙다고 하더라.
They **thanked me for** tak**ing** a picture for them.

내가 어떤 일을 해줘서 누군가 고맙다고 했다는 말을 표현하는 패턴입니다. for 뒤에 -ing 형태로 해준 일을 붙여서 표현합니다.

핵심 패턴 149 뭐라 설명은 못하겠지만, ~야. I can't explain it, but ~.

설명은 못하겠는데, 그냥 그런 느낌이 들어.
I can't explain it, but I can feel it.

설명은 못하겠는데, 그 사람 눈이 그랬어.
I can't explain it, but his eyes said so.

설명은 못하겠는데, 분위기가 마음에 안 들어.
I can't explain it, but I don't like the atmosphere.

딱 꼬집어 뭐라고 설명할 수는 없지만 어떻다고 느껴지거나 그런 생각이 든다고 할 때 이 패턴을 써서 말해보세요.

핵심 패턴 150 내가 뭘 ~하면 좋을까? What do you think I should ~?

뭐 입는 게 좋을까?
What do you think I should wear?

결혼식에서 무슨 노래 부르는 게 좋을까?
What do you think I should sing at their wedding?

그 사람들 만나서 무슨 말부터 하는 게 좋을까?
What do you think I should say first when I meet them?

상대방에게 내가 뭘 입으면 좋을지, 어떻게 하면 될지, 어떤 색깔을 고르면 좋을지 등을 물어볼 때 쓰는 아주 빈도가 높은 패턴입니다.

Carol thanked me for supporting her.

support가 편들어준다는 뜻도 되나요?

네, 됩니다. 항상 영어 단어나 표현을 일대일로 하나의 우리말로 기억하지 말고 여러 가지 뜻으로 기억하는 게 영어를 잘하는 비결 중의 하나인데요, **support**의 사전적인 의미는 누군가를 '후원하다, 지지하다'입니다. 그런데 우리가 일상적으로 쓰는 표현으로는 힘이 되어 주는 것도 되고, 편이 되어 주는 것도 되죠. 편들어주는 것도 되고요. **I'm always on your side.**라고 표현해도 내가 너를 **support**한다는 말, 즉 네 편에 있다는 말이에요.

LEVEL UP
EXPRESSIONS

설명 안 해도 돼.

No need to explain.

상대방의 입장에 서서, 내게 굳이 설명 안 해도 된다, 자세하게 말하지 않아도 괜찮다는 의미로 할 수 있는 말이 **No need to explain.**입니다. 굳이 일일이 말하지 않아도 다 이해하겠다는 말이니 그야말로 상대방의 편에 서서 말을 하는 거죠.

어머니가 아프시다는 말을 듣고

A 저기, 우리 엄마가 아파서 병원에 입원해 계셔서요.
B 설명 안 해도 돼. 며칠 휴가 내고 쉬어.

A Hey, my mom has been sick in the hospital…
B No need to explain. Take a few days off.

면접을 보러 가야 하는 친구에게

A 오늘 저녁에 저녁모임에 갈 수 있을지 잘 모르겠어. 그게…
B 설명 안 해도 돼. 좋은 일 있다고 들었어. 면접 잘 봐!

A I'm not sure I can come to dinner tonight. There's this…
B No need to explain. I heard the good news. Good luck at the interview!

CHAPTER 5

SPEAKING PATTERNS

영어가 툭 튀어나오는 핵심 패턴

150

본문의 핵심 패턴 150개를 모아두었습니다.
한글을 보고 영어로 바로 말하는,
순간 말하기 훈련에 활용해보세요.

UNIT 01 선물이나 호의 등에 감동받았을 때

001 ~를 할 수 있을 것 같아. I think I can ~.

너처럼 몸짱이 될 것 같다.	**I think I can** get in shape like you.
너처럼 시간을 잘 지킬 수 있을 것 같아.	**I think I can** be punctual like you.
마감일에 맞출 수 있을 것 같아.	**I think I can** meet the deadline.

002 이거, ~인가 봐. These must be ~.

회사에서 주는 크리스마스 선물일 거야.	**These must be** Christmas presents from our company.
우리 여행 갈 때 먹을 간식인가 봐.	**Those must be** snacks for our road trip.
우울 증상일 거야.	**That must be** a symptom of depression.

003 얼마나 ~한지 궁금해. I wonder how ~.

얼마나 빠를지 궁금해요.	**I wonder how** fast it goes.
새 사무실이 얼마나 넓을지 궁금하네요.	**I wonder how** spacious the new office will be.
그 사람들 케미가 얼마나 좋을지 궁금해요.	**I wonder how** good their chemistry will be.

UNIT 02 좋아하는 것을 찾아 행복할 때, 짜릿할 때

004 ~하지 않아? Isn't it ~?

놀랍지 않아?	**Isn't it** amazing?
근사하지 않아?	**Isn't it** cool?
사랑스럽지 않아?	**Isn't it** lovely?

005 정말 대단한 ~였다. That was such a ~.

정말 대단한 여행이었어.	**That was such a** great trip.
정말 대단한 선방이었어.	**That was such a** good save.
정말 환상적인 골이었어.	**That was such a** fantastic goal.

006 ~하지 않나? Isn't it supposed to ~?

비 오지 않나?	**Isn't it supposed to** rain?
오래 걸리지 않겠어?	**Isn't it supposed to** take a long time?
주말에는 문 닫지 않나?	**Isn't it supposed to** be closed on the weekend?

UNIT 03 의욕이 생기거나 동기부여가 되어 좋을 때

007 네 말을 듣고 보니 ~한 것 같다. You sound ~.

동기 부여가 제대로 돼 있는 것 같네.	**You sound** motivated.
낙관적인 것 같네.	**You sound** optimistic.
지친 것 같네.	**You sound** weary.

008 너무너무 ~해. I couldn't be any ~.

이 이상 행복할 수가 없어.	**I couldn't be any** happier than I am now.
너무너무 좋다.	**I couldn't be any** better than I am now.
난 지금 최고로 낙관적이야.	**I couldn't be any** more optimistic than I am now.

009 정말 ~하고 싶어. I'd love to ~.

런던에서 강아지 산책시키는 일을 하고 싶어.	**I'd love to** be a dog walker in London.
난 진짜 농구 선수가 되고 싶어.	**I'd love to** be a basketball player.
난 박애주의자가 되고 싶어.	**I'd love to** be a philanthropist.

UNIT 04 새로운 취미가 생겨 기쁠 때

010 제가 ~한 것 좀 보세요. Check out what I ~.

제가 산 것 좀 보세요.	**Check out what I** got.
제가 주문한 것 좀 보세요.	**Check out what I** ordered.
제가 뭘 발견했는지 한번 보세요.	**Check out what I** found out.

011 ~처럼 살고 싶어. I want to live like ~.

전 다시 젊은 사람처럼 살고 싶어요.	**I want to live like** I'm young again.
난 다시 1학년처럼 살고 싶어.	**I want to live like** a first-year student.
아이처럼 살고 싶어.	**I want to live like** a child.

012 ~하고 싶지가 않더라고. I didn't feel like -ing.

그러다가 이것저것 막 사기가 싫어지더라구.	**I didn't feel like** spend**ing** all my money on just random stuff.
그 여자한테 데이트하자고 하기 싫더라.	**I didn't feel like** ask**ing** her out.
하루 종일 방 구석에 처박혀 있기 싫었어.	**I didn't feel like** be**ing** stuck in my room all day long.

UNIT 05 웰빙과 건강에 신경 쓰며 뿌듯할 때

013 ~할 수 있는 팁이 더 있을까요? Do you have any more tips to help me ~?

잠을 좀 더 잘 자기 위한 팁이 더 있을까요?
Do you have any more tips to help me get a better sleep?

중심을 잘 잡는 팁이 더 있어?
Do you have any more tips to help me find a balance?

일에 집중할 수 있는 팁이 더 있을까?
Do you have any more tips to help me focus on work?

014 전보다 더 ~해 보여요. You look -er than before.

전보다 더 건강해 보여.
You look healthi**er than before.**

전보다 더 활기차 보이네.
You look liveli**er than before.**

전보다 더 날씬해 보인다.
You look slimm**er than before.**

015 ~라서, …하네. Since ~, I ….

점심을 가볍게 먹었더니, 아직 허기가 지네.
Since we had a light lunch, **I** still feel hungry.

회의를 오래 했더니 지친다.
Since we had a long meeting, **I** am exhausted.

그 사람이 합류하니, 마음이 편안하다.
Since he joined, **I** feel comfortable.

UNIT 06 공연이나 연주를 감상하며 기분 좋을 때

016 나도 그 사람처럼 ~했으면 좋겠다. I wish I were as ~ as he/she is.

그 사람처럼 재능이 있었으면 좋겠다.
I wish I were as talented **as he is.**

그 사람처럼 내게 참을성이 좀 있었으면 좋겠네.
I wish I were as patient **as she is.**

그 사람처럼 머리가 좋다면 좋겠다.
I wish I were as smart **as he is.**

017 난 ~하겠어. I would rather ~.

좋아하는 노래를 다운 받겠어.
I would rather download my favorite songs.

길 막히기 전에 지금 출발해야겠어.
I would rather leave now to beat the traffic.

여기 며칠 머물러야겠어.
I would rather stay here for a few days.

018 ~할 시간이 없을 거야. I won't have time to ~.

내년부터는 축구할 시간이 없잖아요.
I won't have time to play soccer from next year.

오늘은 너희 집에 들를 시간이 없겠어.
I won't have time to swing by your place today.

크리스마스 지나면 느긋하게 있을 시간이 없을 거 아니야.
I won't have time to relax after Christmas.

UNIT 07 새로운 도전을 하며 짜릿할 때

019 나, ~하는 법 좀 가르쳐줄래? Can you teach me how to ~?

이 영상 어떻게 올리는지 가르쳐줄래?	**Can you teach me how to** upload videos?
이 종이로 배 만드는 법 가르쳐주실래요?	**Can you teach me how to** fold this paper into a boat?
기타 치는 법 가르쳐줄래?	**Can you teach me how to** play the guitar?

020 내가 ~할 수 있는 게 있으면 말해줘. Tell me if there's anything I can ~.

내가 도울 일 있으면 말해줘.	**Tell me if there's anything I can** help you with.
내가 해결해줄 수 있는 거 있으면 말해줘.	**Tell me if there's anything I can** fix for you.
너 없는 동안 내가 해줄 게 있으면 말해줘.	**Tell me if there's anything I can** do while you're away.

021 자꾸만 ~가 생각 나. I can't stop thinking about ~.

그 강아지 필터가 자꾸 생각 난다.	**I can't stop thinking about** that dog filter.
자꾸만 네 생각이 나.	**I can't stop thinking about** you.
그녀가 한 말이 자꾸 생각이 나.	**I can't stop thinking about** what she said.

UNIT 08 버킷리스트를 실행하며 흐뭇할 때

022 비교적 ~하더라. It was relatively ~.

비교적 저렴하더라.	**It was relatively** inexpensive.
사용하기가 비교적 쉽던데.	**It was relatively** easy to use.
오늘은 비교적 조용했어.	**It was relatively** quiet today.

023 나한테 아직 ~하고 찍은 사진이 있어. I still have a picture of me -ing.

처음 그걸 두르고 찍은 사진이 아직 있어요.	**I still have a picture of me** wear**ing** it for the first time.
일곱 살 때 햄스터를 안고 찍은 사진이 아직 있어.	**I still have a picture of me** hold**ing** a hamster at age seven.
인상 쓰던 사진이 아직 있어.	**I still have a picture of me** frown**ing.**

024 언젠가는 정말 ~하고 싶어. I'd like to ~ someday.

언제 한 번 섬에서 살아보고 싶어.	**I'd like to** live on an island **someday.**
언젠가는 제주 올레길을 걸어보고 싶어.	**I'd like to** walk along the Jeju Olle Trail **someday.**
언제고 런던의 에미레이트 경기장에 가보고 싶어.	**I'd like to** visit Emirates Stadium in London **someday.**

UNIT 09 좋아하는 사람이나 아이들과 놀며 기쁠 때

025 ~해서 정말 기뻤어. It made my day to ~.

손주들 만나서 즐거웠어.	**It made my day to** see my grandchildren.
네 소식을 듣게 되서 기뻤어.	**It made my day to** hear from you.
너랑 이 영화 같이 봐서 기분 좋았어.	**It made my day to** watch this movie with you.

026 …가 얼마나 ~한지 미처 몰랐어. I didn't realize how ~ … was.

할아버지가 그렇게 재미있는 분인 줄 몰랐어요.	**I didn't realize how** funny Grandpa **was.**
그분이 그렇게 자상한 분인 줄 몰랐어.	**I didn't realize how** caring she **was.**
그분이 얼마나 편찮으신지 몰랐네.	**I didn't realize how** sick he **was.**

027 내가 ~하면 어떨까? Why don't I ~?

그거 만드는 법을 가르쳐주면 어떨까?	**Why don't I** teach you how to do it?
내가 같이 가는 게 어때?	**Why don't I** come with you?
발표할 때 내가 보조해줄까?	**Why don't I** assist you with the presentation?

UNIT 10 배려심 넘치는 이웃을 만나 감사할 때

028 ~할 기회가 있었어? Did you have a chance to ~?

그 사람들하고 얘기할 기회가 있었어?	**Did you have a chance to** talk with them?
내 이메일 볼 기회가 됐어?	**Did you have a chance to** go over my email?
어머니 찾아뵐 기회 있었어?	**Did you have a chance to** visit your mom?

029 ~할 게 몇 가지 있어요. There are a few things I should ~.

저도 몇 개 살 거 있어요.	**There are a few things I should** pick up, too.
마무리할 게 몇 개 있어.	**There are a few things I should** finalize.
보스랑 의논할 게 몇 개 있어.	**There are a few things I should** discuss with the boss.

030 ~좀 해주실래요? Can you ~ for us?

문 좀 잡아주시겠어요?	**Can you** hold the door **for us?**
저희 조금만 더 기다려주실 수 있어요?	**Can you** wait a little more **for us?**
저번 미팅 요점 정리해주실 수 있어요?	**Can you** recap the previous meeting **for us?**

UNIT 11 분실이나 도난 등을 당해 화가 났을 때

031 어디에(서) ~했는지 기억이 안 나네. I don't remember where ~.

어디다 써놨는지 생각이 안 나.	**I don't remember where** I wrote it down.
차를 어디에 세웠는지 생각이 안 나.	**I don't remember where** I parked my car.
그녀를 어디서 처음 만났는지 생각이 안 나.	**I don't remember where** I first met her.

032 난 ~할 줄 몰라. I don't know how to ~.

호텔 돌아가는 길 모르는데.	**I don't know how to** get back to the hotel.
휘파람 불 줄 몰라.	**I don't know how to** whistle.
자전거 탈 줄 몰라.	**I don't know how to** ride a bike.

033 여기 ~가 마음에 들어? Do you like it here in ~?

여기 아테네 마음에 들어?	**Do you like it here in** Athens?
여기 베트남이 마음에 들어?	**Do you like it here in** Vietnam?
여기 재래시장 마음에 들어?	**Do you like it here in** this traditional market?

UNIT 12 집안에서 다양한 고장이 생겨 불편할 때

034 우리, ~해야 할 것 같아. I think we need to ~.

창문을 바꿔야 할 것 같아.	**I think we need to** get the windows replaced.
엔진 오일을 갈아야 할 것 같은데.	**I think we need to** have the engine oil changed.
이삿짐 센터를 불러야 할 것 같아.	**I think we need to** hire a moving company.

035 어떻게 ~할 수가 있어? How could you ~?

어떻게 잊어버릴 수가 있어?	**How could you** forget?
내가 주의 줬는데 어떻게 무시할 수가 있어?	**How could you** ignore my warning?
어떻게 우리 절친을 초대 안 할 수가 있어?	**How could you** not invite our closest friend?

036 어디 좋은 ~ 알아? 어디 ~ 잘 하는 사람/가게 알아? Do you know any good ~?

배관공 괜찮은 사람 알아?	**Do you know any good** plumbers?
개인 교습할 강사 괜찮은 사람 알아?	**Do you know any good** private tutors?
부동산 괜찮은 데 알아?	**Do you know any good** realtors?

UNIT 13 불만이 있거나 짜증이 날 때

037 그거 참 ~하겠다. That would be ~.

짜증날 것 같아.	**That would be** annoying.
시끄럽겠다.	**That would be** noisy.
지루하겠는데.	**That would be** boring.

038 …때문에 ~를 할 수가 없잖아요. We can't ~ because of …

위층 소음 때문에 잠을 잘 수가 없어요.	**We can't** fall asleep **because of** the noise from upstairs.
쓸데없는 질문이 많아서 발표에 집중할 수가 없어요.	**We can't** focus on the presentation **because of** the silly questions.
사람이 부족해서 필요 조건을 충족시킬 수가 없어요.	**We can't** meet the requirements **because of** a lack of resources.

039 그냥 ~하지 그랬어? Why didn't you just ~?

왜 그냥 문자로 하지 않았어?	**Why didn't you just** text me back?
왜 그냥 지원하지 않았어?	**Why didn't you just** apply?
왜 그냥 데이트하자고 하지 않았어?	**Why didn't you just** ask her out?

UNIT 14 지루하거나 진이 빠질 때

040 ~하면 안 돼. You shouldn't ~.

아파트에서 뛰어다니면 안 돼.	**You shouldn't** run around inside our apartment.
다시는 이런 일이 일어나게 하면 안 돼.	**You shouldn't** let this happen again.
그 사람 사과를 받아들이면 안 돼.	**You shouldn't** accept her apology.

041 언젠가는 ~했으면 좋겠다. I hope to finally ~.

언젠가는 우리가 이야기하던 아프리카 여행을 꼭 가고 싶어.	**I hope to finally** take that trip to Africa we've been talking about.
언젠가는 시간 내서 남미에 가보고 싶어.	**I hope to finally** take some time to visit South America.
언젠가는 이 주제에 관한 책을 쓰고 싶어.	**I hope to finally** write a book on this topic.

042 너무 ~해. I've been so ~.

이번 주는 스트레스가 쌓이네.	**I've been so** stressed out this week.
그 사람 연주에 실망이 이만저만이 아니야.	**I've been so** disappointed by his performances.
그녀의 강연이 정말 감명 깊었어.	**I've been so** impressed by her lectures.

UNIT 15 개념 없는 사람들 때문에 화가 날 때

043 ~가 더 이상 없었으면 좋겠어. I hope there's no more ~.

산에 쓰레기가 더 이상 없었으면 좋겠다.	**I hope there's no more** litter on the mountains.
그 사람들 이제 갈등이 없으면 좋겠어.	**I hope there's no more** issues between them.
더 이상 연기되는 일이 없으면 좋겠어.	**I hope there's no more** delay.

044 나도 ~가 좀 있었으면 좋겠다. I really miss ~.

사생활이 좀 있었으면 좋겠다.	**I really miss** my privacy.
그때 그 친구들이 정말 보고 싶다.	**I really miss** those friends from back then.
어린 시절이 정말 그리워.	**I really miss** my childhood.

045 ~하기가 두려워. I'm afraid of -ing.

그 사람한테 말하기가 두려워.	**I'm afraid of** talk**ing** to him.
이메일 열기가 두렵네.	**I'm afraid of** open**ing** the email.
그녀에게 데이트 신청하기가 두려워.	**I'm afraid of** ask**ing** her out.

UNIT 16 삶이 팍팍해져 힘들 때

046 ~하기가 힘드네. I'm having trouble -ing.

근처에서 더 싼 데를 찾기가 힘드네.	**I'm having trouble** find**ing** anything cheaper nearby.
적당한 사람 구하기가 쉽지 않아.	**I'm having trouble** recruit**ing** the right person.
그럴 듯한 구실이 안 떠오르네.	**I'm having trouble** mak**ing** a plausible excuse.

047 내가 ~해볼까? How about I ~?

보스한테 월급 올려달라고 해볼까?	**How about I** ask my boss for a raise?
해외 근무 지원해보는 거 어떨까?	**How about I** apply for a position abroad?
내가 반장 선거 나가볼까?	**How about I** run for class president?

048 ~하는 거 도와줄까? Do you want help -ing?

새 집 찾는 거 도와줘?	**Do you want help** find**ing** a new place?
프린터 고치는 거 도와줘?	**Do you want help** fix**ing** the printer?
비디오 편집하는 거 도와줘?	**Do you want help** edit**ing** the video?

UNIT 17 속았거나 사기, 배신을 당해 울분이 터질 때

049 난 ~하는 게 너무 싫어. I hate it when ~.

사람들이 우리한테 저러는 거 정말 싫다.	**I hate it when** people do that to us.
그렇게 사소한 문제로 왈가왈부하는 거 정말 싫어.	**I hate it when** we argue about such minor issues.
주말에 흐린 거 정말 싫어.	**I hate it when** it's cloudy on the weekend.

050 ~를 미리 안 했는데요. We didn't ~ ahead of time.

표를 미리 안 샀는데요.	**We didn't** buy our tickets **ahead of time.**
자리를 미리 예약 안 했어.	**We didn't** book a table **ahead of time.**
미리 식당에 전화를 안 했네.	**We didn't** call the restaurant **ahead of time.**

051 도대체 저 사람은 왜 맨날 ~하는 거야? Why the heck does he/she always ~?

그 사람은 도대체 왜 맨날 모든 걸 과장하는 거야?	**Why the heck does he always** exaggerate everything?
그 사람은 도대체 왜 맨날 집사람한테 트집 잡는 거야?	**Why the heck does he always** find fault with his wife?
그 사람은 도대체 왜 맨날 구차한 변명을 늘어놓는 거야?	**Why the heck does she always** come up with poor excuses?

UNIT 18 고장이나 사고 등 문제가 생겨 답답할 때

052 ~를 해달라고 하자. Let's call for ~.

인터폰으로 도와달라고 하자.	**Let's call for** help on the intercom.
도움을 청하자.	**Let's call for** assistance.
그녀의 사망에 대한 조사를 촉구하자.	**Let's call for** an investigation into her death.

053 ~에 좀 늦을 것 같아요. I think I'll be a little late for ~.

오늘 출근이 좀 늦을 것 같아.	**I think I'll be a little late for** work today.
미팅에 좀 늦을 것 같아.	**I think I'll be a little late for** the meeting.
행사에 좀 늦을 것 같아.	**I think I'll be a little late for** the ceremony.

054 다른 ~를 찾아보지 뭐. Let's find another ~.

다른 걸로 찾아보자.	**Let's find another** one to see.
텐트 칠 곳 다른 데서 찾아보자.	**Let's find another** place for a tent.
이 물건 넣을 다른 가방을 찾아보자.	**Let's find another** bag for the stuff.

UNIT 19 하고 싶은 것을 못하게 되어 속상할 때

055 ~가 기대 돼? Are you excited for ~?

겨울 캠프 기대 돼?	**Are you excited for** winter camp?
사파리 생각에 흥분 돼?	**Are you excited for** the safari?
BTS 콘서트 기대 돼?	**Are you excited for** the BTS concert?

056 나 한동안 ~못 해. I can't ~ for a while.

한동안 축구 못 해.	**I can't** play soccer **for a while.**
한동안 너 못 봐.	**I can't** see you **for a while.**
한동안 너한테 편지 못 해.	**I can't** write to you **for a while.**

057 아무래도 난 ~못 할 것 같아. I don't think I'm going to be able to ~.

나는 못 갈 것 같아.	**I don't think I'm going to be able to** make it.
결승까지 못 올라갈 것 같아.	**I don't think I'm going to be able to** advance to the final round.
아무래도 제시간에 못 끝낼 것 같다.	**I don't think I'm going to be able to** finish on time.

UNIT 20 일을 해도해도 끝이 안 보여 막막할 때

058 도대체 왜 ~한 걸까? Why in the world did ~?

도대체 너네 보스는 왜 아침 8시에 회의를 소집해?	**Why in the world did** your boss call a meeting at 8 a.m.?
도대체 너는 왜 그녀를 선택한 거니?	**Why in the world did** you choose her?
도대체 그들은 왜 그를 감독으로 뽑았지?	**Why in the world did** they pick him as head coach?

059 ~할 게 엄청 쌓여 있네. I've got a bunch of things to ~.

여행 갔다 오니까 처리할 게 잔뜩이네.	**I've got a bunch of things to** take care of after my trip.
주말 전에 처리할 일이 쌓였어.	**I've got a bunch of things to** sort out before the weekend.
이번 주에 마무리할 게 많아.	**I've got a bunch of things to** finalize this week.

060 내가 너 ~하는 거 도와줄 수 있어. I can help you ~.

내가 너 일 끝마치는 거 도와줄 수 있어.	**I can help you** get it done.
적당한 주제 고르는 거 도와줄 수 있어.	**I can help you** choose a proper topic.
너 이사하는 거 도와줄 수 있어.	**I can help you** move.

UNIT 21 실연했을 때, 상심했을 때

061 내가 보니까, ~하더라. I noticed ~.

좀 우울해 보이더라.	**I noticed** you've been looking a bit sad.
그 여자 손이 떨리더라고.	**I noticed** her hands were shaking.
그 사람 파티에서 일찍 나가던데.	**I noticed** him leaving the party early.

062 난 ~한 사람이 좋더라. I like someone who ~.

예쁘고 재미있고 자연스러운 사람이 좋아.	**I like someone who** is pretty, funny, and spontaneous.
난 솔직하고 단도직입적인 사람이 좋아.	**I like someone who** is frank and straightforward.
목표를 위해 모든 걸 거는 사람이 좋아.	**I like someone who** gives everything for their goals.

063 그렇다면, ~야. If that's the case, ~.

그렇다면 결정 잘 한 거야.	**If that's the case,** you made the right decision.
그렇다면 가능성은 줄어들겠어.	**If that's the case,** the likelihood will decrease.
그렇다면 흥정이 쉽지 않겠네.	**If that's the case,** it won't be easy to make a deal.

UNIT 22 질투가 날 때, 부러울 때

064 ~라니 (그게 무슨 말이야)? What do you mean ~?

데이트가 아니었다니?	**What do you mean** it wasn't a date?
문제가 안 된다니?	**What do you mean** it doesn't matter?
별 차이가 없을 거라니?	**What do you mean** it won't make any difference?

065 난 ~에 관심도 없었어. I was not even interested in ~.

별로 가고 싶지도 않았어.	**I was not even interested in** going.
난 여자한테는 관심도 없었어.	**I was not even interested in** girls.
관광에는 관심도 없었어.	**I was not even interested in** sightseeing.

066 꼭 그래야 돼? You've got to ~?

그렇게 일찍 가?	**You've got to** leave early?
연기한다고?	**You've got to** delay it?
제안을 안 받는다고?	**You've got to** turn down the offer?

UNIT 23 실망했을 때

067 분명히 우리, ~할 수 있을 거야. I'm sure we'll be able to ~.

내일은 분명히 열기구 탈 수 있을 거야.	**I'm sure we'll be able to** do the balloon ride tomorrow.
다음에는 갈 수 있을 거야.	**I'm sure we'll be able t**o make it next time.
해결 방안을 찾을 수 있을 거야.	**I'm sure we'll be able to** find a solution.

068 이번에 ~하게 되면 세 번째예요. This is the third time we've had to ~.

이번에 피크닉 취소하면 세 번째예요.	**This is the third time we've had to** cancel our picnic outing.
우리가 양보하는 거 이번이 세 번째예요.	**This is the third time we've had to** compromise.
신상품 출시 연기하는 게 세 번째예요.	**This is the third time we've had to** delay launching the product.

069 어떤 ~가 누구한테 …를 하게 한다든? What ~ allow + 누구 + to …?

어떤 부모가 애들한테 이런 영화를 보게 한다든?	**What** parents **allow** their kids **to** watch these kinds of shows?
어떤 부모가 애들을 열두 시 넘어서까지 밖에 있게 해?	**What** parents **allow** their kids **to** stay out after midnight?
어떤 선생님이 교실에서 껌을 씹게 한대?	**What** teachers **allow** their students **to** chew gum in the classroom?

UNIT 24 슬플 때, 처질 때

070 너 보통 때처럼 ~하지 않아. You're not as ~ as you usually are.

보통 때처럼 씩씩하지가 않네.	**You're not as** energetic **as you usually are.**
보통 때처럼 까다롭지가 않네.	**You're not as** picky **as you usually are.**
보통 때처럼 단호하지가 않네.	**You're not as** determined **as you usually are.**

071 그 안에 ~가 들어 있었어. It had ~ in it.

그 안에 내 카드 전부랑 신분증이 들어 있었는데.	**It had** all my cards and IDs **in it.**
서류가 그 안에 다 들어 있었는데.	**It had** all the documents **in it.**
그 안에 일용품 정도만 들어 있었어.	**It had** just daily necessities **in it.**

072 아무래도 ~할 게 뭐 좀 있어야겠네. Maybe you just need something to ~.

기분 전환할 게 있어야 할 것 같네요.	**Maybe you just need something to** distract you.
웃을 일이 좀 있어야겠다.	**Maybe you just need something to** make you laugh.
읽을 거리가 있어야 할 것 같다.	**Maybe you just need something to** read.

UNIT 25 피곤할 때, 지칠 때, 녹초가 되었을 때

073 ~할 생각해본 적 있어? Have you considered -ing?

공기청정기 살 생각해본 적 있어?	**Have you considered** buy**ing** an air purifier?
단독 주택에 살아볼 생각해본 적 있어?	**Have you considered** liv**ing** in a detached house?
우리 밴드에 들어올 생각해본 적 있어?	**Have you considered** join**ing** our band?

074 …하면 ~하지 않아? Doesn't it give you ~ when you …?

커피 너무 많이 마시면 머리 안 아파?	**Doesn't it give you** headaches **when you** drink too much coffee?
기회비용을 고려하면 다시 한 번 생각해봐야 하는 거 아니야?	**Doesn't it give you** a second thought **when you** consider the opportunity cost?
그 사람 이야기 읽으면 용기 나지 않아?	**Doesn't it give you** confidence **when you** read his stories?

075 ~한지 확실히 해두자. Let's just make sure ~.

문제가 없는지 확인해보자.	**Let's just make sure** everything is fine.
문이 다 잠겼는지 확인해보자.	**Let's just make sure** every door is locked.
모두 다 탔는지 확인해보자.	**Let's just make sure** everyone got on board.

UNIT 26 미안할 때

076 ~한 건데요 뭘. It was ~ anyway.

오래 돼서 더러워진 건데요 뭘.	**It was** old and dirty **anyway.**
이제 더 이상 안 쓰는 건데 뭘.	**It was** something I don't use now **anyway.**
유효기간 지난 건데 뭘.	**It was** expired **anyway.**

077 ~하지 않을게, ~하는 일 없게 할게. I won't ~ again.

이런 거 잊어버리는 일 다시는 없게 할게.	**I won't** forget something like this **again.**
다시는 회의에 늦는 일 없을 거야.	**I won't** be late for a meeting **again.**
다시는 아침 거르지 않을게.	**I won't** skip breakfast **again.**

078 인터넷에서 ~를 찾았어. I found some ~ online.

인터넷에서 좋은 해결책을 찾았어.	**I found some** really good advice **online.**
온라인에서 중고품을 좀 찾았어.	**I found some** second-hand goods **online.**
온라인에서 대안을 좀 찾았어.	**I found some** alternatives **online.**

UNIT 27 걱정될 때

079 당장, 바로 가서 ~할게요. I'll go ~ right away.

당장 가보겠습니다.	**I'll go** do that **right away.**
지금 바로 가서 좀 자야겠어.	**I'll go** get some sleep **right away.**
당장 온라인 검색해봐야겠다.	**I'll go** look it up online **right away.**

080 ~가 어떻게 생겼는지 알려주시겠어요? Can you tell me what ~ looked like?

가방이 어떻게 생겼는지 알려주시겠어요?	**Can you tell me what** your bag **looked like?**
건물이 어떻게 생겼는지 알려주시겠어요?	**Can you tell me what** the building **looked like?**
그 사람이 어떻게 생겼는지 알려주시겠어요?	**Can you tell me what** he **looked like?**

081 ~해서 다행이야. I'm so lucky ~.

너랑 같이 있어서 다행이다.	**I'm so lucky** you're here with me.
운 좋게 그 사람 싸인 받았어.	**I'm so lucky** I got his autograph.
스승 자리를 물려받다니 행운이야.	**I'm so lucky** to take over my mentor's position.

UNIT 28 후회될 때

082 친구 하나가 ~해. One of my friends is ~.

내 친구 하나가 외국에서 일하고 있어.	**One of my friends is** living and working abroad.
내 친구 하나가 우리 경쟁사에서 일해.	**One of my friends is** working for our competitor.
내 친구 하나가 오늘 파티 해(열어).	**One of my friends is** throwing a party tonight.

083 …하는 ~한 사람들이 좀 계세요. There are some ~ people who …

혼자 오신 좋은 분들이 좀 계세요.	**There are some** wonderful **people who** are also here on their own.
기꺼이 우리를 도와줄 좋은 사람들이 더러 있어.	**There are some** good **people who** are willing to help us.
자기 자신의 이익에는 별 관심 없는 너그러운 사람들이 가끔 있지.	**There are some** generous **people who** aren't interested in only helping themselves.

084 ~하기에 너무 늦은 때는 없어. It's never too late to ~.

투자하기에 너무 늦은 때는 없어.	**It's never too late to** start investing.
미안하다고 하기에 너무 늦은 때는 없어.	**It's never too late to** say you're sorry.
(누구와) 화해하기에 너무 늦은 때는 없어.	**It's never too late to** make up (with someone).

UNIT 29 초조할 때, 긴장이 될 때

085 나 지금 ~를 대비해 준비하는 중이야. I'm just preparing for ~.

지금 발표 준비하는 거야.	**I'm just preparing for** my presentation.
지금 콘서트 준비하는 거야.	**I'm just preparing for** the concert.
그냥 면접 준비하는 거야.	**I'm just preparing for** the interview.

086 나 ~해야 할 것 같아. I think I should ~.

오늘 저녁 공연 전에 집에 가야 할 것 같아.	**I think I should** go home before the show tonight.
그 회사에 한 번 더 지원해야 할 것 같아.	**I think I should** apply to the company one more time.
병가 낸다고 전화해야 할 것 같아.	**I think I should** call in sick.

087 ~해야지. You're supposed to ~.

지금쯤은 여기 와 있어야지.	**You're supposed to** be here by now.
11시까지는 체크아웃 해야 돼.	**You're supposed to** check out by 11 o'clock.
역할극에서 네가 맡을 역할은 고객이야.	**You're supposed to** be the customer in the role-play.

UNIT 30 기운이 없을 때, 의욕상실이 되었을 때, 삶의 의미가 안 느껴질 때

088 ~해야 할까 봐. I feel like I need to ~.

이 일 그만둬야 할까 봐.	**I feel like I need to** leave this job.
집에 있어야 할까 봐.	**I feel like I need to** stay home.
월급을 올려달라고 해야 할까 봐.	**I feel like I need to** ask for a pay increase.

089 ~해도 돼. It's okay to ~.

공부 하루쯤 쉬어도 돼.	**It's okay to** take a day off from studying.
지금 집에 가도 좋아.	**It's okay to** go home now.
항상 좋을 수는 없어. (괜찮아 그럴 때도 있어.) ('사이코지만 괜찮아'의 영어 제목)	**It's okay to** not be okay.

090 나, ~도 안 할 거야. I'm not even going to ~.

내일 아침 알람도 안 맞춰 놓을 거야.	**I'm not even going to** set an alarm for tomorrow morning.
상한선을 정해 놓지도 않을 거야.	**I'm not even going to** set an upper limit.
미안하단 말도 안 할 거야.	**I'm not even going to** say I'm sorry.

UNIT 31 좋아하는 취미생활을 하며 즐거울 때

091 ~에 관심 있어? Are you interested in + 무엇/-ing ~?

우리 밴드 들어올 생각 있어?	**Are you interested in** play**ing** in our band?
소개팅해볼 생각 있어?	**Are you interested in** a blind date?
중고차 관심 있어?	**Are you interested in** used cars?

092 난 ~하면 마음이 차분해져. I feel at peace when I ~.

막 갈은 커피 냄새를 맡으면 마음이 차분해져.	**I feel at peace when I** smell freshly ground coffee beans.
난 너랑 둘이 있으면 마음이 편안해.	**I feel at peace when I** am alone with you.
마라톤 뛸 때 내 마음은 평화야.	**I feel at peace when I** run a marathon.

093 ~ 가져왔어? Did you bring ~?

라켓 하나 더 가져왔어?	**Did you bring** an extra racket?
뭐 적을 노트 가져왔어?	**Did you bring** a notebook to write on?
우산 갖고 왔어?	**Did you bring** an umbrella with you?

UNIT 32 꿈이 이루어졌거나 승진, 월급 인상으로 기분이 날아갈 때

094 ~가 있을 것 같다. I think there'll be ~.

너한테 좋은 소식도 있을 것 같아.	**I think there'll be** good news for you.
더 이상 지연은 없을 거야.	**I think there'll be** no more delays.
오늘 밤에 폭풍우가 몰려올 것 같아.	**I think there'll be** a storm tonight.

095 난 네가 ~한 게 자랑스러워. I'm proud of you for -ing.

그 일 거절한 네가 자랑스럽다.	**I'm proud of you for** turn**ing** down that job.
포기하지 않는 네가 자랑스러워.	**I'm proud of you for** never giv**ing** up.
정의를 위해 물러서지 않는 네가 자랑스러워.	**I'm proud of you for** stand**ing** up for justice.

096 ~ 때문에 언제나 기분이 좋아져. ~ always puts me in a better mood.

그 집 음식 먹으면 항상 기분이 좋아져.	Their food **always puts me in a better mood**.
그들의 음악을 들으면 언제나 기분이 좋아져.	Their music **always puts me in a better mood**.
이 향은 언제나 기분이 좋아지게 해.	This scent **always puts me in a better mood**.

UNIT 33 설렘 때, 기대가 될 때, 궁금할 때

097 드디어 ~할 수 있게 되었네! We're finally able to ~!

드디어 해외여행 갈 수 있게 됐네!	**We're finally able to** travel abroad!
드디어 휴가를 갈 수 있게 됐어!	**We're finally able to** go on a holiday!
드디어 그 사람을 직접 만나게 됐어!	**We're finally able to** meet him in person!

098 ~할 수는 없잖아, ~하면 안 되잖아. We don't want to ~.

알람 소리 못 듣고 자버리면 안 되지.	**We don't want to** sleep through the alarm.
그 사람들 공연을 놓칠 수는 없잖아.	**We don't want to** miss their performance.
결승에서 지면 안 되지.	**We don't want to** lose the final.

099 그게 바로 내가 정말 ~하고 싶은 거야. That's something I would love to ~.

그게 정말 내가 보고 싶은 거야.	**That's something I would love to** see.
그게 바로 내가 공유하고 싶은 거야.	**That's something I would love to** share.
그게 내가 한번 해보려는 거야.	**That's something I would love to** try.

UNIT 34 안심할 때, 다행이다 싶을 때, 안도할 때

100 ~하면 큰일 나죠, 난리 나죠. It's terrible when ~.

신용카드랑 신분증 잃어버리면 난리 나죠.	**It's terrible when** we lose our cards and IDs.
알람 소리 못 듣고 자버리면 큰일이지.	**It's terrible when** you sleep through the alarm.
1라운드에서 그 팀 만나면 큰일이야.	**It's terrible when** you face that team in the first round.

101 다시는 ~하지 않을게. I won't ~ again.

무거운 거 다시는 안 들을게.	**I won't** lift anything heavy **again.**
다시는 그들에게 지지 않을 거야.	**I won't** let them beat us **again.**
다시는 필름 끊기는 일 없을 거야.	**I won't** black out **again.**

102 내가 ~하지 못한 게 당연하네, 그래서 ~를 못했구나. No wonder I couldn't ~.

그래서 내가 진동 소리를 못 들었구나.	**No wonder I couldn't** hear it vibrate.
그래서 내가 차이를 구분하지 못 했구나.	**No wonder I couldn't** tell the difference.
10년이 지났으니 그를 못 알아본 게 당연하지.	**No wonder I couldn't** recognize him after ten years.

UNIT 35 감사함이 느껴질 때

103 ~를 해주셔서 감사해요. I appreciate you -ing.

저한테 부탁해주셔서 고마워요.	**I appreciate you** ask**ing** me.
제 강아지 봐주셔서 고마워요.	**I appreciate you** look**ing** after my puppy.
제 제안서를 훑어봐주셔서 고마워요.	**I appreciate you** go**ing** over my proposal.

104 너무너무 ~하다. I can't tell you how 형용사+주어+동사.

고마워서 어떡해.	**I can't tell you how** thankful I am.
얼마나 내 꼴이 처량했는지 몰라.	**I can't tell you how** miserable I was.
풍경이 얼마나 장관이었는지 말도 못 해.	**I can't tell you how** gorgeous the scenery was.

105 내리 ~동안 …를 했어. I've been -ing for ~ straight.

다섯 시간을 쉬지 않고 일했어.	**I've been** work**ing for** 5 hours **straight.**
두 시간째 쉬지 않고 달리는 거야.	**I've been** runn**ing for** 2 hours **straight.**
세 시간째 쉬지 않고 연습하는 거야.	**I've been** practic**ing for** 3 hours **straight.**

UNIT 36 감동받았을 때

106 ~할 것 같아서요. I thought you might ~.

이게 필요하실 것 같아서요.	**I thought you might** need this.
흥미를 잃으실 것 같아서요.	**I thought you might** lose interest.
마스크가 다 떨어졌을까 해서.	**I thought you might** run out of masks.

107 축하하는 뜻으로 ~하고 싶어. I want to congratulate you by -ing.

커피 한 잔 사서 축하해주고 싶은데.	**I want to congratulate you by** buy**ing** you a fresh cup of coffee.
건배 제안하며 축하해주고 싶어.	**I want to congratulate you by** propos**ing** a toast.
축하하는 의미로 노래 한 곡 불러주고 싶어.	**I want to congratulate you by** sing**ing** a song.

108 …하다니 어쩜 이렇게 제가 ~할 수 있을까요? How did I get so ~ to …?

어떻게 이런 아빠 딸로 태어났을까요?	**How did I get so** lucky **to** have a dad like you?
당신 같은 남편을 만나다니 내가 얼마나 복이 많은지?	**How did I get so** blessed **to** have a husband like you?
저런 사람이 내 상사라니 이렇게 불행할 수가?	**How did I get so** unlucky **to** have him as my boss?

UNIT 37 별일 아닌 듯해도 특별하게 느껴져 기분이 좋을 때

109 ~에는 뭔가 참 그런 게 있어. There's just something about ~.

커피 냄새는 뭔가 특별한 게 있어.	**There's just something about** the smell of coffee.
새벽에 들리는 새 소리는 특별하지.	**There's just something about** the sound of birds at dawn.
산 정상에서 마시는 커피는 뭔가 좀 달라.	**There's just something about** a cup of coffee on a mountain top.

110 ~만한 건 없어, ~가 최고야. There's nothing like ~ to ...

강아지만큼 날 기분 좋게 해주는 건 없어.	**There's nothing like** a dog **to** brighten my day.
추석 음식만큼 향수에 젖게 하는 게 없지.	**There's nothing like** Chuseok food **to** make me nostalgic.
내 기분을 푸는 데는 너와 대화하는 게 최고야.	**There's nothing like** a conversation with you **to** make me feel better.

111 ~가 되어가고 있구나. You're on your way to -ing.

이제 남자가 돼 가네.	**You're on your way to** becom**ing** a man.
기숙사 생활에 적응해 가고 있구나.	**You're on your way to** gett**ing** used to dorm life.
이제 프로 댄서가 되어 가는구나.	**You're on your way to** becom**ing** a pro dancer.

UNIT 38 추억에 잠겨 감상에 젖을 때

112 난 ~가 좀 …같더라. I kind of thought of ~ as ...

파리는 우리 집 같더라고.	**I kind of thought of** Paris **as** my home.
여행이 뭐랄까 내 인생인 것 같았어.	**I kind of thought of** traveling **as** my life.
강아지가 마치 내 아들 같았어.	**I kind of thought of** my dog **as** my son.

113 거기서 ~했어. That's where I ~.

거기서 태어나고 자랐어.	**That's where I** was born and raised.
거기서 그녀를 만났어.	**That's where I** met her.
거기서 전 남친이랑 마주쳤어.	**That's where I** came across my ex-boyfriend.

114 ~하다니 참 안됐지. It's sad that ~.

나이 먹기 전에는 부모님이 얼마나 소중한지 모르니, 참.	**It's sad that** we don't really appreciate our parents until we're older.
옛날 부하 밑에서 일하게 되다니 안됐어.	**It's sad that** he works for the guy who once was his subordinate.
고향을 억지로 떠나게 돼서 불쌍해.	**It's sad that** they've been evacuated from their hometown.

UNIT 39 희망이 차오를 때

115 전엔 ~하는 게 꿈이었어. I used to dream of -ing.

한 일이년 외국 살아보는 게 꿈이었어.	**I used to dream of** liv**ing** abroad for a year or two.
전에는 그 회사에서 일하는 게 꿈이었어.	**I used to dream of** work**ing** for that company.
난 프리랜서로 일하는 게 꿈이었어.	**I used to dream of** work**ing** as a freelancer.

116 그게, 그렇게 ~하지가 않아. Well, it's not that ~.

글쎄, 그렇게 간단치 않아.	**Well, it's not that** simple.
글쎄, 그렇게 어렵지 않아.	**Well, it's not that** difficult.
음, 여기서 그렇게 멀지 않아.	**Well, it's not that** far from here.

117 제가 ~를 해보는 게 이게 처음일 거예요. It would be the first time I've ever p.p.

나 홀로 여행은 처음일 거예요.	**It would be the first time I've ever** traveled alone.
그런 유명 인사를 만나는 건 처음일 거예요.	**It would be the first time I've ever** met such a celebrity.
테니스, 처음 쳐보는 것 같네요.	**It would be the first time I've ever** played tennis.

UNIT 40 소소한 행복이 느껴질 때

118 ~만한 게 또 없지. There's nothing like -ing.

신선한 아침 공기 마시는 것 만한 게 없지.	**There's nothing like** breath**ing** in the crisp morning air.
해변에서 와인 한 잔 하는 건 최고야.	**There's nothing like** drink**ing** wine at a beach.
겨울에 먹는 군고구마 같은 건 어디에도 없어.	**There's nothing like** eat**ing** a roasted sweet potato in the winter.

119 ~만 하면 돼. All we have to do is ~.

픽업만 하면 돼.	**All we have to do is** pick them up.
클릭 버튼 누르고 즐기기만 하면 돼.	**All we have to do is** click the button and enjoy.
걔네들 노는 거 그냥 보기만 하면 돼.	**All we have to do is** watch them play together.

120 설마 ~라는 건 아니지. Don't tell me ~.

설마 내 영상을 기다리는 건 아니겠지.	**Don't tell me** you wait for my videos.
설마 너 혼자 한 건 아니겠지.	**Don't tell me** you did it on your own.
설마 포기한 건 아니겠지.	**Don't tell me** you gave up.

UNIT 41 나도 한번 해볼까 하는 도전의식이 생길 때

121 난 ~한 소리가 들려도 잘 자. I can sleep through ~.

난 태풍이 불어도 잘 수 있어.	**I can sleep through** a typhoon.
난 폭풍우가 몰아쳐도 잘 수 있어.	**I can sleep through** a thunderstorm.
난 위층에서 무슨 소리가 들려도 잘 수 있어.	**I can sleep through** all the noise from upstairs.

122 난 항상 ~하고 싶었어. I've always wanted to ~.

난 늘 다른 곳에 살고 싶었어.	**I've always wanted to** live in a different place.
난 늘 재미있는 사람을 만나고 싶었어.	**I've always wanted to** meet someone who is fun.
난 늘 행복한 삶을 살고 싶었어.	**I've always wanted to** live a happy life.

123 ~해보니까 어때? What's it like to ~?

거기 내려가서 사는 거 어때?	**What's it like to** live down there?
늘 혼밥 하니까 어때?	**What's it like to** always eat alone?
주말 부부로 살기 어때?	**What's it like to** live as a weekend couple?

UNIT 42 안달 또는 조바심이 나거나 체념이 될 때

124 ~하고 싶지 않아? Don't you want to ~?

그거 갖고 싶지 않아?	**Don't you want to** get it?
우리랑 같이 할래?	**Don't you want to** join us?
스카이다이빙 한번 해볼래?	**Don't you want to** try skydiving?

125 내가 ~하면, …하지 않아도 되니까. If I ~, I don't need to …

차를 사면 버스나 지하철에 쓰는 돈을 절약할 수 있어…	**If I** get a car, **I don't need to** spend money on buses, subways...
장학금 받으면 일 안 해도 돼.	**If I** get a scholarship, **I don't need to** work.
최선을 다하면 미래를 걱정할 필요가 없어.	**If I** try my best, **I don't need to** worry about the future.

126 ~는 아주 특별해. ~ is one of a kind.

여기 일몰은 특별해.	The sunset out here **is one of a kind**.
그녀 목소리는 아주 달라.	Her voice **is one of a kind**.
판소리는 완전히 다른 세계야.	Pansori **is one of a kind**.

UNIT 43 그냥저냥, 좋지도 않고 싫지도 않을 때

127 ~를 생각해볼까? Should we think of a(n) ~?

새 이름을 생각해야 할까? | **Should we think of a** new one?
대안을 생각해야 할까? | **Should we think of an** alternative?
장기적인 계획을 생각해야 할까? | **Should we think of a** long-term plan?

128 내 전화기에 ~가 있어. I've got ~ on my phone.

내 폰에 걔 사진 있어. | **I've got** her picture **on my phone.**
내 폰에 버킷 리스트 있어. | **I've got** my bucket list **on my phone.**
내 폰에 퀸 마지막 콘서트 있어. | **I've got** Queen's last concert **on my phone.**

129 우리 분명히 ~하겠네요. I'm sure we will ~.

분명히 우리 오늘 저녁에 살찌겠네요. | **I'm sure we will** gain some weight this evening.
분명히 늦지 않게 도착할 거야. | **I'm sure we will** get there in time.
우리 보상 받을 거야, 확실해. | **I'm sure we will** be rewarded.

UNIT 44 미련이나 아쉬움이 느껴질 때

130 뭐가 ~한지 기억도 안 난다! I don't even remember what ~!

뭐가 있었는지 기억도 안 난다! | **I don't even remember what** I used to have!
그때 내가 무슨 생각을 했는지 기억도 안 나! | **I don't even remember what** I thought about then!
그 시절에 어떤 걸 겪었는지 기억도 안 나! | **I don't even remember what** I went through all those years!

131 ~하면 어떡하지? What if ~?

좋았던 시절을 기억하고 싶으면 어떻게 하지? | **What if** we want to reminisce about the good old days?
우리 사랑이 식으면 어쩌지? | **What if** our love cools down?
결승에 진출 못 하면 어떻게 하지? | **What if** we don't make the playoff?

132 우린 ~할 운명이야. We're destined to ~.

우린 함께 있을 운명인가 봐. | **We're destined to** be together.
결국 메타버스에서 일하게 될 운명인가 보다. | **We're destined to** work in the metaverse.
이 시련을 피할 수 없는 운명인가 봐. | **We're destined to** go through this ordeal.

UNIT 45 당황하거나 패닉이 될 때

133 그렇게 ~하지 마. Don't ~ like that.

그런 식으로 겁주지 마.	**Don't** scare me **like that.**
나를 그런 식으로 쳐다보지 마.	**Don't** look at me **like that.**
그런 식으로 드리블하지 마.	**Don't** dribble **like that.**

134 거의 다, ~만 빼고. Almost everything, but not ~.

거의, 계약서 파일 빼고.	**Almost everything, but not** the contract file.
거의, 결론만 빼고.	**Almost everything, but not** the conclusion.
거의, 디저트만 빼고.	**Almost everything, but not** the dessert.

135 ~를 깜박하신 것 같네요. I'm afraid you forgot to ~.

면허증 갱신을 안 하셨네요.	**I'm afraid you forgot to** renew your license.
파일을 첨부하지 않으셨네요.	**I'm afraid you forgot to** attach the file.
죄송하지만, 두 번째 페이지에 이니셜 서명을 빠트리셨네요.	**I'm afraid you forgot to** initial the second page.

UNIT 46 더 나은 미래에 대한 기대감이 들 때

136 ~해서 깜짝 놀랐어. I was shocked when ~.

걔네 집 가보고 깜짝 놀랐어.	**I was shocked when** I saw his place.
화재 경보가 울려서 깜짝 놀랐어.	**I was shocked when** the fire alarm went off.
귀여운 강아지가 나한테 뛰어올라서 깜짝 놀랐어.	**I was shocked when** the cute dog jumped at me.

137 왜 ~한지 알았어. I found out why ~.

왜 그렇게 자주 주의가 산만해지는지 알았어.	**I found out why** I was distracted so often.
우리 강아지가 밖에서 왜 그렇게 짖는지 알았어.	**I found out why** my dog barks outside.
내가 밤에 왜 그렇게 뒤척거리는지 알았어.	**I found out why** I toss and turn a lot at night.

138 넌 ~를 참 다양하게 가지고 있구나. You have a wide collection of ~.

너 책을 다양하게 모았잖아.	**You have a wide collection of** books.
LP를 폭 넓게 모았잖아.	**You have a wide collection of** LPs.
다양한 유니폼을 모았잖아.	**You have a wide collection of** jerseys.

UNIT 47 위로를 받고 마음이 따뜻해질 때

139 네가 타고난 ~이지. I think you're cut out for ~.

넌 타고난 선생감이지.	**I think you're cut out for** a teacher.
너 사람들과 어울리는 건 타고났나 봐.	**I think you're cut out for** socializing.
넌 남들의 재능을 알아보는 건 타고난 것 같아.	**I think you're cut out for** recognizing talent.

140 이걸 ~라고 생각해주세요. Please think of it as a ~.

새해 선물이라고 생각해주면 좋겠어요.	**Please think of it as a** New Year's present.
기념품이라고 생각해주면 좋겠어요.	**Please think of it as a** souvenir.
사랑의 맹세라고 생각해주면 좋겠어요.	**Please think of it as a** pledge of love.

141 ~라고 생각하지 않아요, ~한 것 같지 않아요. I don't think ~.

저한테 맞는 것 같지 않아요.	**I don't think** I fit in there.
여기 별로인 것 같은데.	**I don't think** I like it here.
내가 있을 자리가 아닌 것 같아.	**I don't think** I am at the right place.

UNIT 48 내 자식, 배우자, 반려견 등에 대한 칭찬을 듣고 좋을 때

142 ~할 때는 안 좋아하더라고요. He/She/I wasn't happy when ~.

근데 얼굴 다듬을 때는 별로 좋아하지 않더라고요.	**He wasn't happy when** I was trimming around his face, though.
네가 내 친구들 앞에서 나를 비판할 때 기분 안 좋더라.	**I wasn't happy when** you criticized me in front of my friends.
그녀는 자기 남친이 자기 친구들한테 퉁명스럽게 해서 기분이 안 좋았어.	**She wasn't happy when** her boyfriend was not nice to her friend.

143 그녀가/그가 ~하러 잠깐 들렀어. She/He came by to ~.

조언 좀 구하러 들렀어.	**She came by to** ask me for some advice.
얘기 좀 하려고 들렀더라.	**She came by to** have a chat with me.
그 사람이 작별인사 하려고 들렀어.	**He came by to** say goodbye.

144 ~가 부럽지 않아? Don't you envy ~?

추석 때나 설날에는 싱글인 친구들이 부럽지 않아?	**Don't you envy** your single friends during Chuseok or Seolnal?
고향에 살고 있는 옛 친구들이 부럽지 않니?	**Don't you envy** your old friends who live in your hometown?
좋은 아파트에 사는 사람들이 부럽지 않아?	**Don't you envy** people with nice apartments?

UNIT 49 부탁을 하며 미안한 마음이 들 때

145 ~하려니 좀 불편하네. I feel out of line -ing.

토요일에 도와달라고 하기가 영 불편해.	**I feel out of line** ask**ing** you to help on a Saturday.
그렇게 월급을 많이 달라고 불평을 하려니까 좀 그렇네.	**I feel out of line** complain**ing** about such a high salary.
보스 의견에 반대하려니 마음이 불편해.	**I feel out of line** go**ing** against the boss's opinion.

146 ~가 …까지 될까요? Can I have that/those ~ by …?

마케팅 전략 4시까지 되겠어요?	**Can I have that** marketing strategy **by** 4?
이 악기 다음 주까지 될까요?	**Can I have that** instrument **by** next week?
그 신발 열 두 시까지 될까요?	**Can I have those** shoes **by** noon?

147 생각했던 것보다 훨씬 더 ~하네. It's going to require much/many more ~ than I expected.

이거 생각했던 것보다 훨씬 오래 걸리네.	**It's going to require much more** time **than I expected.**
생각보다 훨씬 더 노력해야겠어.	**It's going to require much more** effort **than I expected.**
생각보다 사람이 훨씬 더 많이 필요하겠어.	**It's going to require many more** people **than I expected.**

UNIT 50 누군가 내 편을 들어주어 든든할 때

148 ~가 나한테 …해줘서 고맙대. ~ thanked me for -ing.

캐롤이 도와줘서 고맙다고 했어.	Carol **thanked me for** support**ing** her.
마침 딱 적절한 사람을 찾아줘서 고맙대.	He **thanked me for** find**ing** the right person.
사진 찍어줘서 고맙다고 하더라.	They **thanked me for** tak**ing** a picture for them.

149 뭐라 설명은 못하겠지만, ~야. I can't explain it, but ~.

설명은 못하겠는데, 그냥 그런 느낌이 들어.	**I can't explain it, but** I can feel it.
설명은 못하겠는데, 그 사람 눈이 그랬어.	**I can't explain it, but** his eyes said so.
설명은 못하겠는데, 분위기가 마음에 안 들어.	**I can't explain it, but** I don't like the atmosphere.

150 내가 뭘 ~하면 좋을까? What do you think I should ~?

뭐 입는 게 좋을까?	**What do you think I should** wear?
결혼식에서 무슨 노래 부르는 게 좋을까?	**What do you think I should** sing at their wedding?
그 사람들 만나서 무슨 말부터 하는 게 좋을까?	**What do you think I should** say first when I meet them?

EBS
영어 학습
시리즈